国际贸易理论与实务编委会名单

主　编：彭月嫦

副主编：陈向华

参　编：邓　潞　李国庆　黎　文　刘史芳

国际商务专业“理实一体化”系列教材

国际贸易理论与实务

GUOJI MAOYI LILUN YU SHIWU

主编 ◎ 彭月嫦

（第二版）

暨南大学出版社
JINAN UNIVERSITY PRESS

中国 · 广州

图书在版编目（CIP）数据

国际贸易理论与实务/彭月嫦主编. —2 版. —广州：暨南大学出版社，2015.3
（2020.2 重印）
（国际商务专业“理实一体化”系列教材）
ISBN 978－7－5668－1366－4

Ⅰ.①国…　Ⅱ.①彭…　Ⅲ.①国际贸易理论②国际贸易—贸易实务　Ⅳ.①F740

中国版本图书馆 CIP 数据核字(2015)第 048477 号

国际贸易理论与实务（第二版）
GUOJI MAOYI LILUN YU SHIWU（DIERBAN）
主　编：彭月嫦

出 版 人：徐义雄
责任编辑：黄文科
责任校对：卢凯婷
责任印制：汤慧君　周一丹

出版发行：暨南大学出版社（510630）
电　　话：总编室（8620）85221601
　　　　　营销部（8620）85225284　85228291　85228292（邮购）
传　　真：（8620）85221583（办公室）　85223774（营销部）
网　　址：http://www.jnupress.com
排　　版：广州市天河星辰文化发展部照排中心
印　　刷：深圳市新联美术印刷有限公司
开　　本：787mm×1092mm　1/16
印　　张：15.5
字　　数：350 千
版　　次：2013 年 9 月第 1 版　2015 年 3 月第 2 版
印　　次：2020 年 2 月第 3 次
印　　数：4001—5000 册
定　　价：39.80 元

前　言

国际贸易理论与实务是一门专门研究国际间商品交换具体过程的学科，是一门具有涉外活动特点的实践性很强的综合性应用学科。

随着经济贸易的全球化，我国对外贸易依存度提高，越来越多的企业融入全球化带来的国际商务竞争之中。在此背景下，社会急需一大批了解国际贸易理论政策和国际贸易惯例、理解国际贸易常用概念、熟悉国际贸易业务流程、能解读合同条款并具备一定国际贸易操作技能的专业人才，为此，我们以《广东省国际商务教学指导方案》、《联合国国际货物销售合同公约》、《2010 年国际贸易术语解释通则》、《跟单信用证统一惯例 600 号出版物》等为依据，根据当前从事国际贸易业务的中职学生应具备的基本知识、基本技能和基本要求组织编写了本教材。本教材具有以下特点：

情景引领：以就业面试情节为切入口，通过情景设计，使学生围绕面试时面试官就本门课程可能提出的问题，了解学习中需要掌握的主要知识和技能，为进一步学习本门课程打下基础。

理实一体：根据学生学习的需要，在教学内容的安排上，增加了学生学习国际贸易实务前必须具备的国际贸易理论知识，既充分考虑了知识的系统性，又注重知识的实用性和适用性，使理论与实践得到有机的融合。

目标导向：通过设置符合国际商务实际的知识目标和技能目标，使学生在完成学习目标的基础上，提升自己国际商务方面的知识、技能，从而培养他们的综合业务能力。

项目驱动：教学任务的完成是通过若干个与职场实际紧密联系的项目来实现的。不同的项目能将理论与实务有机地结合在一起，激发学生的学习兴趣，满足和实现学生的学习动机。

能力为本：在教学目标的制定、课程内容的安排以及知识拓展的设计等方面都充分注重学生能力的培养。引导学生用国际商务的基础知识来解决国际商务活动中的实际问题，提高他们解决问题的综合能力，不仅能使学生较好地完成学习任务，还能满足学生职业技能考核的需要，充分体现职业教育课程的本质特征。

题材丰富：教材尽可能采用业务案例来演绎教学内容，以唤起学生主动学习的积极性，从而更好地实现教学目标；同时，我们还以新颖、生动和图文并茂的表现形式来编排教材，最大限度地符合当代中职学生的阅读习惯。

本书由从事中职国际贸易相关课程教学的团队编写。共分九个模块，其中模块一由邓潞编写，模块二由彭月嫦编写，模块三、四由李国庆编写，模块五由刘史方编写，模块六、八由黎文编写，模块七、九由陈向华编写。全书由彭月嫦负责统审并定稿。

在教材编写的过程中，我们参阅了大量专家和学者的科研成果，广东省对外贸易职业技术学校的校企合作基地亚洲陶瓷控股有限公司的蒲鼎新总经理及该公司的业务骨干们也参与到本教材的研讨和编写中，为我们提供了许多编写素材及建议，在此一并表示感谢！

由于作者知识、经验不足，水平有限，本教材难免有疏漏和不当之处，敬请读者批评指正。

编　者

2015 年 2 月

目 录

情景设计一

杨洋是某中等职业学校的应届毕业生，毕业前夕，杨洋通过互联网得知蓝天进出口公司正在招聘外贸业务员，于是，她准备好简历，前往蓝天进出口公司参加该公司组织的面试。由公司人力资源部、业务部等部门人员组成的面试小组对杨洋等应聘人员进行了面试。在面试过程中公司面试小组为全面了解杨洋的沟通能力、专业理论知识和专业实践情况等，从专业基础知识、专业理论知识和专业操作能力等方面对杨洋进行了考察。以下是公司面试时对杨洋提出的主要问题：

（1）关于专业基础知识的提问：

①你能谈谈你对当前国际贸易经济环境的了解吗？

②你认为近几年来制约我国对外贸易发展的因素有哪些？

③请你谈谈当前我国对外贸易形势和对外贸易依存度的情况。

④一般情况下，进出口可以采取的鼓励出口、限制进口的措施有哪些？

（2）关于专业理论知识的提问：

①我公司生产可供出口的时尚手提包，同时也面向国内市场销售。如你是我公司的业务员，你认为要开展一单贸易，应从哪些方面入手？

②这是我们公司最近与韩国客商签订的一份合同，你能用你所学的专业知识给我们解释一下这份合同的条款及其含义吗？

（3）关于专业操作能力的提问：

①若你是我公司的业务员，请你谈谈履行这份合同有哪些环节？

②请你谈谈在一笔信用证业务中，出口方如何确定应向出口地银行提交哪些结汇单据才能符合信用证的规定？

由于杨洋具备扎实的专业基础知识、专业实践知识和专业操作能力，在面试过程中能对答如流，受到了公司面试小组的一致好评。经过三个月的试用期，杨洋参与了多单公司交易，因表现突出，被公司正式录用。

模块一

国际贸易预备知识

■ 学习目标设计

杨洋入职蓝天进出口公司后，特别是在试用期间，发现自己的国际贸易基础知识还比较薄弱，需要进一步了解和熟悉国际贸易的基本概念及国家对进出口采取的政策措施等方面的知识，于是给自己设计了以下学习目标：

【知识目标】

1. 熟悉国际贸易的定义、分类及相关的基础知识
2. 熟悉国际分工的概念、国际分工与国际贸易间的关系
3. 熟悉区域经济一体化的概念及世界主要的区域经济一体化组织
4. 理解关税壁垒、非关税壁垒等限制进口的各种措施
5. 理解出口信贷、出口退税等鼓励出口的各种措施

【技能目标】

1. 对于与国际贸易相关的基础理论知识有比较清晰的了解
2. 对国际贸易有个整体认识，为后来的学习打下基础
3. 能看懂简单的新闻报道、论文等与国际贸易相关的资料，并能对资料进行简单的分析

项目1　认识国际贸易

【引导案例】

经济全球化促进国际贸易的发展

哈佛大学经济学教授恩·格里高利·曼昆（N. Gregory Mankiw）在其著作《经济学原理》中曾有这样一段描述：

“想想你日常生活中的某一天：你早上起来，给自己倒了一杯佛罗里达产的橘子汁和巴西产的咖啡；早餐时，你从日本产的电视上看纽约播放的新闻节目；你穿上用佐治亚生产的棉花而在泰国工厂缝制的衣服。你开着用来自全世界十几个国家生产的部件组装的车去上学；然后你打开经济学教科书，这本书由一位麻省理工学院的学者所写、由位于得克萨斯的一家公司出版并印在用生长在俄勒冈的树制成的纸上。

每天你都依靠全世界的许多人向你提供所享用的物品与劳务，而其中绝大多数人你根本不认识。这种相互依存性之所以成为可能是因为人们相互交易。那些为你提供

物品与劳务的人并不是出于仁慈或对你福利的关心这样做的，也没有一个政府机构命令他们生产你所需要的东西并给予你。相反，人们向你和其他消费者提供他们生产的物品与劳务是因为作为回报他们也得到了某些东西。”

交通运输工具的发展使得全球各地的距离越来越近，经济全球化使世界各国之间的联系越来越紧密，各国之间的商品买卖越来越便利和频繁，每个国家都不能脱离其他各国而存在，国与国之间的贸易也逐渐成为影响一国经济发展的主要因素。

根据世界贸易组织发布的《2011 年世界贸易报告》数据显示，2011 年世界贸易总量为 17.97 万亿美元，GDP 总量为 69.66 万亿美元，世界贸易总量占 GDP 总量的 25%。随着经济社会的发展，国际贸易发展迅速，已逐渐成为影响经济发展的重要因素。国际贸易的发展，也促进了国与国之间的交流与合作，推动了世界各国商品的流通，给世界各国人民带来了诸多便利。

一、国际贸易与对外贸易

（一）国际贸易

国际贸易（International Trade），指世界各国（或地区）之间进行的商品（Goods）、服务（Services）、技术（Technology）的交换活动。

（二）对外贸易

对外贸易（Foreign Trade），指一国（或地区）与其他国家（或地区）之间进行的商品、服务、技术的交换活动。

（三）两者的联系与区别

国际贸易和对外贸易都是以国家（或地区）为主体的商品、服务、技术的交换活动。

国际贸易考虑的是世界范围内不同国家（或地区）之间的交换活动，而对外贸易是从一个国家的角度研究商品和劳务的交换活动。对外贸易是国际贸易的一部分。

二、国际贸易的主要分类

（一）按货物的移动方向划分

按货物的移动方向划分，国际贸易可以分为出口贸易、进口贸易、转口贸易等。出口贸易（Export Trade）是一国（或地区）从别国（或地区）输出货物、服务、技术的贸易行为。进口贸易（Import Trade）是一国（或地区）从别国（或地区）输入货物、服务、技术的贸易行为。转口贸易（Entrepot Trade）是指两国的进出口贸易是通过第三国的中间商把货物转手来完成的贸易方式。对第三国来说，它将进口的货物再出口，所以是转口，又称再出口贸易。转口贸易已有数百年历史，伦敦、鹿特丹、新加坡是著名的转口贸易港。

（二）按货物的形态分

按货物的形态划分，国际贸易可以分为有形贸易和无形贸易。有形贸易是指看得见、摸得着的、实物形态的商品的国际贸易。无形贸易是指非实物形态的技术、服务的国际贸易。汽车、服装、食品、机械设备、纸张等的贸易，均属于有形贸易。向别国提供金融、保险、运输、旅游等服务，专有技术、专利权、商标权、著作权等的贸易，均属于无形贸易。有形贸易需经过海关办理进出口手续，列入海关的贸易统计。无形贸易不需经过海关办理进出口手续，也不列入海关的贸易统计。

三、国际贸易的统计指标

（一）贸易额与贸易量

（1）贸易额也称为贸易值，是用货币金额表示的一国在一定时期内的进出口规模，由进口总额和出口总额构成。如 2011 年，我国进出口总额为 36 420.6 亿美元，其中出口 18 986.0亿美元，进口 17 434.6 亿美元。

表 1－1　2010 年世界各国（地区）货物进出口总额前 10 的国家（地区）

（单位：亿美元）

排名	国家	出口额	进口额	进出口总额
	世界	150 820	153 050	303 870
1	美国	12 781	19 681	32 462
2	中国	15 778	13 951	29 729
3	德国	12 681	10 664	23 345
4	日本	7 698	6 926	14 625
5	法国	5 204	6 057	11 261
6	荷兰	5 720	5 166	10 886
7	英国	4 043	5 571	9 614
8	意大利	4 474	4 838	9 312
9	韩国	4 664	4 252	8 916
10	香港	3 904	4 335	8 239

（2）贸易量是以贸易额除以按固定年份为基期而确定的价格指数（价格指数是反映不同时期商品价格水平的变化方向、趋势和程度的经济指标）而得到的贸易额。贸易量可

以剔除价格波动的影响。如我国 2011 年的进出口总额为 36 420.6 亿美元，2001 年的进出口总额为 5 097.7 亿美元，要准确地比较 2011 年和 2001 年的进出口总额，不能简单地从统计的数值上来比较，因为 2011 年和 2001 年的价格水平、统计货币币值不相同，而需确定以 2001 年为基准的价格指数，再用 2011 年的进出口总额除以价格指数，用得到的数值与 2001 年的进出口总额去比较。

【技能训练】

贸易量的计算

2011 年我国的进出口总额为 36 420.6 亿美元，2001 年的进出口总额为 5 097.7 亿美元，比较这两个年份的贸易量。（假定 2001 年的价格指数为 100，2011 年相比较于 2001 年价格指数为 280）

2011 年的贸易量 $=36\ 420.6\div280\times100=13\ 007$（亿美元）

2001 年的贸易量 $=5\ 097.7\div100\times100=5\ 097.7$（亿美元）

这样，上面得到的贸易量，已经剔除了价格水平、货币币值等的影响，更能反映出两个年份实际贸易规模的情况，可直接进行比较。

（二）贸易差额与国际收支

（1）贸易差额。贸易差额是指一个国家在一定时期内出口总额与进口总额之间的差额。

一定时期内，出口额大于进口额，即为贸易顺差，也叫出超；出口额小于进口额，即为贸易逆差，也叫入超；出口额等于进口额，即为贸易平衡。2011 年中国对美国的出口总额为 3 245 亿美元，进口总额为 1 222 亿美元，对美国的出口总额比进口总额多出 2 023 亿美元，说明 2011 年中国对美国是贸易顺差。

【任务互动】

贸易顺差的利与弊

我国近十几年来对外贸易一直是出口总额大于进口总额，即为贸易顺差。2009 年出口总额是 82 029.7 亿元，进口总额是 68 618.4 亿元，贸易顺差 13 411.3 亿元；2010 年出口总额为 106 825.9 亿元，进口总额是 94 430 亿元，贸易顺差 12 395.9 亿元；2011 年出口总额是 120 282 亿元，进口总额是 110 453.4 亿元，贸易顺差 9 828.6 亿元。

近些年我国对欧盟、美国、日本等世界主要经济体的贸易大体上都是贸易顺差。以美国为例，据国家统计局数据显示，2005 年，美对华贸易逆差额仅为 1 141.7 亿美元，2009—2011 年分别达到 2 268.3 亿美元、2 731 亿美元和 2 028 亿美元。

结合我国的贸易现状，试分析对外贸易顺差是有利还是不利，是否贸易顺差越大，对一国经济发展越有利？

（2）国际收支。国际收支是指一国在一定时期内全部国际贸易的系统记录，一般用国际收支平衡表来统计和记录。国际收支平衡表包含经常项目、资本和金融项目、储备资产三项。收支平衡表用贷方、借方来分别记录国际收入和支出的情况，凡引起本国外汇收入增加的项目，记入贷方，记为“+”（可省略），凡引起本国外汇收入减少的项目，记入借方，记为“-”。

国际收支平衡总表虽然平衡，但各类项目经常是不平衡的。若商品输出大于输入，则贷方金额大于借方金额，形成外贸顺差；相反，则形成外贸逆差，或称外贸赤字。例如，下表我国2011年国际收支平衡表中经常项目为2 011亿美元，为正数，说明该年度我国出口总额大于进口总额，出现贸易顺差。

表1-2　2011年中国国际收支平衡表（初步数）

（单位：亿美元）

项目	行次	2011年 四季度	2011年
一、经常项目	1	598	2 011
A. 货物和服务	2	555	1 884
a. 货物	3	709	2 438
贷方	4	5 078	19 036
借方	5	4 369	16 598
b. 服务	6	-154	-554
贷方	7	479	1 826
借方	8	633	2 381
B. 收益	9	3	-142
C. 经常转移	10	40	269
二、资本和金融项目	11	-474	1 867
其中直接投资	12	491	1 705
三、储备资产	13	-125	-3 877
1. 货币黄金	14	0	0
2. 特别提款权	15	0	5
3. 在基金组织的储备头寸	16	-8	-34
4. 外汇	17	-117	-3 848
5. 其他债权	18	0	0

（三）对外贸易依存度

对外贸易依存度是指一国进出口总额与其国内生产总值（GDP）之比。如我国2010

年国内生产总值为397 983亿元，进出口总额为201 255.9亿元，那么我国的对外贸易依存度则为50.57%。对外贸易依存度体现一国经济增长对进出口贸易的依附程度，反映了对外贸易在国民经济中所处的地位。对外贸易在我国经济中占据非常重要的地位，近十年来，我国对外贸易依存度保持在40%以上。

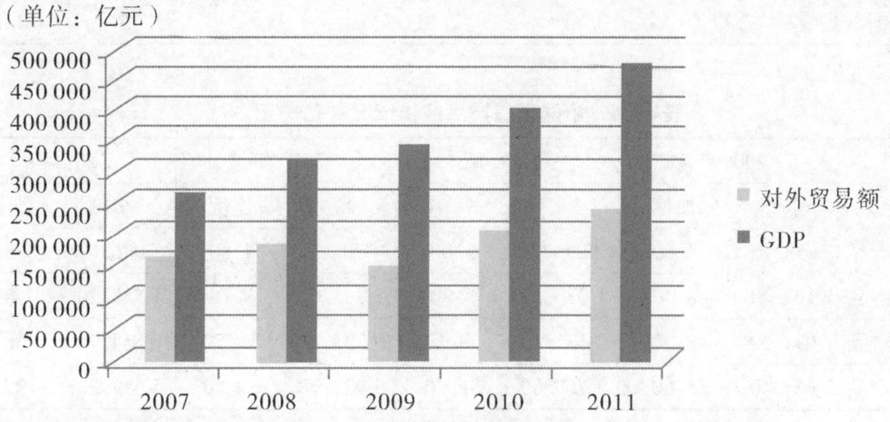

图1-1　2007—2011年我国对外贸易总额和国内生产总值的比较图

注：从此图中，我们可以看出，2007—2011年我国对外贸易总额占国内生产总值的比例基本保持在50%左右，说明我国经济的发展对对外贸易的依存度非常高。

（四）贸易的商品结构

贸易的商品结构是指各类商品在贸易总值中所占的比重。

【任务互动】

分析我国贸易的商品结构

表1-3列出的是我国近几年主要进口的商品及其占进口总额的比例，表1-4列出的是主要出口的商品及其所占比例，仔细观察下述两表，试分析我国贸易的商品结构。

表1-3　中国主要进口商品所占比例情况（%）

商品名称	2006年	2007年	2008年	2009年	2010年	2011年
机电产品	27.67	26.94	23.57	24.28	22.56	20.15
矿物燃料	11.25	10.95	14.91	12.27	13.52	15.70
机械器具	13.83	13.01	12.26	12.33	12.37	11.46
矿石	4.04	5.64	7.53	6.86	7.75	8.65
光学等	7.43	7.26	6.87	6.67	6.44	5.69
塑料	4.78	4.74	4.32	4.83	4.57	4.03

（续上表）

商品名称	2006 年	2007 年	2008 年	2009 年	2010 年	2011 年
车辆	2. 15	2. 31	2. 38	2. 82	3. 55	3. 75
有机化学	3. 77	4. 01	3. 47	3. 60	3. 46	3. 63
铜及铜制品	2. 17	2. 84	2. 31	2. 93	3. 30	3. 12

表 1－4　中国出口产品结构情况（亿美元，%）

产品	2008 年		2009 年		2010 年		2011 年	
	金额	比例	金额	比例	金额	比例	金额	比例
纺织产品	653. 75	4. 60	599. 73	5. 00	770. 41	4. 80	946. 69	5. 10
服装产品	1 197. 90	8. 40	1 070. 51	8. 90	1 294. 67	8. 10	1 532. 20	8. 30
机电产品	7 014. 20	48. 90	7 131. 13	59. 10	9 333. 43	58. 50	10 854. 70	58. 70
高新产品	3 674. 40	25. 60	3 769. 09	31. 20	4 923. 78	30. 90	5 487. 88	29. 70

（五）贸易的地理方向

贸易的地理方向包括对外贸易地理方向和国际贸易地理方向。

（1）对外贸易地理方向。对外贸易地理方向是指一国出口商品的去向和进口商品的来源，集中体现在国家的主要贸易对象上。

（2）国际贸易地理方向。国际贸易地理方向是指国际贸易的地区分布和商品流向，集中地体现了各个国家（或地区）在国际贸易中所占的地位。

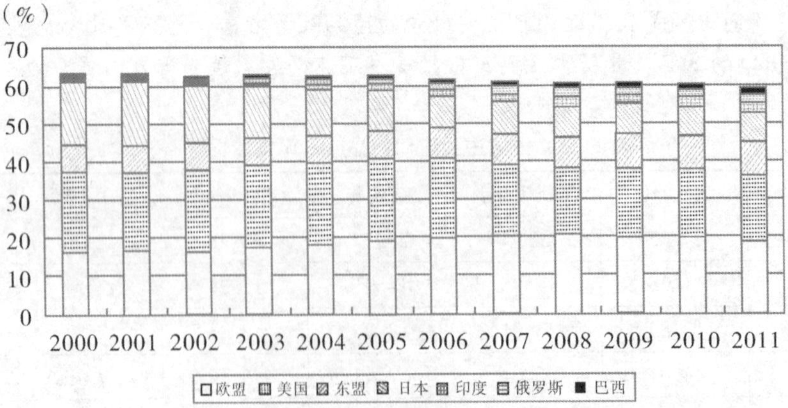

图 1－2　2000—2011 年我国的主要贸易伙伴

项目 2　认识国际分工

【引导案例】

国际分工与合作

40 年前，为了打破美国垄断世界航空制造业的市场格局，欧洲四国联合创建了空中客车公司（Airbus）。2003 年空中客车在全球的交付量首次超过其竞争对手，跃居成为世界头号民机制造商。空中客车的飞机有很多不同的工序，在多个国家生产。法国航宇公司生产含驾驶舱的机头段，中机身下半部分和发动机挂架，并负责最后总装；英国航宇公司生产机翼主体；德国空中客车工业公司生产机身其余部分和垂尾；荷兰福克—联合航空技术公司（现福克公司）生产机翼前后缘和各活动翼面；西班牙航空公司生产客舱门、起落架舱门和平尾。在这个欧洲最大的工地上，至少有 1 万人在为空中客车公司工作。

目前，世界上很多跨国公司都在使用空中客车公司的这种生产和经营模式，很多产品的生产不再局限于在某一个国家内完成，而是由许多国家的企业共同完成，每个国家的企业根据自身的资源、技术、人力等条件的不同，负责生产产品的某些零部件或完成某些工序，国与国之间产生了分工与合作。

伴随着世界经济的飞速发展，各国之间的联系越来越紧密，合作范围越来越广泛，深度不断增强。同时，世界各国在各种生产要素方面的禀赋都不相同，各国都会根据本国经济发展和生产要素的具体情况，选取自身最有优势的行业、产业重点发展，或者选取产品的某些零部件、某道工序进行生产，这样在国与国之间就会产生分工与合作。

一、社会分工的概念

社会分工是指人类从事各种劳动的社会划分及其独立化、专业化。简单来讲，就是让每个人做自己擅长的事情。劳动者生产自己最擅长的产品，然后用生产出来的产品与其他劳动者进行交换，换取自己需要的商品。社会分工是商品经济发展的基础，正是因为有社会分工，才产生了商品交换，才有了市场经济。

二、国际分工的概念

社会分工产生于原始社会末期，但由于当时的生产力水平低，还没有从社会分工发展到国际分工。直到资本主义生产方式确立以后，世界各国的经济快速发展，国际分工才发展起来。

国际分工指世界上各国（地区）之间的劳动分工与生产的专业化分工。它是社会生产力发展到一定阶段的产物，是社会分工从一国国内向国际延伸的结果，是生产社会化向国际化发展的趋势。国际分工是国际贸易和各国（地区）经济联系的基础。

国际分工从16世纪初开始，伴随着三次工业革命，经历了萌芽阶段、形成阶段、发展阶段、深化阶段四个阶段，带动了国际贸易的飞速发展。

【知识链接】

亚当·斯密的绝对成本理论

亚当·斯密是英国著名的古典经济学的主要奠基人之一，也是国际分工理论的创始者，其代表作是《国富论》。他认为，分工可以极大提高劳动生产率，进而增加国民财富，因此每个人专门生产自己擅长的产品，然后与其他人进行交换，结果对每个人都是有利的。从国家的角度上讲，如果每一个国家都按照其绝对有利的生产条件去进行专业化生产，然后彼此进行交换，则对所有交换的国家都是有利的。

他以英国、葡萄牙两国为例。假定英国、葡萄牙两国都生产葡萄酒、毛呢两种产品，两国生产这两种产品的劳动生产率均不同，研究中只以劳动投入为生产投入。

分工前，两个国家都生产葡萄酒、毛呢，如下所示：

	国家	葡萄酒		毛呢	
		投入劳动力（人/年）	产量（单位）	投入劳动力（人/年）	产量（单位）
分工前	英国	100	90	100	100
	葡萄牙	100	100	100	80

英国投入相同的劳动力，毛呢的产量更高。葡萄牙投入相同的劳动力，葡萄酒的产量更高。分工后，两个国家只生产自己有优势的产品。

	国家	葡萄酒		毛呢	
		投入劳动力（人/年）	产量（单位）	投入劳动力（人/年）	产量（单位）
分工后	英国			200	200
	葡萄牙	200	200		

两个国家再按1：1的比例进行交换。

	国家	葡萄酒		毛呢	
		投入劳动力（人/年）	产量（单位）	投入劳动力（人/年）	产量（单位）
交换后	英国		100		100
	葡萄牙		100		100

通过对比可以看出：分工后，葡萄酒、毛呢这两种产品的总产量增加了；经过交换，两个国家获得的葡萄酒、毛呢的数量也增加了。

三、国际分工的分类

（一）按参加国际分工经济体的生产技术水平和工业发展情况的差异分类

1. 垂直型分工

垂直型分工是经济技术发展水平相差较大的经济体之间的分工。如发展中国家生产初级产品，发达国家生产工业制成品，这是不同国家在不同产业间的垂直分工；发展中国家生产技术密集程度比较低的产品，发达国家生产技术密集程度比较高的产品，这体现不同国家在同一产业或同一产品生产中的垂直分工。

2. 水平型分工

水平型分工是经济发展水平相同或接近的经济体之间的分工。在这种国际分工中，参加分工的各个国家都有类似的产业结构和技术水平。这类分工主要表现为发达国家与发达国家之间的分工以及发展中国家与发展中国家之间的分工。比如美国波音公司制造的飞机，虽然品牌是美国的，但其零部件可能是由全世界几十个国家生产出来的。

3. 混合型国际分工

混合型国际分工即垂直型和水平型混合起来的国际分工。它是指一个国家在国际分工体系中既参与“垂直型”的分工，也参与“水平型”的分工。例如，德国是混合型国际分工的代表，它对发展中国家而言是垂直型的，而对其他发达国家而言是水平型的。

（二）按分工是在产业间还是产业内部分类

1. 产业间经济分工

产业间经济分工是指世界各国在不同产业部门之间进行生产的分工专业化。某些国家专门生产某类产业的产品，另一些国家专门生产其他类产业的产品。如第二次世界大战以前，国际分工基本上是以产业间国际分工为主，表现在亚、非、拉国家专门生产矿物原料、农业原料及某些食品，欧美国家专门生产工业制成品。

2. 产业内经济分工

产业内经济分工是指世界各国在相同产业部门内部各部门之间进行的生产专业化。产业内经济分工有两种情况：一种是同一产业不同技术含量的产品部件由不同的国家生产，一般来说，技术含量高的关键部件和组装成品由发达国家的企业控制，大量的一般元件由发展中国家的企业生产；另一种情况是，同一产业内不同厂商生产的产品虽有相同或相近的技术，但其外观设计、内在质量、规格、品种、商标、牌号或价格有所差异，从而产生的分工和相互交换。

四、影响国际分工发展的因素

（一）社会生产力水平

社会生产力是国际分工的决定性因素，没有它的不断发展，就谈不上国际分工，生产力水平又决定着一个国家在国际分工体系中的地位和作用。发展中国家大多生产力水平较低，科技能力较落后，原先只能生产初级产品和劳动密集型产品，在国际分工中明显处于从属地位。反之，发达资本主义国家凭借其先进的科技水平和雄厚的经济实力，占据着国际分工体系的支配地位。

（二）自然条件

自然条件包括动植物资源、矿物资源、水利资源、气候条件、土壤条件等。自然条件对国际分工的形成和各国在国际分工中的地位也起着不容忽视的作用。在生产力水平较低时，自然条件对国际分工的影响较大，但随着科学技术的发展，自然条件的作用相对下降。一个国家具备某种有利的自然条件，只是为这个国家从事这方面的生产提供了可能性，要使可能性变为现实，需具备一定的条件，包括生产力条件以及其他社会经济条件。比如说，海底油田的开发使英国和挪威成为石油出口国，但在拥有勘探和开采海底油田技术之前，这两个国家却是石油的进口国。

（三）国家政策和国际政治经济秩序

国家政策和国际政治经济秩序可以推动国际分工的发展，也可以起到阻碍其发展的作用。18 世纪到 20 世纪 40 年代，英国等欧洲殖民帝国为了形成有利于自己的国际分工，运用国家的力量，强迫其殖民地按照宗主国的需要去种植单一农作物，还用武力打开别国大门，强迫受侵略国家接受殖民主义者的贸易条件，把别国纳入有利于其剥削的国际分工体系中。第二次世界大战以前，各资本主义国家为了转嫁经济危机，各国进行竞争性货币贬值，国与国之间的关系十分紧张，结果极大地阻碍了国际分工的发展。战后各国达成了《关税与贸易总协定》，建立了国际货币基金组织和世界银行。这些超国家的国际经济组织协调了各国的贸易政策，通过多次关税和非关税减让谈判，大幅度降低了各国的关税水平，减少了非关税壁垒，保持了汇率的稳定，推进了贸易自由化。战后的国际经济秩序促进了国际分工的发展。

（四）人口数量和质量

劳动力丰富的国家在生产劳动密集型产品方面具有优势，而劳动力稀缺的国家则可能在生产其他生产要素密集的产品方面具有优势，这样就会在两类不同的国家中产生分工。人口的教育水平也会影响国际分工，受教育程度高的劳动力适合生产技术密集的高科技产品。于是，劳动力素质高的国家可以发展高科技产品的生产和出口，而劳动力素质低的国家只能生产一般的劳动密集型产品。

（五）生产规模的经济性

生产规模的经济性也会影响国际分工。现代工业要求大规模生产以便获得规模经济的好处。在世界市场的调节下，各国会根据规模经济的要求去发展一个或几个产业部门的生产，通过市场满足所有国家对这些产品的需求。规模经济还反映在各国合作生产某一产品，使其产量达到经济批量，从而在国际市场上具有竞争力。

（六）跨国公司的发展

“二战”后跨国公司的大发展是推动当代国际分工的重要力量。“二战”后资本主义国家的企业规模逐步扩大，逐渐形成了一些垄断企业。这些垄断企业把它们的生产、销售活动扩展到国外，形成了跨国公司，从而把企业内部有组织、有计划的分工扩展到世界范围。跨国公司通常是伴随着它们的资本输出而进行这种扩展的。跨国公司在战后的极大发展，推动了国际分工的发展，使国际分工呈现出一些新的特点。

上述因素决定或影响着现行的国际分工体系。发展中国家只有充分发挥优势，改善不利条件，才可能扭转自己在国际分工中的不利地位。

项目3　认识区域经济一体化

世界由各个具有不同经济特色的经济地区组成，这些经济地区同国家地区并不总是相对应。为了调和两个经济地区之间的关系，消除经济交往中的障碍，凸显同一地区较其他地区的特殊性，就出现了区域经济一体化的设想。从20世纪90年代至今，区域经济一体化组织如雨后春笋般在全球涌现，形成了一股强劲的新浪潮。区域经济一体化组织的成立极大地推动了区域内贸易的发展，推动了世界经济的发展。

一、区域经济一体化的概念

经济一体化指两个或两个以上的国家或经济体通过达成某种协议建立的经济合作组织，分为全球经济一体化和区域经济一体化。区域经济一体化指有一定地缘关系的两个或两个以上国家或地区，为了维护共同的经济和政治利益，通过签订某种条约或协定，建立共同机构，组成经济乃至政治联盟。

二、区域经济一体化的形式

（一）优惠贸易安排

优惠贸易安排是指成员国之间通过协定或其他形式，相互提供比非成员国更优惠的关税。这是一种一体化程度最低级和松散的形式。如 1932 年英国与其以前的殖民地建立的大英帝国特惠税制；印度尼西亚、马来西亚、菲律宾、新加坡和泰国等东南亚国家联盟（ASEAN）成员从 1977 年起在成员国间实施的特惠贸易安排协议。

（二）自由贸易区

自由贸易区是指在同盟区内消除了贸易壁垒，但每个成员国对非成员国仍保留自己的壁垒。它也是一种一体化程度较低的形式。如 1960 年欧洲国家倡导建立的欧洲自由贸易协定（EFTA）；由美国、加拿大、墨西哥在 1993 年建立的北美自由贸易协定（NAFTA）；2001 年中国倡导建立的“中国—东盟自由贸易区”（CAFTA）。

（三）关税同盟

关税同盟是指建立统一的关境，成员国之间取消所有的贸易壁垒，并且对非成员国实行统一的关税税率或其他贸易政策，区域内商品可以完全自由流动，是较高层次的一体化形式。如 1948 年比利时、荷兰、卢森堡建立的关税同盟，南部非洲关税同盟。

（四）共同市场

共同市场是指在关税同盟实现商品自由流动的基础上，进一步实现了资本、劳动力等生产要素在各成员国间的自由流动。如 20 世纪 70 年代的欧洲共同体，不仅实现了商品的自由流动，还实现了生产要素和服务的自由流动。

【任务互动】

请查阅资料，找一找我国加入了哪些经济一体化组织，分别是在哪一年加入的？

（五）经济同盟

经济同盟是指在共同市场基础上，进一步协调甚至统一成员国之间的经济政策，是一种高层次的一体化形式。如现在的欧洲联盟。

（六）完全经济一体化

完全经济一体化是指成员国在实现了经济联盟的基础上，进一步实现经济制度、政治制度和法律制度等方面的协调，形成统一的经济体一体化组织形式，是经济一体化的最终和最高阶段。目前还没有任何一个经济一体化组织达到这个程度。

表 1－5　区域经济一体化组织功能的对比

	优惠关税	商品自由流通	共同对外关税	生产要素自由流动	经济政策协调	超国家经济组织
优惠贸易安排	√					
自由贸易区	√	√				
关税同盟	√	√	√			
共同市场	√	√	√	√		
经济同盟	√	√	√	√	√	
完全经济一体化	√	√	√	√	√	√

注："√"表示区域经济一体化成员方之间实现经济一体化的程度。

三、世界主要的区域经济一体化组织简介

（一）欧盟

欧洲联盟（European Union），简称欧盟（EU），总部设在比利时首都布鲁塞尔，由欧洲共同体发展而来，是一个集政治实体和经济实体于一身、在世界上具有重要影响的区域经济一体化组织。1993 年 11 月 1 日，欧盟正式诞生。欧盟现有英国、法国、德国、意大利、荷兰、比利时、卢森堡、丹麦、爱尔兰、希腊、葡萄牙、西班牙、奥地利、瑞典、芬兰、马耳他、塞浦路斯、波兰、匈牙利、捷克、斯洛伐克、斯洛文尼亚、爱沙尼亚、拉脱维亚、立陶宛、罗马尼亚、保加利亚、克罗地亚 28 个国家。

欧盟现有 28 个成员国，人口 5 亿，总面积 437.8 万平方公里。欧盟的宗旨是以共同体的方式，实现各成员国的共同目标：促进和平，追求公民富裕生活，实现社会经济可持续发展，确保基本价值标准，加强国际合作。欧盟发行的货币——欧元（EUR）于 2002 年开始发行，到目前为止除了德国、英国等少数成员国仍使用本国货币外，其他成员国都以欧元作为流通货币。欧盟设立了欧盟理事会、欧盟委员会、欧洲议会、欧洲法院等机构，以行使决策、立法、监督等权利。

欧盟实行了一系列的共同政策和措施，如实行了关税同盟和共同外贸政策，实行了共同的农业政策，建立了政治联盟，基本建立了大一统的市场。目前，欧盟的经济实力已经超过美国居世界第一，也是世界上最大的贸易集团。2010 年欧盟各成员国国内生产总值总和达 16.106 万亿美元，人均 GDP 32 283 美元。随着欧盟的扩大，欧盟的经济实力将进一步提高。

（二）东盟

东南亚国家联盟（Association of Southeast Asian Nations），简称东盟（ASEAN）。东南

亚国家联盟的前身是由马来亚（现马来西亚）、菲律宾和泰国三国于1961年7月31日在曼谷成立的东南亚联盟。1967年8月7日至8日，印度尼西亚、新加坡、泰国、菲律宾四国外长和马来西亚副总理在泰国首都曼谷举行会议，发表了《东南亚国家联盟成立宣言》，即《曼谷宣言》，正式宣告东南亚国家联盟成立。几十年来，东盟已日益成为东南亚地区以经济合作为基础的政治、经济、安全一体化合作组织。

东盟的宗旨和目标是本着平等与合作精神，共同促进本地区的经济增长、社会进步和文化发展，为建立一个繁荣、和平的东南亚国家共同体奠定基础，促进本地区的和平与稳定。东盟目前有10个成员国：文莱、柬埔寨、印度尼西亚、老挝、马来西亚、缅甸、菲律宾、新加坡、泰国、越南。东盟秘书处设在印度尼西亚首都雅加达。东盟10国总面积达444万平方公里，人口5.76亿，各国国内生产总值（GDP）总和达15 062亿美元，是一个具有相当影响力的区域性组织。

东盟设有首脑会议、外长会议、常务委员会、经济部长会议、其他部长会议、秘书处、专门委员会以及民间和半官方机构。首脑会议是东盟的最高决策机构，会议每年举行两次，主席由成员国轮流担任。外长会议是制定东盟基本政策的机构，每年轮流在成员国举行。常务委员会主要讨论东盟外交政策，并落实具体合作项目。

东盟与亚洲的其他国家合作紧密。比如，"东盟10+3"会议，是指东盟10国领导人与中国、日本、韩国3国领导人举行的会议，会议是东盟于1997年成立30周年时发起的。"东盟10+1"会议，是东盟10国领导人与中国领导人举行的会议，会议是在20世纪90年代后期发起的。通过"东盟10+3"和"东盟10+1"会议，东盟加强了与中、日、韩三国的交流与合作，促进了东盟10国与中、日、韩之间的贸易，更促进了联盟内成员国经济的发展。

（三）北美自由贸易区

北美自由贸易区（North American Free Trade Area，简称NAFTA）由美国、加拿大和墨西哥三国组成。1994年1月1日北美自由贸易区宣布成立。

北美自由贸易区的宗旨是取消贸易壁垒，创造公平的条件，增加投资机会，保护知识产权，建立执行协定和解决贸易争端的有效机制，促进三边和多边合作。北美自由贸易区的建立极大地带动了地区贸易的增长，促进了成员国经济的发展。现已发展成为囊括了4.2亿人口和11.4万亿美元国民生产总值、当今世界上最大的自由贸易区。

北美自由贸易区的组织机构体系，包括自由贸易委员会、秘书处、专门委员会、工作组、专家组、环境合作委员会、劳工合作委员会、各国行政办事处、北美发展银行和边境环境委员会。

项目4 了解关税措施

【引导案例】

进口汽车的高关税

2011年福布斯网站上曾发表一篇《为什么中美轿车价差巨大》的文章，作者列举了美国高档汽车产品的美元价格、人民币换算价格、同款产品国内销售价格。部分小汽车美国市场价格和国内市场价格对比表如下：

型号	美国国内价格（万美元）	换算人民币价格（万元）	国内市场报价（万元）	相当于美国市场报价（%）
奥迪 Q73.0	4.57	30.34	81.5	269
宝马 X6	5.65	37.51	102.4	273
雷克萨斯 LX	7.77	51.59	164.5	319
途锐 3.6	4.45	29.54	78	264

作者感慨道："从这张图表可以发现，这些在中国成为财富和身份的象征、动辄售价上百万的豪华车在美国的价格仅为中国的三分之一左右，按照美元兑人民币的汇率换算，大部分价格仅为30万元人民币左右，而这在中国仅仅是一辆中级普通轿车的价格。在中国买一辆路虎揽胜的钱，可以在美国买下同样型号的这款车，再加上一栋20万美元的大房子。"

进口汽车价格高，主要原因是税率高。从表面上看，中国关税是25%，并不是很高，但是进口汽车还要交纳17%的增值税，最高为40%的消费税。汽车进口到岸综合税率（关税+消费税+增值税）为47.7%~143.7%，其中排气量3.0升到4.0升区间的综合税率为95.4%，排气量4.0升以上的综合税率为143.7%。

高关税极大地提高了进口汽车的价格，减少了汽车的进口量，也削弱了进口汽车在国内市场上的竞争力，对我国支柱型产业之一的国产汽车产业起到了很好的保护作用。

为了保护本国市场、积累资本或资金、促进本国经济结构的调整，世界各国经常采取一系列的政策和措施，限制国外商品的进口，鼓励本国商品的出口。经常采用的限制进口措施有关税措施、非关税措施等。关税措施发挥作用速度很快，而且效果十分明显。

一、关税的概念

关税（Customs Duties；Tariff）是指进出口货物经过一国关境时，由政府设置的海关向本国进出口商品征收的一种税。运用关税措施，就是通过征收关税、提高税率或加征特殊情况下的关税等措施，实现一定的贸易政策目标。

在国际贸易当中，货物要经过报关才能进出口，一般货物的报关程序包括四个环节：申报、查验、征税、放行。关税是海关在进出口货物收货人、进出口运输工具负责人和进出口物品所有人办理报关手续时征收的税收。海关在征收关税时，主要看货物从哪个国家进口或出口到哪个国家，属于哪类商品，属于哪类关税，再借助《海关税则》等确定关税税率。

小贴士

几种商品的税率

税则号列	商品名称	普通税率（%）	优惠税率（%）	增值税率（%）	计量单位
08101000	鲜草莓	80	14	13	千克
08109010	鲜荔枝	80	30	13	千克
08109030	鲜龙眼	80	12	13	千克
08109080	鲜火龙果	80	20	13	千克

二、关税的特点

关税具有强制性、固定性和无偿性的特点，有较强的涉外性，是一种间接税；关税的税收主体和客体分别是进出口商和进出口货物。

三、关税的种类

（一）按征收的对象或商品流向分类

1. 进口关税

进口关税是指海关在国外货物进入关境时所征收的关税。在我国，除以下几种情形外，一般进口的货物均要征收进口关税：征税税额（含滞纳金）在人民币 50 元以下的一票货物；无商业价值的广告品和货样；外国政府、国际组织无偿赠送的物资；进出境运输工具装载的途中必需的燃料、物料和饮食用品；法律规定的其他免征关税和进口环节增值税、消费税的货物；我国缔结或者参加的国际条约规定免征关税和进口环节增值税、消费税的货物、物品。保税加工货物、保税物流货物、暂准进出境货物、过境货物、转运货物、退运货物等特殊监管货物在进境时一般暂时不征收进口关税，当这些货物转为正式进口时，再征收进口关税。货物的进口关税税额 = 完税价格 × 进口关税税率。一般情况下，进口关税的完税价格取 CIF 价，税率可从税则号列中查找。

在货物进口时，除了征收进口关税外，海关还会代税务部门征收增值税、消费税等代征税。目前，我国对进口烟、酒、酒精、鞭炮、焰火等特殊消费品，贵重首饰及珠宝玉石、化妆品以及护肤护发品等消费品，小轿车、摩托车、汽车轮胎等高档消费品，汽油，柴油等征收消费税，税率最低为 3%，最高为 45%。增值税是对商品的增值额征收的税收，绝大多数商品都要征收增值税，税率为 13%、17%。

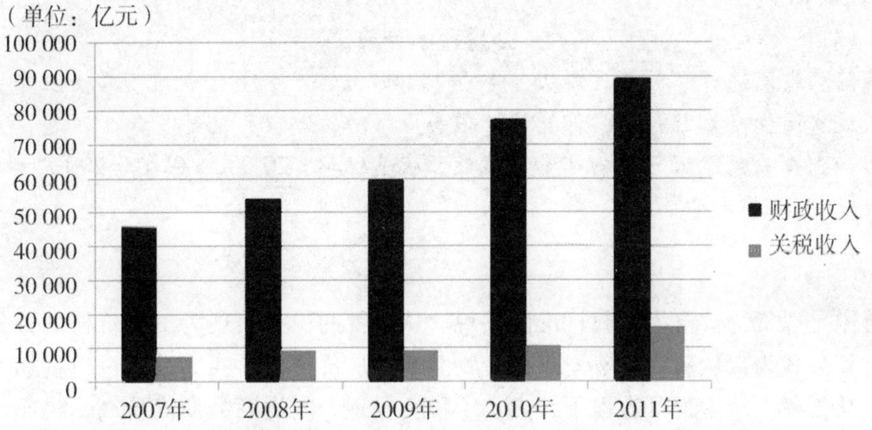

图 1－3　2007—2011 年我国财政收入和关税收入（含进口环节代征税）一览表

2. 出口关税

出口关税是指海关在本国产品输出关境时所征收的关税。在我国，除了煤炭、原油、化肥、铁合金等高耗能、高污染和资源性即“两高一资”产品外，出口商品一般不征收出口关税。货物的出口关税税额 = 完税价格 × 出口关税税率，完税价格一般为 FOB 价减去出口关税税额。当出口货物完成报关等程序后，出口商可以凭海关开具的相关证明，到税务局申请出口退税。出口退税主要是退还货物在国内生产和流通环节实际缴纳的产品税、增值税、营业税和特别消费税，出口退税率分为 5%、9%、11%、13%、14% 和 17% 六档。

3. 过境关税

过境关税又称通过税或转口税。它是海关对通过其关境再转运第三国的外国货物所征收的关税。

（二）按征收方法或征税标准分类

1. 从量税

从量税是以进口货物的重量、数量、长度、容量和面积等计量单位为标准计征的关税。其中，重量单位是最常用的从量税计量单位。从量税的计算公式为：从量税税额 = 货物计量单位数×从量税率。从量税的特点：①手续简便。不需审定货物的规格、品质、价格，便于计算。②税负并不合理。同一税目的货物，不管质量好坏与价格高低，均按同一税率征税，税负相同。③不能随价格变动作出调整。当国内物价上涨时，税额不能随之变动，使税收相对减少，保护作用削弱。物价回落时，税负又相对增高，不仅影响财政收入，还影响关税的调控作用。④难以普遍采用。税收对象一般是谷物、棉花等大宗产品和标准产品，对某些商品如贵重物品（如艺术品，包括古玩、字画、雕刻、宝石等）不便使用。

【技能训练】

从量税的计算

美国从我国进口一批青豆罐头，毛重20 000磅，已知美国税则规定青豆罐头进口税每磅最惠国税率为1美分，计算该批罐头应缴纳的进口关税是多少？

解：进口关税税额＝货物计量单位数×从量税率＝20 000×0.01＝200（美元）

2. 从价税

从价税是以货物价格为征收标准的关税。从价税的税率表现为货物价格的百分值。从价税的计算公式为：从价税税额＝进口货物总值×从价税率。我国目前进口货物基本上征收的都是从价税。从价税具有以下特点：①税负合理。同类商品质高价高，税额也高，质次价低，税额也低。加工程度高的商品和奢侈品价高，税额较高，相应的保护作用较大。②物价上涨时，税款相应增加，财政收入和保护作用均不受影响。但在商品价格下跌或者别国蓄意对进口国进行低价倾销时，财政收入就会减少，保护作用也会明显减弱。③各种商品均可使用。④从价税率用百分数表示，便于与别国进行比较。⑤完税价格不易掌握，征税手续复杂，大大增加了海关的工作负荷。

【技能训练】

从价税的计算

我国从法国进口一批鲜葡萄，共150吨，每公斤价格为3元，已知我国进口葡萄的最惠国税率为12%，试计算该批进口葡萄的进口关税是多少？

解：进口关税税额＝进口货物总值×从价税率＝150 000×3×12%＝54 000（元）

3. 混合税

混合税是征税时同时使用从量、从价两种税率计征，以两种税额之和作为该种商品的关税税额。混合税按从量、从价的主次不同又可分为两种情况：一种是以从量税为主加征从价税，即在对每单位进口商品征税的基础上，再按其价格加征一定比例的从价税；另一种是以从价税为主加征从量税，即在按进口商品的价格征税的基础上，再按其数量单位加征一定数额的从量税。

由于混合税结合使用了从量税和从价税，扬长避短，哪一种方法更有力，就用哪一种方法或以其为主征收关税，因而无论进口商品价格高低，都可起到一定的保护作用。目前世界上大多数国家或地区都使用混合税，如美国、欧盟、加拿大、澳大利亚、日本以及一些发展中国家如印度、巴拿马等。

【技能训练】

混合税的计算

日本从我国进口手表1 300只，每只表的价格为6 200日元，已知日本对进口的价格在每只60 000日元以下的手表，征收15%的从价税和每只150日元的从量税。试计算这批手表应缴纳的进口关税是多少？

解：进口关税税额＝从价税税额＋从量税税额＝1 300×6 200×15%＋1 300×150＝1 404 000（日元）

4. 选择税

选择税是指对某种商品同时定有从量和从价两种税率，征税时由海关选择其中一种税率作为该种商品的应征关税额。一般是选择税额较高的一种税率征税，在物价上涨时使用从价税，物价下跌时使用从量税。有时，为了鼓励某种商品的进口，或给某出口国以优惠待遇，也会选择税额较低的一种税率征收关税。

（三）按差别待遇分类

1. 普通关税

普通关税又称一般关税，是指对来自未与本国签署贸易优惠协议的国家或地区的货物征收的非优惠性关税，一般也常见于对未建交的国家征收的关税。普通税率是最高的税率，一般比优惠税率高1~5倍，少数商品甚至更高。

2. 最惠国关税

最惠国关税适用于与进口国签订有最惠国待遇条款的国家或地区的货物。目前世界上绝大多数国家或地区都是WTO的成员，而WTO成员之间在正常贸易下必须无条件给予最惠国税率。最惠国关税比普通关税低很多，例如美国对进口玩具征税的普通税率为79%，而最惠国税率仅为6.8%。

3. 特惠税

特惠税指一国对来自特定国家或地区的全部或部分商品给予优惠的低关税或免税待遇，其他国家和地区不得引用最惠国待遇条款享受这种关税待遇。如宗主国和殖民地附属国之间的特惠税：1932年英国与英联邦成员以及各联邦成员国之间相互签订了12个排他性贸易与关税优惠协定，正式成立了英联邦特惠制，1977年7月1日取消；还有《洛美协定》，它是欧盟向参加协定的非洲、加勒比海和太平洋地区的发展中国家单方面提供的特惠税。

4. 普惠税

普惠税是指发达国家承诺对从发展中国家或地区输入的商品，特别是制成品和半制成品给予普遍的、非歧视的和非互惠的关税优惠待遇。目前世界上共有40个发达国家实行了普惠制（给惠国），170多个发展中国家接受普惠制（受惠国）。普惠制的给惠国有：法国、英国、爱尔兰、德国、丹麦、意大利、比利时、荷兰、卢森堡、希腊、西班牙、葡萄牙、奥地利、瑞典、芬兰、瑞士、挪威、日本、加拿大、美国、澳大利亚、新西兰、俄罗斯、白俄罗斯、乌克兰、哈萨克斯坦、波兰、捷克、斯洛伐克、匈牙利、保加利亚、罗马尼亚、土耳其、爱沙尼亚、拉脱维亚、立陶宛、塞浦路斯、马耳他、斯洛文尼亚、列支敦士登。其中对我国给予普惠制优惠关税的有38个（除美国和保加利亚）。

5. 协定关税

协定关税是指一国与他国通过签订贸易条约或协定的方式共同制定的关税税则。协定关税税率是缔约国间通过关税减让谈判达成的，一般比最惠国税率低，在条约或协定有效期间，未经缔约国一致同意，税率不得自行更改或废除。协定关税一般是双边或多边的，具有互惠性，即缔约国相互减让关税，但也存在单边协定关税。

表1-6 几种差别税率的比较

	普通税率	最惠国税率	特惠税率	普惠制税率
适用范围	没有最惠国待遇条款	最惠国待遇条款	特惠协定	普惠制方案内的发展中国家
特点	非普遍使用的税率，减税的依据	普遍使用的税率，正常税率	互惠或非互惠	非互惠税率
税率	最高	比普通税率低	比最惠国税率低	比最惠国税率低，按最惠国税率的一定百分比征收

（四）按特定的实施情况分类

1. 进口附加税

进口附加税是指进口国海关对进口货物在征收一般关税的基础上，再征收的额外关税。进口附加税通常是一种临时性的特定措施，又称特别关税，主要有反倾销税、反补贴税、惩罚关税、报复关税。

2. 差价税

差价税又叫差额税，当某种由本国生产的产品国内价格高于同类的进口商品价格时，为了削弱进口商品的竞争力，保护国内生产和国内市场，按国内价格与进口价格之间的差额征收关税，即为差价税。

【知识链接】

我国目前享受的优惠关税和我国给予的特惠税

一、我国目前享受到的优惠关税

（一）最惠国税

作为WTO的成员国，在与WTO成员国签订了更加优惠的关税条款或者一些可以不按最惠国关税征收的例外情况外，中国享受WTO内所有国家的最惠国关税待遇。

（二）普惠税

作为发展中国家，中国享受发达国家给予的普惠制关税优惠。目前世界上普惠制的给惠国有美国、英国、法国、德国、希腊、西班牙、葡萄牙、奥地利、瑞典、日本、新西兰、挪威、加拿大、澳大利亚、俄罗斯等40个国家，这些国家中除了美国和保加利亚外，均给予中国普惠制关税优惠。

（三）协定关税

中国签订的享受协定关税的优惠贸易协定有：

1.《中国—东盟贸易协定》

2004年11月中国与东盟签订《货物贸易协议》，到2010年1月1日，中国首个真正意义上的自由贸易区—中国—东盟自由贸易区全面启动，中国与东盟6个老成员国（文莱、印度尼西亚、马来西亚、菲律宾、新加坡、泰国）实现了自由贸易，对涉及近七千个税号、大约占中国与东盟贸易九成的产品将全部实施零关税。而东盟4个新成员（越南、柬埔寨、老挝和缅甸）也将于2015年与我国实现自由贸易。

2.《亚太贸易协定》

《亚太贸易协定》是在原《曼谷协定》的基础上制定的。《曼谷协定》在其实施阶段有五个成员国，即孟加拉国、印度、老挝、韩国和斯里兰卡。自2001年5月23日起，我国正式成为《曼谷协定》的成员国，并于2002年1月1日实施《曼谷协定》。2006年，成员国经进一步协商，签订了《亚太贸易协定》。我国目前享受韩国、斯里兰卡、印度、孟加拉国四国的关税减让待遇。四个国家分别列出了对中国减让关税的产品清单，如韩国的减让清单中主要是农产品、矿产品、化工产品、橡胶产品、皮张、纸、纺织原料及纺织制品、陶瓷制品、金属及金属制品及机电产品。

3. 中巴自由贸易区

2004年1月1日，中巴双方开始实施《中国与巴基斯坦优惠安排》，对部分产品开始相互降税。2006年11月24日，双方签署了《中国—巴基斯坦自由贸易协定》，于2007年7月1日实施，对所有产品分两个阶段实施降税：第一阶段双方在三年内将36%的产品降为零关税；第二阶段，双方到2013年初将各自零关税产品扩大到90%以上。

4. 中国智利自由贸易区

2005年11月18日，中智双方签署了《中智自贸协定》。自2006年7月1日起，全面启动关税减让政策，97%的产品的关税将于10年内降为零。

二、我国目前给予的特惠税

我国目前对以下几类国家给予特惠税：①亚太贸易特惠税率，适用于原产于签订《亚太贸易协定》（原《曼谷协定》）的国家（孟加拉国和老挝）进口的该协定所规定的货物；②中国—东盟自由贸易区特惠税率，适用于原产于柬埔寨、老挝和缅甸的部分进口货物；③非洲28国特惠税；④阿富汗、也门等亚太5国特惠税。对于给予特惠税优惠的国家的部分进口商品，实行零关税优惠。

项目5　了解非关税措施

【引导案例】

欧盟、日本等国的绿色贸易壁垒

从2006年日本开始实施肯定列表制度后，欧盟又发布了新的茶叶农残标准，中国农产品出口持续遭遇绿色阻击。

为了应对欧盟、日本严苛的农残标准，安徽茶叶进出口有限公司早有"防备"，早在几年前就建立了自己的茶叶生产基地，从源头上控制农残。该公司建立了5个茶叶生产基地，其中无公害茶园20万亩，有机茶园8 000亩，转换期茶园6 000亩。公司20万亩无公害基地全部通过了国际无公害认证，有机茶园获得了瑞士IMO等有机茶国际认证。公司投入认证和检测方面的费用每年都超过70万元人民币，现在的利润只剩下原来的1/3，其余2/3都被检测等成本吞噬了，而企业为此付出的精力、人力成本则无法用数字来计算，很多实力较弱的茶叶出口企业陷入严重的资金短缺困境，更有企业被迫退出市场。

发达国家除了通过提高进口关税外，还通过制定技术标准、法规、制度等来实现限制进口的目的。

在经济全球化的大背景下，各国之间的关税已大幅度下降，且通过关税措施来限制进口容易引起贸易纠纷，相应地对方国家也会采取报复性的措施，世界各国越来越多地把非关税贸易壁垒作为贸易的保护措施。在世界贸易组织货物贸易多边协定中，有一些协议专门处理可能对贸易造成障碍的非关税措施问题，这些协议主要有：《技术性贸易壁垒协议》、《进口许可程序协议》、《原产地规则协议》、《装运前检验协议》和《与贸易有关的投资措施协议》等。

一、非关税措施的概念

非关税措施是指除关税措施以外的一切限制进口的措施，包括进口配额制、自动出口配额制、进口许可证制、技术性贸易壁垒、歧视性政府采购政策、最低限价等措施。

二、非关税措施的种类

（一）进口配额制

进口配额制就是一国政府在一定时期内，对某些商品的进口数量或金额加以直接限制，在规定时间内，超过配额的商品不允许进口，或者需被征收较高的关税或罚款才能进口。进口配额制主要有绝对配额和关税配额两种。

1. 绝对配额

绝对配额是在一定时期内，对某些商品的进口数量或金额规定一个最高额数，达到这个额数后，便不准进口。这种进口配额在实施中，又有全球配额、国别配额和进口商配额三种方式。假定我国2011年大豆的进口配额是4 500万吨，不具体规定哪个国家、企业的配额数，则这个配额即为全球配额；若将4 500万吨的额数分配到不同国家，则这个配额即为国别配额，分配到每个国家的额数即为2011年我国从该国进口大豆的最高额数；若将4 500万吨的额数分配给国内若干个进口商，则该配额即为进口商配额，分配给每个进口商的额数即为2011年度该进口商可进口大豆的最高额数。

2. 关税配额

关税配额指对商品进口的绝对数额不加限制，而对一定时期内在规定配额以内的进口商品给予低税、减税或免税待遇；对超过配额的进口商品则征收较高的关税，或征收附加税或罚款。如2011年我国继续对小麦、玉米、糖等多种产品实施关税配额管理，其中硬粒小麦、非种用玉米、其他籼米稻谷进口关税配额内税率为1%，关税配额外最惠国税率、普通税率分别为65%、180%；糖进口关税配额内税率为15%，关税配额外最惠国税率、普通税率分别为50%、125%。

（二）自动出口配额制

自动出口配额制，又称自动限制出口，是出口国家或地区在进口国的要求或压力下，自动规定某一时期内（一般为3~5年）某些商品对该国的出口限制，在限定的配额内自行控制出口，超过配额即禁止出口。例如，日本曾一度在美国的压力下，限制其汽车对美的出口，按每年允许出口的汽车数量（配额）自行限制出口。

【案例】

日本被强制执行的汽车自动出口配额制

1979年，石油价格急涨和暂时汽油短缺使美国的汽车需求转向小型车，日本汽车生产商进入美国市场。美国汽车销量下滑，国内强大政治力量要求保护美国汽车工业。

既实行保护主义，又不违反GATT，使总统罗纳德·里根陷入窘境。乔治·布什（时任副总统）建议："我们全力支持自由企业精神，但如果日本人宣布不用我们要求他们就可以自愿地减少对美国的汽车出口，我想我们当中不会有人反对吧。"日本外相被带入椭圆形办公室进行了一次短暂会谈……日本同意了，"自愿"地限制向美国出口汽车的数量。

1981年，第一份协议中日本"自愿"将对美汽车出口从1980年180万辆降到每年不超过168万辆，1984—1985年修正到185万辆，1985年美国允许日本不再执行这一协议。为避免与美国的贸易摩擦，1986—1991年日本"自愿"地将对美国汽车出口限制在230万辆，以后为165万辆。

（三）进口许可证制

进口许可证制是指进口国家规定某些商品进口必须事先领取许可证，否则一律不准进口。按照进口许可证是否有额数限制，又可分为有定额的进口许可证和无定额的进口许可证。目前我国实行进口许可证管理的商品主要有：消耗臭氧层物质、重点旧机电产品、密码产品和含有密码技术的设备、可用作原料的废物、濒危物种、进口药品（精神药品、麻醉药品、兴奋剂等）、黄金及其制品、两用物质和技术等。进口商需向国家商务部、国家密码管理局、环境保护部、濒危物种管理办公室、卫生部、中国人民银行等国家有关部门或当地有关部门申领进口许可证。

（四）技术性贸易壁垒

技术性贸易壁垒，简称TBT，是指进口国通过颁布法律、法令和条例，通过对进口商品建立各种严格、繁杂、苛刻而且多变的技术标准、技术法规和认证制度等，对外国进口商品实施技术、卫生检疫、商品包装和标签等标准，从而提高产品技术要求，增加进口难度，最终达到限制外国商品进入、保护国内市场的目的。广义的技术贸易壁垒包括技术标准、技术法规、合格评定程序、绿色贸易壁垒、动植物及其产品的检验和检疫措施等。

技术标准是指由公认的机构核准，为产品或有关的工艺过程和生产方法提供准则、指南。技术法规是指规定强制执行的产品特性或其相关工艺和生产方法的文件，以及规定适用于产品、工艺或生产方法的专门术语、符号、包装、标志或标签要求的文件。合格评定程序是指直接或间接用以确定产品是否满足技术法规或标准中相关要求的程序。通过技术手段限制进口的实例有：法国禁止进口含红霉素的糖果，限制了英国糖果的进口；法国禁止进口含有葡萄糖的果汁，限制了美国果汁的进口；欧盟禁止进口注射催肥激素的肉类，限制了美国肉类的进口。我国的出口商品也深受国外技术标准的影响，据统计，我国目前有国家标准20 000项，其中约有70%—80%低于国际标准；采用ISO、IEC的有6 159多项，还不到ISO、IEC总数的1/4。为了满足国外技术新要求，2010年中国出口企业对产品进行测试、检验、认证、注册或改进产品生产技术、更换产品包装及标签、对产品进行其他处理，或办理其他手续所产生的新增成本为243.91亿美元，严重影响了产品的国际竞争力。在各类出口企业中，技术密集型的机电仪器与交通工具类企业受国外技术性贸易壁垒的影响最为严重，其次才是农食品类企业。

绿色贸易壁垒指进口国通过制定、颁布、实施严格的环境保护法规和环境保护技术标准，阻止或者限制别国产品进入的贸易保护措施。常见的形式有绿色技术标准、绿色环境标准、绿色卫生检疫制度、绿色包装制度等。为了削弱我国产品的竞争力，目前一些发达国家对我国出口的农产品、水产品、禽产品、畜产品等诸多产品设置了许多绿色壁垒。如日本对从中国进口的大米的农药残留含量检测设置了104项标准，欧盟对从中国进口的茶叶设置了134项检测指标等。每年我国有上百亿美元的产品因绿色贸易壁垒而不能出口。

动植物卫生检疫措施（简称SPS）是为保护人类健康和控制动植物病虫害而制定的技术壁垒。动植物与卫生检疫措施包括工序和生产方法；检测、检验、出证和审批程序；各种检疫处理；与食品安全直接有关的包装和标签要求等。

（五）最低限价

最低限价是指进口国对某一商品规定最低价格，进口价格如低于这一价格就征收附加税。例如，规定钢材每吨最低限价为320美元，若进口时每吨为300美元，则进口国要征收20美元的附加税，以抵消出口国可能的补贴或倾销。

除了以上几种措施外，还有进口押金制、外汇管制、海关估价制、歧视性政府采购政策等非关税措施。

三、应对非关税措施的对策

非关税措施相对于关税措施来讲，具有较大的灵活性和针对性，也具有隐蔽性和歧视性，从而更易达到限制进口的目的，也更难以对付。对出口国尤其是发展中国家的出口贸易而言，非关税措施有非常严重的阻碍作用，发展中国家要主动采取积极的应对措施，比如政府要建立专门的技术贸易壁垒信息收集和咨询机构，加强对发达国家和主要贸易伙伴国的技术标准、法规等内容的研究，向企业传递有关信息和发布预警通知；积极推行国际标准和参与国际标准修订，建立和完善与国际接轨的认证制度；充分利用有关技术贸易壁垒协定的有关条款，正确判断别国采取的措施是否符合规则，对不符合规则的，采取有效措施坚决抵制；企业也应该尽可能多地了解技术性贸易壁垒协定的规则、进口国市场的技术标准和法规等，积极推行国际技术标准和ISO9000系列标准，要实施以质量取胜的战略，加大产品的自主创新力度，提高产品的技术含量。

项目6 了解鼓励出口的措施

许多国家为了促进国际贸易的发展，增强国内经济发展活力，除了利用关税措施、非关税措施等手段限制进口外，还采取各种鼓励出口的措施，增强本国出口商品的竞争力，支持本国出口企业的发展，增加国家财政收入，拉动国内经济增长。经常采取的鼓励出口的措施有经济、政治等各方面的措施。

一、鼓励出口措施的概念

鼓励出口措施是一国为鼓励本国产品出口而采取的所有措施的总称。一般来讲，包括出口减免税、出口退税、出口补贴、出口信贷、商品倾销、外汇倾销、建立经济特区等。

二、鼓励出口措施的种类

（一）出口减免税

出口减免税是指政府减免出口商品生产和经营的国内税和出口税。

在我国，除了煤炭、原油、化肥、铁合金等"两高一资"产品外，出口商品一般不征收出口关税，减免税一般是由海关代征的增值税、消费税等，如来料加工复出口的商品、古旧图书、饲料、卷烟等。

（二）出口退税

出口退税指一国对出口货物退还其在国内生产和流通环节实际缴纳的产品税、增值税、营业税和特别消费税。一般是在货物完成正常的出口报关后，凭海关退回的报关单退税专用联和核销专用联，到税务部门办理退税。出口退税的税率有5%、9%、11%、13%、14%和17%六个档次。

【知识链接】

我国目前出口退税的范围

目前，我国下列企业出口属于增值税、消费税征收范围，除另有规定外，可办理出口免税并退税：(1) 有出口经营权的内（外）资生产企业自营出口或委托外贸企业代理出口的自产货物。(2) 有出口经营权的外贸企业收购后直接出口或委托其他外贸企业代理出口的货物。(3) 生产企业（无进出口权）委托外贸企业代理出口的自产货物。(4) 保税区内企业从区外有进出口权的企业购进直接出口或加工后再出口的货物。(5) 下列特定企业（不限于是否有出口经营权）出口的货物：对外承包工程公司运出境外用于对外承包项目的货物；对外承接修理修配业务的企业用于对外修理修配的货物；外轮供应公司、远洋运输供应公司销售给外轮、远洋国轮而收取外汇的货物；企业在国内采购并运往境外作为在国外投资的货物；援外企业利用中国政府的援外优惠贷款和以合资合作项目基金方式出口的货物；外商投资企业特定投资项目采购的部分国产设备；利用国际金融组织或国外政府贷款，采用国际招标方式，由国内企业中标销售的机电产品；境外带料加工装配业务企业的出境设备、原材料及散件；外国驻华使（领事）馆及其外交人员、国际组织驻华代表机构及其官员购买的中国产品。

（三）出口补贴

出口补贴是一国政府在商品出口时，给予出口厂商的现金补贴或财政上的优惠，目的在于降低出口商品的价格，增强其在国外市场上的竞争力。出口补贴分为直接补贴、间接补贴。直接补贴是指政府直接付给出口商的现金补贴，这种补贴方式以欧盟对农产品的出口补贴最为典型。间接补贴是指政府对某些商品的出口给予财政上的优惠，如退还或减免出口商品所缴纳的销售税、消费税、增值税、所得税等国内税，对进口原料或半制成品加工再出口给予暂时免税或退还已缴纳的进口税，免征出口税，对出口商品实行延期付税、减低运费、提供低息贷款、实行优惠汇率以及对企业开拓出口市场提供补贴等。

出口补贴可以分为三种形式：被禁止使用的补贴，又称“红灯补贴”，它直接扭曲了进出口贸易，或严重损害别国经济利益，这种补贴在任何国家都不允许使用；允许使用、但可提出反对申诉的补贴措施，又称“黄灯补贴”，它可在一定范围实施；不可申诉的补贴措施，又称“绿灯补贴”，它不会遭到其他缔约方的反对或引起反补贴措施。对于出口国“红灯补贴”和“黄灯补贴”，进口国可以提出申诉，采取反补贴措施，一般而言经常在征收进口关税的基础上征收临时反补贴税，征收反补贴税的时间一般不超过 5 年。目前有 25 个 WTO 成员国对 428 种农产品使用出口补贴，这些国家或地区包括：欧盟、澳大利亚、巴西、保加利亚、加拿大、哥伦比亚、美国、南非等。欧盟的补贴几乎涉及所有产品分类，南非、土耳其次之，东欧国家的补贴范围也较广。从出口补贴使用的分布上看，使用国家较多的产品依次包括：水果和蔬菜、其他奶产品、牛肉、禽肉、粗粮、其他农产品、蔬菜油、糖、小麦和面粉。

此外，一些发达国家对传统优势产业和新兴产业给予更多的政策支持，以促使本国产品在国际市场上赢得竞争优势。如美国给予可再生能源的研究和生产、智能电网、能源效率项目、环保车辆制造等相关领域直接投资和税收鼓励；法国推出 60 亿欧元的救助汽车产业计划；德、日等国对国内重点支柱产业和中小企业实行广泛的税收减免和现金补贴措施。

【知识链接】

美国对农业的出口补贴

占全国人口不到2%的美国农民，不仅养活了近3亿美国人，而且还使美国成为全球最大的农产品出口国，其小麦出口量占世界总出口量的21%、玉米占58%、大豆占43%。美国农民之所以有这么大的"本事"，除了与美国农业体制、科技进步等因素有关外，一个非常重要的因素就是美国政府长期以来实施的农业补贴政策。

在美国当农民，无论是粮农、棉农还是油农，似乎都不需要太多地担心自家种的农作物卖不出去，或遭遇自然灾害而血本无归，因为美国农业补贴这把牢固可靠的保护伞可以使得农民旱涝保收。作为一个工业发达国家，美国政府长期对农业提供稳定、可靠的保护和扶持。

据经合组织估计，美国政府每年对农民的补贴约为400亿美元，平均每100美元的农业产值中，有20—30美元来自政府补贴。总的看来，美国政府对农业的补贴形式繁多，花样各异，概括起来主要有贷款差额补贴、固定直接补贴、反周期补贴和灾害保险补贴等。

美国新农业法2002—2007年增加的519亿美元农业补贴中，290亿美元将通过农产品信贷公司直接支付给农场主，作为对农产品价格的补偿。这种补偿，一方面间接降低了农产品生产成本，使农场主可以用更低的价格销售农产品，另一方面也模糊了价格反映的供求信号，鼓励农场主扩大生产。

（四）出口信贷

出口信代指出口国银行对本国商品所提供的一种信贷资助，用以促进和扩大出口，分为卖方信贷和买方信贷。卖方信贷就是出口国银行向本国出口商提供的、用于支持出口的、优惠利率的贷款。买方信贷就是出口国银行向国外进口商或进口方银行提供的、用于支持本国商品出口的优惠利率的贷款。为了降低可能出现的风险，一般最高贷款额不超过贸易合同金额的85%，并由本国出口信贷担保机构担保或者购买出口信用保险。

（五）商品倾销

倾销指一国（地区）的生产商或出口商以低于商品的正常价值将商品抛售到另一国（地区）市场的行为。倾销的目的是低价销售，以达到提高产品竞争力、消灭竞争对手、占领市场的目的。对于市场经济国家，产品正常价值的确定有以下几种方法：产品的国内销售价格；产品的成本价格；产品出口到第三方国家的价格。对于非市场经济国家，产品正常价值的确定有以下几种方法：产品的成本价格；选择一个经济发展水平与该国相类似的、属于市场经济体制的、第三国生产的、相似产品的成本或出售价格作为基础；进口国相似产品的价格。

倾销的确定要满足以下几个条件：①产品以低于正常价值的价格销售；②这种低价销售行为给进口国产业造成损害，包括实质性损害、实质性威胁和实质性阻碍；③损害是由低价销售造成的，二者之间存在因果关系。倾销一般由进口国的企业或行业向本国主管部门提出申诉，由主管部门进行调查和确定，并采取相应的反倾销措施。在我国，倾销调查和确定的主管部门是商务部。当出口国对进口国的反倾销措施有异议时，可以向 WTO 组织申请仲裁。

倾销是一种不正当的竞争手段，会对进口国产业的发展产生很大的冲击，为 WTO 所禁止，因此反倾销也成为各国保护本国市场、扶持本国企业强有力的借口和理由。对倾销的处理有以下几种方式：①临时反倾销。进口国主管部门初步确定倾销成立后，在全部调查完成之前，可采取临时反倾销措施：征收临时反倾销税；要求出口商提供保证金、保函或者其他形式的担保，并停止倾销行为。临时反倾销措施决定公告规定实施之日起，不超过 4 个月；在特殊情形下，可以延长至 9 个月。②最终反倾销。在全部调查结束后，确有充分证据证明被调查的产品存在倾销，则进口国主管部门可采取最终反倾销措施，即征收反倾销税。但反倾销税的征收一般自决定征收之日起不超过 5 年。③价格承诺。倾销产品的出口经营者也可在反倾销调查期间，向进口国主管部门作出改变价格或停止以倾销价格出口的价格承诺，进口国主管部门认为出口经营者作出的价格承诺能够接受并符合公共利益的，可以决定中止或者终止反倾销调查，不采取临时反倾销措施或者征收反倾销税。

【案例】

反倾销的案例

2004 年 2 月 17 日，美国国际贸易委员会建议对原产于中国等 6 个国家的冷冻和罐装暖水虾征收 7.67%—12.81% 的高额反倾销税。消息传出，在我国水产业，特别是虾产业中引起了强烈反响，使我虾产品出口严重受阻。2004 年 4 月，我国渔业大省——浙江的虾产品对美出口全面停止。2004 年 3—6 月，我国虾产品主产区——广东的虾产品对美国出口仅为 1 010 吨，降幅达 85.9%，此 4 个月出口量比前 2 个月下降 37.6%。2004 年，我国向美出口海产虾 6.61 万吨，同比下降 18.84%；金额为 3.386 亿美元，同比下降 23.78%。而 2004 年美国虾产品进口量在 50 万吨的水平，我国虾产品占有率为 13.2%。自 2004 年下半年开始，我国几乎失去了美国虾产品市场，这是我国进入世贸组织后，在国际贸易中遭受的第一起有关水产品的反倾销调查。

从 1979 年被第一次反倾销调查后，已有 40 多个国家和地区发起了 1 000 多起涉及我国出口产品的反倾销调查，影响了我国近 800 亿美元的出口贸易。

（六）外汇倾销

外汇倾销是出口企业利用本国货币对外贬值的机会，争夺国外市场的特殊手段。当一国货币贬值后，出口商品以外国货币表示的价格降低，提高了该商品的竞争能力，从而扩大了出口。

（七）建立经济特区

经济特区是一个国家或地区划定一定的海关特殊监管区域，给予免除关税等优惠待遇，进行加工贸易、转口贸易、保税仓储等业务，以达到促进对外贸易发展、带动经济增长的目的。自1990年我国设立海关特殊监管区域（简称特殊区域）以来，我国已先后建立起保税区、出口加工区、保税物流园区、跨境工业园区、保税港区、综合保税区6类特殊区域。目前，各类海关特殊监管区域基本覆盖了沿海、沿江、沿边、内陆地区的重要港口和中心城市。

海关特殊监管区域享受保税、减免税、税收优惠等优惠政策，采取封闭围网管理，对基础设施和监管设施验收有严格的标准，具有保税功能。一般而言，货物从国内市场进入海关特殊监管区域，等同于出口，需要办理出口报关。国外进口货物进入海关特殊监管区域，海关不征收税收，区内可开展保税货物的加工、仓储、转口、展示等业务（统称保税加工、保税物流两大类业务）。若国外进口货物复运出口，也不用缴纳出口关税。若国外进口货物进入国内市场销售，视为正式进口，要征收进口关税和代征税。

1. 保税区

保税区是经国务院批准设立的、海关实施特殊监管的经济区域。它具有保税仓储、出口加工、转口贸易、商品展示等功能。自1990年以来，国务院陆续批准设立了15个保税区和一个享有保税区优惠政策的经济开发区，分别是：上海外高桥、天津港、大连、张家港、深圳沙头角、深圳福田、福州、海口、厦门象屿、广州、青岛、宁波、汕头、深圳盐田港、珠海保税区、海南洋浦经济开发区。

2. 出口加工区

出口加工区是指国家划定或开辟的专门制造、加工、装配出口商品的特殊工业区。出口加工区具有出口加工、保税物流、研发业务、检测业务、维修业务等功能。目前全国有57个出口加工区，包括：上海金桥、上海松江、上海青浦、上海漕河泾、上海闵行、大连、沈阳、天津、北京天竺、青岛、济南、烟台、威海、江苏昆山、苏州工业园区出口加工区、苏州高新区出口加工区、南京、无锡、南通、镇江、连云港、杭州、宁波、嘉兴、厦门、广州、深圳、武汉、成都、重庆、郑州、芜湖、珲春、秦皇岛、西安、赣州、呼和浩特、北海、乌鲁木齐出口加工区等。

3. 保税物流园区

保税物流园区是指经国务院批准，在保税区规划面积或者毗邻保税区的特定港区内设立的、专门发展现代国际物流业的海关特殊监管区域。它具有保税仓储、流通性简单加工和增值服务、全球采购和国际配送、国际中转和转口贸易、检测维修、商品展示等功能。目前我国的10个保税物流园区是：上海外高桥保税物流园区、天津保税物流园区、大连保税物流园区、张家港保税物流园区、宁波保税物流园区、厦门象屿保税物流园区、青岛保税物流园区、深圳盐田保税物流园区、广州保税物流园区、福州保税物流园区。

4. 保税港区

保税港区设立在国家对外开放的口岸、港区和与之相连的特定区域内，集港口、保税区、保税物流园区、出口加工区于一身，是目前我国对外开放层次最高、政策最优、功能最全、区位优势最明显的海关特殊监管区域。保税港区具有港口、出口加工、保税仓储、国际中转、国际采购、国际配送、转口贸易、商品展示、测试维修等功能。全国14个保税港区分别为：上海洋山保税港区、天津东疆保税港区、大连大窑湾保税港区、海南洋浦保税港区、宁波梅山保税港区、广西钦州保税港区、厦门海沧保税港区、青岛前湾保税港区、广州南沙保税港区、深圳前海湾保税港区、重庆两路寸滩保税港区、张家港保税港区、烟台保税港区、福州保税港区。

5. 综合保税区

综合保税区是设立在内陆地区、具有保税港区功能的海关特殊监管区域。综合保税区具有港口、出口加工、保税仓储、国际中转、国际采购、国际配送、转口贸易、商品展示、测试维修等功能。全国有多个综合保税区，包括苏州工业园综合保税区、苏州高新区综合保税区、江苏昆山综合保税区、海南海口综合保税区、天津滨海新区综合保税区、浦东机场综合保税区、潍坊综合保税区、重庆西永综合保税区、黑龙江绥芬河综合保税区、广西凭祥综合保税区、成都高新综合保税区、郑州新郑综合保税区、西安综合保税区、广州白云机场综合保税区、新疆阿拉山口综合保税区等。

6. 跨境工业园区

全国有两个，珠澳跨境工业区和中哈霍尔果斯国际边境合作中心。珠澳跨境工业区于2003年12月经国务院批准设立，分设珠海园区及澳门园区，以一河相隔。两区由珠海市人民政府、澳门特别行政区政府分别管理，中间有专门口岸通道连接，享受保税区、出口加工区优惠政策、24小时通关便利的待遇。产业功能为工业、现代物流、展览、自由贸易。中哈霍尔果斯国际边境合作中心建立在中哈国界线两侧毗邻接壤区域，中心实行封闭式管理，主要功能是贸易洽谈、商品展示和销售、仓储运输、宾馆饭店、商业服务设施、金融服务、举办各类区域性国际经贸洽谈会等。

7. 其他的保税监管场所

除以上由国务院批准设立的海关特殊监管区域外，我国还设有由海关批准成立的保税监管场所，如保税仓库、出口监管仓库、保税物流中心（A、B）等。保税监管场所具有保税仓储、转口贸易等功能。

保税仓库，是指经海关批准设立的专门存放保税货物及其他未办结海关手续货物的仓库。保税仓库的功能是仓储、不发生实质性改变的简单加工、转口贸易、寄售维修等。经海关批准可以存入保税仓库的货物有：加工贸易进口货物；转口货物；供应国际航行船舶和航空器的油料、物料和维修用的零部件；供维修外国产品所进口寄售的零配件；外商暂存货物；未办结海关手续的一般贸易货物；经海关批准的其他未办结海关手续的货物。

出口监管仓库，是经海关批准设立，对已办结海关出口手续的货物进行存储、保税物流配送、提供流通性增值服务的海关专用监管仓库。出口监管仓库的功能有仓储、不发生实质性改变的简单加工、保税物流配送等。出口监管仓库主要储存以下货物：一般贸易出口货物；加工贸易出口货物；从其他海关特殊监管区域、场所转入的出口货物；出口配送型仓库可以存放为拼装出口货物而进口的货物，以及为改换出口监管仓库货物包装而进口的包装物料；其他已办结海关出口手续的货物。

保税物流中心，是指封闭的海关监管区域，并且具备口岸功能，分A型和B型两种。A

型保税物流中心，是指经海关批准，由中国境内企业法人经营、专门从事保税仓储物流业务的海关监管场所；B 型保税物流中心，是指经海关批准，由中国境内一家企业法人经营、多家企业进入并从事保税仓储物流业务的海关集中监管场所。保税物流中心的功能是仓储、不发生实质性改变的简单加工、转口贸易、国际中转等。截至 2011 年 6 月，国家共批准通过 30 家保税物流中心，分别是：苏州工业园区、苏州高新、南京龙潭、北京空港、天津经济技术开发区、上海西北物流园区、东莞、中山、广州空港、江阴、太仓、杭州、青岛、日照、厦门火炬（翔安）、营口港、西安、成都、长沙金霞、南昌、山西方略、武汉东西湖、南宁、沈阳、宁波栎社、连云港、深圳机场、河南、北京亦庄、淄博保税物流中心。

【课后拓展】

一、单选题

1. 贸易逆差是指在一定时期内，一个国家（地区）(　　)。

A. 出口额大于进口额　　B. 出口额小于进口额

C. 出口额等于进口额　　D. 贸易额取决于各个国家的统计口径

2. 贸易量是消除了（　　）的影响后所反映的贸易实际规模。

A. 价格变动　　B. 关税　　C. 经济波动　　D. 非关税壁垒

3. 采取关税的措施使一国对外国产品的进口实行限制，往往导致该商品在进口国（　　）。

A. 售价提高　　B. 售价下降　　C. 售价不变　　D. 撤出市场

4.（　　）是经济一体化中最高级的一种形式。

A. 优惠贸易安排　　B. 完全经济一体化

C. 关税同盟　　D. 共同市场

5. 甲、乙两国原来对钨矿砂分别征收 17% 和 15% 的进口税，现两国相互间商品进口予以免税，但对第三国进口的钨矿砂统一征 16% 的关税，这种一体化组织形式是(　　)。

A. 自由贸易区　　B. 优惠贸易安排

C. 国家共同体　　D. 关税同盟

6. 中国与东盟签署《货物贸易协定》，规定双方自 2005 年 7 月 20 日起对原产于中国和东盟的产品相互给予优惠关税待遇，这种关税属于（　　）。

A. 特惠税　　B. 最惠国税　　C. 协定关税　　D. 正常关税

7. 各国征收反倾销税的目的是（　　）。

A. 抵制外国商品在本国市场低价销售

B. 防止本国商品低价倾销

C. 防止本国商品不顾成本到国外市场竞销

D. 防止外国商品在本国市场高价销售

8. 全球配额是属于（　　）。

A. 绝对配额　　B. 自主配额　　C. 关税配额　　D. 协议配额

9. 从 2000 年 7 月 1 日起，欧盟对进口茶叶实行新的农药最高允许残留量标准，这属于非关税措施中的（　　）。

A. 技术标准　　B. 技术法规　　C. 合格评定程序　　D. 产品检验检疫制度

10. 由出口方银行向本国出口厂商提供的贷款，称之为（　　）。

A. 出口信贷担保　　B. 买方信贷　　C. 卖方信贷　　D. 长期信贷

二、多选题

1. 按照差别待遇来分类，关税可分为（　　）。

A. 最惠国税　　B. 普惠税　　C. 特惠税　　D. 协定关税

2. 一国征收进口税，目的主要是（　　）。

A. 保护本国产业　　B. 增加财政收入

C. 禁止进口　　D. 防止外国产品倾销

3. 以下属于技术性贸易壁垒的是（　　）。

A. 产品检验检疫制度　　B. 包装和标签要求

C. 技术标准和技术法规　　D. 信息技术壁垒

4. 在反倾销调查中确定正常价值的方法有哪几种？（　　）

A. 出口国国内售价　　B. 出口国向第三国的出口价格

C. 结构价格　　D. 季节定价

5. 以下属于鼓励出口的措施有（　　）

A. 出口信贷　　B. 出口退税　　C. 出口补贴　　D. 出口许可

三、判断题

1. 无形贸易不需要经过海关办理进出口手续，也不显示在海关的贸易统计中，但它是一国国际收支的主要组成部分。（　　）

2. 商品通过第三国卖给消费国，对生产国而言是间接出口，对消费国而言是间接进口，对第三国而言是转口贸易。（　　）

3. 对外贸易依存度反映该国经济发展对对外贸易的依赖程度，对外贸易依存度越高，说明对外贸易在该国国民经济中的地位越高。（　　）

4. 国际分工是指世界各国之间的劳动分工与生产的专业化分工。（　　）

5. 从量税是以进口货物的价格为标准计征的关税。（　　）

6. 对于所有的补贴，我们都应征收其反补贴税。（　　）

7. 目前各国限制进口的措施以非关税措施为主，关税措施为辅。（　　）

8. 技术法规是指经公认机构批准的、非强制执行的、供通用或重复使用的产品或其相关工艺和生产方法的规则、指南或特性文件。（　　）

9. 动植物卫生检疫措施是为保护人类健康和控制动植物病虫害而制定的技术壁垒。（　　）

10. 进口配额制，又称进口额限制，是一国政府在一定时期（如一季度、半年或一年）内对某商品的进口数量或金额加以直接限制。（　　）

四、问答题

1. 请简述关税按差别待遇分的几种类别。

2. 美国对国外高档手机进口征收从价税率18%，并加征每部手机20美元的从量税。

(1) 请问从征收方法看这属于什么税?

(2) 假如美国从欧洲进口一批手机共计100部，手机单价为500美元。海关应该从进口商那里收取的进口税是多少?

3. 请简述技术性贸易壁垒的含义。

五、案例分析题

1. 2012年5月17日，美国商务部发表声明，初步裁定对从中国进口的光伏产品（主要是中国输美太阳能电池）征收31.14%～249.96%的高额反倾销税。根据美国商务部公告，接受调查的具体产品为中国输美晶体硅光伏电池、模块、层压板、面板及建筑一体化材料等。统计数据显示，2011年中国输美太阳能电池总值超过31亿美元，较2010年总值翻了一番。根据一般市场数据，国内龙头光伏企业目前在美销售太阳能电池（板）的成本约为0.75美元，而美国市场目前平均价格为0.97美元，税收增加30%便意味着中国光伏产品在美国市场基本无立足之地。17日反倾销税结果一出，中国光伏概念股应声全线下跌。其中，晶澳太阳能跌15.32%；英利绿色能源跌13.04%；晶科能源跌10.9%；大全新能源、天合光能、昱辉阳光、阿特斯太阳能、赛维LDK、韩华新能源、尚德电力跌幅均超过5%。

请根据以上案例回答:

(1) 什么叫倾销?

(2) 实施反倾销措施必备的三个条件是什么?

(3) 我国光伏产品生产企业应该做好哪些应对措施?

2. 自2007年7月5日起，加拿大边境服务署暂停进口所有产自中国的牙膏。理由是多款牙膏（包括产自中国的"田七牙膏"、"黑妹牙膏"和"田七中药牙膏"）中二甘醇超标，含量达到13.7%。加拿大卫生部门已经要求所有商店将超标牙膏下柜，并由供货商收回。加拿大边境服务署表示，这些牙膏只有在符合加拿大标准和规定后，方可进口。目前，加拿大政府已经公布不得在市场出售的24种产自中国的牙膏。黑妹牙膏在香港已由国际药物化验公司化验通过并获得合格证书，并证明对人体无害，但是加拿大卫生部门要求由加拿大自行化验，进口商因此需要承担额外的检测费用。

请根据上述案例分析：我国企业应如何应对技术性贸易壁垒?

情景设计二

经过一段时间在蓝天进出口公司的学习和实践，杨洋的国际贸易理论知识和实践能力都有了很大的提高。杨洋凭着自己的虚心好学和勤奋工作得到了同事们的认可，同时还与他们建立了良好的关系，成为公司业务团队的一员。正式入职数月后就被委派参加公司组织的中国鞋帽箱包商品交易会。在市场客商和竞争对手云集的交易环境中，杨洋所在的公司业务团队积极发挥团队合作精神，通过充分的信息收集、交易前准备、与客商建立交易关系、交易磋商等环节，成功地签下了多份合同，杨洋作为一名新人在交易会中得到了很好的锻炼。

2014 年 3 月，业务经验日趋丰富的杨洋通过互联网收到了荷兰鹿特丹一进出口企业业务代表 Jensen 发来的询购函。杨洋把握好此次难得的交易机会，成功地与 Jensen 签署了贸易合同。具体交易信息如下：

一、出口公司

（一）出口公司（即杨洋所在公司）的基本信息

名称：蓝天进出口公司（BLUE SKY IMP. & EXP. CO. 以下简称蓝天公司、BLUE SKY 公司）

地址：南京市中山西路 188 号京华大厦 2501 房（ROOM 2501，JINGHUA MANSION，188 ZHONGSHAN WEST ROAD，NANJING，CHINA）

电话号码：86－25－23501213　　传真号码：86－25－23500638

邮　编：510700　　网　站：http：//www. bluesky. com. cn

经营代码：86251369－0　　经营性质：私营企业

经营类型：外贸企业　　所在地区：南京市

（二）出口公司介绍

蓝天进出口公司成立于2003 年，公司致力于国内外时尚手袋的销售，进出口商品结构不断优化，主要经营产品有各类帆布材质的时尚手袋等。公司产品以款式新颖、引领潮流而远销世界一百多个国家和地区，在国内外客户中树立了良好的商业信誉。公司始终遵循“质量第一、信誉第一、优质服务”的宗旨，与全国几百家生产厂商建立了长期稳固的合作关系，年进出口总额达 1 000 万美元以上，为开拓市场、发展业务创造了有利条件。

二、进口公司

（一）进口公司（即 Jensen 所在公司）的基本信息

名称：BABYBOSS TRADING COMPANY（以下简称 BABYBOSS 公司）
地址：206 ST，LANGE VOORTHOUT，ROTTERDAM，NETHERLANDS
电话号码：31－70－456754　　传真号码：31－70－456700

（二）进口公司介绍

BABYBOSS 公司是一家位于荷兰鹿特丹的进出口企业，公司于 2001 年成立，目前主营箱包服饰的进出口业务，未来将逐步走向多元化经营。公司的客户覆盖欧洲、北美和南美地区。除箱包外，公司还经营服装服饰、针纺织、电子、家居家用电器等产品的进出口。

三、产品信息

2014 年 3 月，BABYBOSS 公司的业务员 Jensen 在互联网上向蓝天公司的杨洋询购时尚手提包，该产品正是蓝天进出口公司 2014 年的主打产品之一。产品信息如下：

<table>
<tr><td colspan="6">商品基本信息</td></tr>
<tr><td>商品编号</td><td colspan="2">15004</td><td colspan="2">海关代码</td><td>4202220000</td></tr>
<tr><td>中文名称</td><td colspan="2">时尚手提包</td><td colspan="2">英文名称</td><td>FASHION HANDBAG</td></tr>
<tr><td>产地</td><td colspan="2">CHINA</td><td colspan="2">所属类别</td><td>箱包</td></tr>
<tr><td>销售单位</td><td colspan="2">PC</td><td colspan="2">成本（元）</td><td>80</td></tr>
<tr><td>包装单位</td><td colspan="2">CARTON</td><td colspan="2">装箱情况</td><td>10PCS/CARTON</td></tr>
<tr><td>毛重</td><td>50KGS/ CTN</td><td>净重</td><td>46KGS/CTN</td><td>体积</td><td>70CM×60CM×50CM/CTN</td></tr>
<tr><td>商品图片</td><td rowspan="2">中文描述</td><td colspan="4" rowspan="2">帆布材质
规格：长度 25 厘米，底部宽度 3 厘米，高度 35 厘米
包装：1 只/纸盒，10 只/箱</td></tr>
<tr><td rowspan="2"></td></tr>
<tr><td>英文描述</td><td colspan="4">SAILCLOTH
SIZE：25CM L×3CM W×35CM H
PACKING：1PC/BOX，10PCS/CARTON</td></tr>
</table>

四、杨洋与 Jensen 签署的合同（详见模块二的项目 3）

模块二

签订国际货物买卖合同

■ 学习目标设计

在杨洋与 Jensen 磋商交易和最终签署合同的过程中，杨洋深深地体会到与客户建立贸易关系前对市场信息的收集工作、交易磋商过程中的谈判技巧、合同条款的拟定以及商务英语往来函电的草拟对涉外商务人员的重要性。因此，细心的杨洋打算利用这次与 Jensen 的交易机会，一边向有经验的同事学习，一边在实践中发现自己的不足，且分阶段设立学习目标，从而收获颇多。在与客户建立贸易关系和商务磋商方面，杨洋设计了以下学习目标：

【知识目标】

1. 了解建立贸易关系前应做的准备工作
2. 熟悉国际货物买卖中交易磋商的程序
3. 了解《公约》、《国际贸易惯例》对交易磋商环节的相关规定
4. 熟悉合同的基本形式和内容

【技能目标】

1. 学会撰写建立贸易关系函
2. 掌握交易磋商的程序，并能根据实际业务用简单的英语书写交易磋商函
3. 能解读进出口贸易合同的内容，并能根据买卖双方的函电往来，草拟简单的进出口贸易合同

寻找合适的交易对象，与之建立长期友好业务关系，是企业开展国际贸易至关重要的环节。良好的贸易关系可以使双方的贸易通畅顺利，从而形成双赢的局面。企业进出口商品离不开国际市场，需把国际市场作为其广阔的活动空间。要使自己的产品打入国际市场且畅销不衰，或以较低的价格购进所需的商品，企业必须了解国际市场，对国际市场进行调研，制定有效的市场营销决策，通过有效的交易磋商，使买卖双方意愿达成一致，最终实现企业经营目标。

项目1 学会如何与外商建立贸易关系

一、建立贸易关系前的准备

（一）公司及其产品介绍

为了提升企业形象，方便与客户建立贸易关系，加强与客户联系，外贸公司可以通过建立网站等多种途径介绍公司及其产品。

1. 公司介绍

公司介绍是对公司进行简明扼要的解说，主要内容包括公司基本信息（公司名称、地址、联系方式）、服务领域、经营产品、发展经历、经营规模、公司理念、发展目标等。

公司介绍是一个自我展示、自我宣传的过程，参与国际贸易的公司应尽可能让国外客户了解自己、在对方心目中树立良好的形象，为建立良好的贸易关系打下基础。

2. 产品介绍

产品介绍主要包括产品名称、产品功能、产品使用说明、售后服务等方面的内容，可以按照系列产品制作成商品目录。出口商应定期在网上发布有关公司产品和服务的消息，方便客户获取交易信息。

（二）国际市场调研

市场机会来自市场环境的变化，进出口企业要想在国际市场立于不败之地，就要对影响其经营活动的外部环境进行调研，为企业经营决策提供科学依据，达到发现商机、规避风险的目的。企业为进出口交易而进行的市场调研主要包括对国际市场环境、产品经营情况及营销策略等方面的调研。

1. 国际市场环境调研

国际市场环境调研主要是对国际市场的经济、政治、文化、法律等宏观环境进行调研，是进出口企业确定目标市场、制定营销策略要考虑的重要因素。

经济环境是企业在进出口业务活动中，确定目标市场和营销策略首要考虑的因素。调研分析一国的经济环境，一般可以从经济发展水平、经济结构和经济特征等方面入手。经济发展水平、发展所处的阶段、经济结构及经济特征直接决定了需求结构，因此，会直接或间接影响进出口公司的经营情况。

政治环境是企业在开展进出口业务活动中面临的一个重要而复杂的因素，任何经济活动都不可能独立于政治因素之外。调研分析一国的政治环境，一般可以从国际政治关系、政府的有关经济政策等方面入手。一般来说，进出口公司无论在世界上哪个国家从事贸易活动，都会有政治风险，政治风险产生的直接根源在于一国政体的改变、社会动荡与混乱、国际政治关系的形成、外汇管制、贸易壁垒、价格控制等方面。因此，进出口公司必须保持高度的政治敏锐性，对政治环境中的各种因素给予足够的重视。

文化作为一种非观念影响着消费者的行为、消费结构、消费方式，进而影响着企业在本文化地区市场的经营活动。调研分析一国的文化环境，一般是从教育水平、风俗习惯、宗教信仰、语言、价值观念等方面入手。

法律环境主要是法律意识形态及其与之相适应的法律规范、法律制度、法律组织机构、法律设施所形成的有机整体。国际经济法律主要有影响企业进出口活动的国际条约、公约，国际惯例等，而目标市场国的法律对进出口贸易有最直接的影响。

2. 营销策略调研

营销策略调研可按传统的4P策略进行，包括产品策略（Product Strategy）、定价策略（Pricing Strategy）、分销策略（Placing Strategy）和促销策略（Promotion Strategy）等方面的内容。

影响企业市场营销活动的各种因素（变数）可以分为两大类：一是企业不可控因素，即营销者本身不可控制的市场（营销环境，包括微观环境和宏观环境）；二是可控因素，即营销者自己可以控制的产品、商标、品牌、价格、广告、渠道等，而4P策略就是对各种可控因素的归纳。

3. 客户调研

客户是我们交易的对象，广泛地同客户建立贸易关系，有选择、有目的地建点和铺面，组织销售网络，是企业做好进出口工作的关键。建立和发展客户关系，必须对客户的情况进行调研。客户调研包括现有或潜在客户的发展历史、资金规模、经营范围、组织情况、信誉等级等其自身总体状况。只有对国外客商有了一定的了解，才可能与之建立贸易关系。

调研信息的主要来源有：①一般性统计资料，如一国官方或行业在网络、报刊或期刊等上公布的统计调查资料等；②国内外综合刊物；③委托国外咨询公司进行行情调查；④委托中国银行及其驻外分支机构对客户进行调查；⑤通过我国外贸公司驻外分支公司和商务参赞处，在国外进行资料收集；⑥利用交易会、各种洽谈会和客户来华做生意的机会了解有关信息；⑦派遣专门的出口代表团、推销小组等进行直接的国际市场调研，获得第一手资料。

（三）确定目标市场并寻找交易对象

在市场调研的基础上，确定目标市场并寻找交易对象，这是企业开展交易活动的基础，是一个重要环节。

1. 确定目标市场

目标市场就是在市场调研的基础上，对市场进行细分，然后选择为之服务的最佳细分市场。选择和确定目标市场，明确企业的具体服务对象，关系到企业任务、企业目标的落实，是企业制定营销战略的首要内容，因此，企业应根据自身的经营条件，选择那些最有吸引力且本企业能提供有效服务的细分市场。

2. 寻找交易对象

确定了目标市场，外贸业务员就要通过各种途径寻找交易对象。客户是我们交易的对象，寻找客户的途径一般有：网络、展览会和交易会、专业咨询公司、驻外使馆、国外银行和贸促会、媒体机构等，外贸业务员可以通过以上各种途径通过各种方式进行自我介绍或他人介绍，广泛建立客户网络群。

（四）制订方案

制订方案是指有关进出口公司根据国家的政策、法令，对其所经营的出口商品作出一种业务计划安排。它是交易有计划、有目的地顺利进行的前提。进出口企业一般只在经营大宗或重点进出口商品时才逐个制订商品进出口方案，而对其他商品可只按商品大类制订。出口商品经营方案一般包括以下内容：

1. 商品的国内货源情况

如生产地、主销地、主要消费地；商品的特点、品质、规格、包装、价格、产量、库存情况等。

2. 国外市场情况

如市场容量、生产、消费、贸易的基本情况，主要进出口国家的交易情况，今后可能变化发展的趋势，对商品品质、规格、包装、性能、价格等各方面的要求，国外市场经营该商品的基本做法和销售渠道等。

3. 确定出口地区和客户

在第一步行情研究、信息分析的基础上，选择最有利的出口地区和合作伙伴。

4. 经营历史情况

如我国出口商品目前在国际市场上所占地位、主要销售地区及销售情况、主要竞争对手、经营该种商品的主要经验和教训等。

5. 经营计划安排和措施的落实

如销售数量和金额、增长速度、采用的贸易方式、支付手段、结算办法、销售渠道、运输方式等。

二、与外商建立贸易关系相关信函的写作要求

（一）与外商建立贸易关系的基本步骤

与客户建立贸易关系重在引导客户需求，通过探寻客户的深层次需求，去激发客户解决需求的欲望，最后推荐合适的商品满足客户需求。一般引导客户需求的步骤如下：

第一步，探寻客户的基本需求；第二步，通过纵深提问挖掘分析需求背后的原因；第三步，激发客户需求；第四步，引导客户解决问题；第五步，抛出解决方案；第六步，成交之后与客户建立客情关系。

（二）与外商建立贸易关系相关信函的写作要求

客户是对企业产品和服务有特定需求的群体，它是企业经营活动得以维持的根本保证。外贸业务员通过各种途径寻找到客户资料后，就可以通过直接面谈或通过信函方式与外商建立贸易关系。国际贸易中多数通过函电方式建立贸易关系。外贸业务员必须掌握建立业务关系相关信函的写作要求。在撰写建立贸易关系的信函时，要说明信息的来源、去函的目的、公司和产品介绍、激励性结尾等。

另外，假如外贸业务员收到类似的外国信函，就应迅速按对方的要求完整答复，即使不能满足对方要求，也要及时答复，婉言说明原因，为以后可能会有的交易留下余地，切记不可置之不理。

（三）与外商建立贸易关系相关信函中的常用语举例

（1） We learned from…that you are interested in… 我们从……了解您对……有兴趣。

（2） We have obtained your name and address from… 我们从……得知贵公司的名称和地址。

（3） We are writing to you to establish trade relations with you. 我们写信给你是希望与你方建立贸易关系。

（4） We wish to express our desire to enter into business relationship with you. 我们希望与你方建立业务关系。

（5） We are a leading company with many years' experience in…export business. 我们是一个在……出口方面有多年经验的龙头企业。

（6） We enjoy a good reputation internationally in the circle of… 我们在……方面享有良好的国际声誉。

（7） Our products are enjoying popularity in Asian markets. 我们的产品在亚洲市场很流行。

（8） We have a good variety of colors and sizes to meet with different needs. 我们有各种各样的颜色和尺寸来满足不同的需求。

（9） We are looking forward to your specific inquiries. 我们期待着你们的具体询价。

（10） Your early inquiries will be really appreciated. 我们将非常感激你方的早日询价。

（四）杨洋与 Jensen 的建立业务关系函

杨洋于 2014 年 3 月 25 日委托中国银行鹿特丹分行对荷兰鹿特丹的 BABYBOSS 公司作了资信调研后，并于 4 月 6 日给 Jensen 发出了一份要求建立业务关系的邮件。

1. 客户调查

为对 BABYBOSS 公司进行调查，杨洋填写的客户资信调查申请书如下：

资信调查申请书

致：中国银行南京市分行　　　　日期：2014. 03. 25

兹委托贵行对下述对象作资信调查：　　　　编号：66101010

调查对象	国外客户全称（中英文）	BABYBOSS TRADING COMPANY		
	地址（中英文）	206. ST，LANGE VOORTHOUT，ROTTERDAM，NETHERLANDS		
	传真	31－70－456700	电话	31－70－456754
	往来银行名称及账号	中国银行鹿特丹分行 BANK OF CHINA，ROTTERDAM BRANCH 887600931912	传真	31－70－4567788
调查内容及目的		调研客商的资信及经营作风等情况		

<table>
<tr><td colspan="2">调查方式</td><td colspan="2">你行　Y　电询　　函询</td><td>代理行　Y　电复　　函复</td></tr>
<tr><td colspan="2">委托须知</td><td colspan="3">（1）银行对调查结果的真实性不负任何责任。
（2）你行对调查过程中邮电、通信造成的延误、丢失以及代理行的延误不回复概不负责。
（3）委托人同意支付银行有关费用（包括你行费用和国外行可能收取的外币费用）。
（4）委托人保证对调查内容保密，并保证对由此引起你行蒙受的一切损失负全部责任。</td></tr>
<tr><td rowspan="3">委托单位</td><td>全称及地址</td><td colspan="3">BLUE SKY IMP. & EXP. CO.
蓝天进出口公司
ROOM 2501，JINGHUA MANSION，188 ZHONGSHAN WEST ROAD，NANJING，CHINA
南京市中山西路 188 号京华大厦 2501 房</td></tr>
<tr><td>开户行及账号</td><td colspan="3">中国银行南京市分行　　10203045678900</td></tr>
<tr><td>联系人</td><td>杨洋</td><td>电话</td><td>86－25－23501213</td></tr>
<tr><td colspan="2">银行审核意见</td><td>经办　　日期</td><td colspan="2">委托单位签章
负责人：杨洋　日期：20140325</td></tr>
</table>

2. 蓝天进出口公司建立业务关系信函

BLUE SKY IMP. & EXP. CO.

ROOM 2501，JINGHUA MANSION，188 ZHONGSHAN WEST ROAD，NANJING，CHINA

DATE：MAR. 26，2014

TO：BABYBOSS TRADING COMPANY

Dear Sirs，

We known your name and address from the website of alibaba. com and note with pleasure the items of your demand just fall within the scope of our business line. First of all，we avail ourselves of this opportunity to introduce our company in order to be acquainted with you.

Our firm is an Chinese exporter of various sailcloth fashion handbag. We highly hope to establish business relations with your esteemed company on the basis of mutual benefit in an earlier date. We are sending a catalogue and a pricelist under separate cover for your reference. We will submit our best price to you upon receipt of your concrete inquiry.

We are looking forward to receiving your earlier reply.

Yours faithfully，

BLUE SKY IMP. & EXP. CO.

YANG YANG

信函主要内容参考译文：

我们从阿里巴巴网站上看到您公司的名称和地址，并且很高兴地了解到您需要的产品正好符合我们的业务范围。我们很荣幸有这个机会向您介绍我们的公司。

我公司是一家中国的出口企业，主营帆布手袋。我们非常希望能在双赢的基础上尽早同贵公司建立业务关系。我们给您发出了产品目录和价格表以供参考。如果能够收到您具体的询盘，我们将为您提供最优惠的价格。

期待您的尽早回复。

【任务互动】

张晓是广州威达贸易有限公司（公司英文名称：GUANGZHOU WEIDA TRADING CO. LTD.，英文地址：NO. 165, DONGFENG ROAD, GUANGZHOU, CHINA，联系电话：86－25－22255661，传真：86－25－22255618）业务一部的部门经理。

金允浩是韩国ABC贸易有限公司（公司英文名称：ABC TRADING COMPANY LTD.，公司英文地址：ROOM 502, BUILDING 22, GAUSS ROAD, PUSAN, KOREA，联系电话：82－10－29052824，传真：82－10－29052828）的业务主管。

2014年5月20日，双方欲就威达公司生产的台灯（DESK LAMP 07001）达成交易。为降低业务风险，在建立贸易关系前，张晓填写资信调查申请书通过中国银行对釜山银行（BANK OF BUSAN）的客户ABC贸易有限公司的资信进行调查。请根据以上的信息草拟客户资信调查函及建立客户关系函各一份。

项目2　学会如何与外商磋商交易

一、交易磋商的概念及内容

（一）交易磋商的概念

交易磋商（Business Negotiation）是指买卖双方通过直接洽谈或函电的形式，就某项交易的达成进行协商，以求完成交易的过程。交易磋商是国际贸易的重要环节之一，是签订合同的基础。商品的国际交易能否顺利签订合同，主要取决于交易双方对交易双方条件磋商的结果，只有在双方就合同的各项交易条件进行磋商并取得一致意见，合同方可成立。交易磋商工作的好坏，直接影响到合同签订后的履行结果，因此，双方要在平等互利的基础上，通过友好协商尽量争取实现“双赢”；同时还要保证所达成的协议符合各自的国家法律以及国际贸易惯例的规定。

（二）交易磋商的内容

交易磋商的内容涉及买卖合同的各项条款，包括品名、品质、数量、包装、价格、装运、支付、保险以及商品检验、索赔、仲裁和不可抗力等。根据《联合国国际货物销售合同公约》第9条第1款的规定：双方当事人业已同意的任何惯例和他们之间确立的任何习惯做法，对双方当事人均有约束力。由此可见，交易双方在交易中业已形成的习惯做法，其内容在交易磋商中可以不谈。

【案例】

交易双方长期形成的习惯做法对双方是否具有约束力

买卖双方建立业务关系初期曾口头约定"卖方必须在收到买方订单后一周内答复，若未答复则视为已接受订单"，多年来，此约定已成为双方的习惯做法。某年的8月5日卖方收到买方订购2 000打服装的订单，但由于布料的市场行情不稳定，卖方直到8月25日才通知买方不能供应2 000打服装。买方则认为合同已经成立，要求供货。问：双方的合同是否成立，为什么？

分析要点：双方的合同已经成立。买卖双方的口头约定经过长期的交易已形成了习惯做法。根据《联合国国际货物销售合同公约》第9条第1款的规定：双方当事人业已同意的任何惯例和他们之间确立的任何习惯做法，对双方当事人均有约束力。本案中，买方于某年的8月5日向卖方下了订购2 000打服装的订单，卖方直到8月25日才通知买方不能供应货物，此时间已远远超过了一周，因此，双方的合同已经成立，卖方应按合同要求向买方提交货物。

另外，交易磋商还涉及一般交易条件（General Terms and Conditions）的问题。一般交易条件是指由出口商为出售或进口商为购买货物而拟定的、对每笔交易都适用的一套共性的交易条件。我国出口企业所拟定的一般交易条件内容有：①有关预防和处理争议的条件；②有关主要交易条件的补充说明；③个别的主要交易条件。一般交易条件大都印在进口商或出口商自行设计和印刷的销售合同或购货合同格式的背面或格式正面的下部。只要在实际交易前，事先得到对方对一般交易条件的确认，一旦合同成立，经确认的一般交易条件就对双方具有约束力。

【知识链接】

《联合国国际货物销售合同公约》

《联合国国际货物销售合同公约》（United Nations Convention on Contracts of International Sales of Goods，简称《CISG公约》，以下简称《公约》）由联合国国际贸易法委员会主持制定，1980年在维也纳举行的外交会议上获得通过，于1988年1月1日正式生效。至2011年7月29日，共77个国家核准参加了该《公约》。《公约》是在国际货物买卖领域中达成的最重要的国际公约，也是国际社会经过长期不懈努力取得的丰硕成果。《公约》虽然不能解决与国际货物买卖合同有关的所有问题，却较好地协调了两大法系在合同制度方面的差异，克服了《国际货物买卖统一法公约》和《国际货物买卖合同成立统一法公约》本身存在的缺陷（尤其是对发展中国家欠缺考虑的问题），符合国际贸易对买卖合同制度的基本要求和当代国际贸易法统一化进程发展的趋势，成为国际货物买卖法的重要代表，因而具有里程碑意义。

《公约》是与我国进行货物进出口贸易关系最大、最重要的一项国际条约。我国在1986年12月11日核准该公约时提出两项保留，即：①不同意扩大《公约》的适用范围，只同意《公约》适用于缔约国的当事人之间签订的合同；②不同意用书面以外的其他形式订立、修改和终止合同。

二、交易磋商的步骤

交易磋商的具体步骤，一般由询盘、发盘、还盘和接受四个环节构成，其中发盘和接受是达成交易、合同成立不可缺少的两个基本环节和必经的法律步骤。

（一）询盘（Enquiry）

询盘的含义及其法律地位如下：

询盘，也称邀请发盘，是准备购买或出售商品的人向潜在的供货人或买主探询该商品的成交条件或交易可能性的业务行为。询盘不是每笔交易必经的程序，不具备法律上的约束力。询盘通常用下列常用词句：①对……有兴趣请发盘（interested in…please offer…）；②请告……（please advise …）；③请报价……（please quote…）；④请电传告……（please advise by telex…）。

示例2-1：

Interested in men's-shirt, please quote us your lowest price FOB Shenzhen.

对男式T恤衫感兴趣，请报你方FOB深圳最低价。

示例2-2：

Can Supply various kinds of men's-shirts, please Bid .

可供各种男式T恤衫，请递盘。

（二）发盘（Offer）

1. 发盘的含义

发盘又称发价或报价，在法律上称为要约，是一方当事人（发盘人）向另一方当事人（受盘人）提出各项交易条件并且愿意按这些条件与受盘人达成交易、订立合同的意思表示。根据《联合国国际货物销售合同公约》第14条第1款的规定，凡向一个或一个以上特定的人提出订立合同的建议，如果其内容十分明确并且表明发盘人有在其发盘一旦得到接受就受其约束的意思，即构成发盘。实际业务中，发盘通常由交易一方在收到另一方的询盘后提出，也可在没有对方询盘的情况下主动提出。发盘可由卖方提出，也可由买方提出。因此有卖方发盘和买方发盘之分，后者习惯上称为递盘（Bid）。

2. 构成一项有效的发盘应具备的条件

构成一项有效的发盘，必须具备下列条件：

（1）发盘应向一个或一个以上特定的人提出，即向有名有姓的公司或个人提出。

（2）发盘的内容必须十分确定，其至少应包括三个基本要素：①标明货物的名称；②明示或默示地规定货物的数量或规定数量的方法；③明示或默示地规定货物的价格或规定确定价格的方法。

（3）必须表明发盘人对其发盘一旦被受盘人接受即受约束的意思。

示例2-3：

根据示例2-1的询盘，发盘人可发盘如下：

Offer 500 cartons men's-shirts 02002, 20pcs per carton, color: navy blue, fabric content: 100% cotton, USD7.50/pc FOB Shenzhen shipment Sept., Sight L/C, Subject to your reply reaching here by the 14th.

报500箱货号02002男式T恤衫，每箱20件，颜色：深蓝，面料成分：全棉，价格为每件7.50美元FOB深圳9月份装运，即期信用证支付，限本月14日复至有效。

3. 对商业广告是否构成发盘的有关规定

《公约》第14条第2款规定，非向一个或一个以上特定的人提出的建议，仅应视为邀请提出发盘，除非提出建议的人明确地表示相反的意向。根据此规定，商业广告本身并不是一项发盘，通常只能视为邀请对方提出发盘。但是，若商业广告的内容符合发盘的条件，而且登此广告的人明确表示它是作为一项发盘提出来的，如在广告中注明"本广告构成发盘"或"广告项下的商品将售给最先支付货款或最先开来信用证的人"等，则此类广告也可作为一项发盘。

在实际业务中，我方对外做广告宣传和寄发商品价目单时，不要使对方理解成我方有"一经接受，即受约束"的意思。在寄发商品价目单时，最好在其中注明"价格可随时调整，恕不通知"或"价格需经我方最后确认"等字样。

【案例】

商业广告具有发盘性质引发索赔案

某公司专门生产可供出口的止咳润肺药，为了招揽顾客，该公司投入大量广告费，宣传该产品具有奇效，药到病除，并在广告中声称已在银行存入一笔资金，若购买者服用无效，该公司将按10元/支赔偿当事人。有位老太太服用了该药一段时间，但无效果，于是要求公司按广告上10元/支的约定赔偿，而该公司却以该约定只是为吸引消费者购买的广告为由拒绝赔偿。问：该公司的拒赔是否有理？

分析要点：该公司的拒赔是无理的。因为该公司发布的广告满足了发盘的构成条件，即：①服用无效的购买者为特定的人；②该公司将按10元/支赔偿当事人是内容十分确定且表明该公司对其药品一旦被购买者接受即受约束的意思，因此该商业广告可以被判定为发盘。故本案中老太太购买止咳润肺药服用一段时间无效，该公司应按广告中的规定赔偿老太太的损失。

4. 发盘有效期

发盘的有效期是指供受盘人对发盘作出接受的期限。采用往来函电成交时，发盘人一般都明确规定发盘的有效期。常见的规定方法有：①规定最迟接受的期限。如限5月12日复，或限5月12日复到此地；②规定一段接受的期限。如发盘有效期为5天，或发盘限8天内复。在发盘中明确规定有效期，既可以约束发盘人，也可以约束受盘人，有效避免双方的争议。

5. 发盘生效的时间

根据《公约》第15条第1款的规定，发盘于送达受盘人时生效。明确发盘生效的时间，具有重要的法律和实践意义，主要表现在下列两个方面：

（1）关系到受盘人能否表示接受。一项发盘只有送达受盘人时，才能发生法律效力。

（2）关系到发盘人何时可以撤回发盘或修改其内容。

6. 发盘撤回与撤销

《公约》第15条第2款规定，一项发盘，即使是不可撤销的，发盘人也可以撤回，如果撤回通知于发盘送达受盘人之前或同时，送达受盘人。《公约》第16条第1款规定：在未订立合同之前，发盘可以撤销，如果撤销通知于受盘人发出接受通知之前送达受盘人。也就是说，一旦受盘人发出了接受通知，发盘人就丧失了撤销发盘的权利。

此外，《公约》第16条第2款还规定，在下列情况下，发盘不得撤销：①发盘写明接受发盘的期限或以其他方式表示发盘是不可撤销的；②被发盘人有理由信赖该项发盘是不可撤销的，而且被发盘人已本着对该项发盘的信赖行事。

7. 发盘效力的终止

任何一项发盘，其效力均可在一定条件下终止。发盘效力终止的原因，一般有以下几个方面：①发盘有效期届满；②发盘被发盘人依法撤销；③发盘被受盘人拒绝或还盘；④发盘人发盘之后，发生了不可抗力事件；⑤发盘人或受盘人在发盘被接受前丧失行为能力。

【任务互动】

（1）加拿大的JNS公司的业务员A给我国佳杰贸易公司业务员B发盘，业务员B的贸易伙伴C正好来B的办公室送资料，在B的办公桌上看到了A的发盘，C回到公司后抢先根据A发出的条件向A发出了接受通知，请问C发出的接受通知能使合同成立吗？

（2）我国某公司10月6日向美商发盘：兹报全棉男衬衫500打，每打84.50美元CIF纽约价，10月15日复到有效，发盘于10月7日抵达美商，10月8日我方发现商品库存短缺，问我方应如何处理？

（三）还盘（Counter Offer）

还盘又称还价，在法律上称为反要约。还盘是指受盘人不同意或不完全同意发盘提出的各项条件，并就发盘内容提出添加、限制或其他更改的答复。受盘人的答复如果在实质上变更了发盘条件，就构成对发盘的拒绝，其法律后果是否定了原发盘，原发盘即告失效，原发盘人不再受其约束。如还盘的内容具备发盘条件，就构成一项新的发盘。

示例2-4：

根据示例2-3的发盘，买方可还盘如下：

Offer 500 cartons men's-shirts 02002 , 20pcs per carton, color: navy blue, fabric content: 100% cotton, USD7. 50/PC FOB Shenzhen. Price is too high, suggest cut down a little bit. Counter offer USD6. 80/PC FOB Shenzhen . Reply by the 18th.

发盘500箱货号02002男式T恤衫，每箱20件，颜色：深蓝，面料成分：全棉，FOB深圳每件7.50美元的价格太高，建议将价格降至每件6.80美元，18日复到有效。

（四）接受（Acceptance）

1. 接受的含义及其表示方法

接受在法律上称为承诺，它是指受盘人在发盘规定的有效期内，以声明或行为表示同意发盘提出的各项条件。可见，接受的实质是对发盘表示同意。

发盘人可以通过口头或书面的方式表示接受，也可以通过其他实际行动来表示接受。对于口头发盘，受盘人必须立即接受，但情况有别者不在此限。沉默或不行为本身并不等于接受，但是，如果沉默或不行为与其他因素结合在一起，足以使对方确信沉默或不行为是同意的一种表示，也可构成接受。例如以发运货物或支付价款的行为来表示同意，而无须向发盘人发出通知，则接受于该项行为做出时生效，但该项行为必须在发盘所规定的期间内做出。

示例2-5：

根据示例2-4的还盘，买方可接受如下：

Yours 20th Accepted 500 cartons men's-shirts 02002 , 20pcs per carton, color: navy blue, fabric content: 100% cotton, USD6. 80/pc FOB Shenzhen shipment Sept. , Sight L/C.

你方20号电接受500箱货号02002男式T恤衫，每箱20件，颜色：深蓝，面料成分：全棉，每件6.80美元FOB深圳9月份装运，即期信用证支付。

2. 构成一项有效的接受应具备的条件

（1）接受必须由受盘人作出。发盘是向特定的人提出的，因此，只有特定的人对发盘作出接受方为有效。

（2）接受必须是同意发盘所提出的交易条件。若只接受部分条件，或对发盘条件提出实质性修改，或提出有条件地接受，均不能构成有效接受，而只能视作还盘。

（3）接受必须在发盘规定的时限内作出。如发盘中未规定有效期，则受盘人必须在合理的时间内作出。

（4）接受的传递方式应符合发盘的要求。如发盘中未规定传递方式，则受盘人可按发盘所采用的方式，或采用比其更快的传递方式将接受通知送达发盘人。

【知识链接】

有条件的接受

有条件的接受（Conditional Acceptance）是指受盘人在表示接受的同时，对发盘内容提出了实质性添加或修改的意见，这就构成有条件的接受。原则上讲，接受应是无条件的，有条件的接受，不能视为有效的接受，而是一项还盘，法律上称为反要约。

《联合国国际货物销售合同公约》第 19 条规定：①对发盘表示接受但载有添加、限制或其他更改的答复，即为拒绝该项发盘，并构成还盘。②但是，对发盘表示接受但载有添加或不同条件的答复，如所载的添加或不同条件在实质上并不变更该项发盘的条件，除发盘人在不过分迟延的期间内以口头或书面通知反对其间的差异外，仍构成接受。如果发盘人不做出这种反对，合同的条件就以该项发盘的条件以及接受通知内所载的更改为准。③对有关货物价格、付款、货物质量和数量、交货地点和时间、一方当事人对另一方当事人的赔偿责任范围或解决争端等的添加或不同条件，均视为在实质上变更发盘的条件。由此可见，《公约》有条件的接受可分为以下两种情况：

①实质性变更："如对有关货物价格、付款、货物质量和数量、交货地点和时间、赔偿责任范围或解决争端等的添加或更改。实质性变更是对发盘的拒绝，构成还盘。"

②非实质性变更："如要求重量单装箱单、商检证和原产地证、包装等。对于非实质性变更，除非发盘人在不过分迟延的期间内以口头或书面通知反对其差异，否则仍构成接受。"

【案例】

非实质性变更发盘条件案

我国某公司 6 月 15 日向美国 A 公司发盘出售一批大宗商品，限 6 月 18 日复到有效。美方在 6 月 17 日复电表示接受，同时提出"卖方装船后，请提交装运通知一式三份，另加装箱单一式两份"，我方未作表态。6 月 20 日，我方收到美方通过当地银行开来的信用证。因获知该商品的国际市场价格已大幅度上涨的消息，我公司以合同尚未成立为由将信用证退回，但 A 公司认为其接受有效，合同成立。双方意见不一，于是提交仲裁解决。你认为仲裁庭会如何处理此案？

分析要点：仲裁员应裁定我方向美方提交双方约定的大宗商品。根据《公约》第 19 条规定：对有关货物价格、付款、货物质量和数量、交货地点和时间、一方当事人对另一方当事人的赔偿责任范围或解决争端等的添加或不同条件，均视为在实质上变更发盘的条件。本案中，对单据份数的修改不属于《公约》规定的实际性变更发盘条件的内容，且我方对美方表示接受时提出的变更条件未作表态，因此，美方的接受有效，合同成立。故仲裁员应裁定我方向美方提交双方约定的大宗商品。

3. 接受生效的时间

接受是一种法律行为，这种法律行为何时生效，各国法律有不同的规定。《公约》第18条第2款规定：接受通知于送达发盘人时生效。如接受通知未在发盘规定的时限内送达发盘人，或者发盘没有规定时限，且在合理时间内未曾送达发盘人，则该项接受被视为逾期接受。虽然各国的法律一般认为，逾期接受不是有效的接受，它只能视为一个新的发盘，但《公约》对这个问题作了灵活的处理。根据《公约》第21条第1款规定，只要发盘人毫不迟疑地用口头或书面通知受盘人，认为该项逾期的接受可以有效，愿意承受逾期接受的约束，合同仍可于接受通知送达发盘人时成立。如果发盘人对逾期的接受表示拒绝或不立即向发盘人发出上述通知，则该项逾期的接受无效，合同不能成立。

根据《公约》第21条第2款规定，如果载有逾期接受的信件或其他书面文件显示，依照当时寄发情况，只要传递正常，它本来是能够及时送达发盘人的，则此项逾期的接受应当有效，合同于接受通知送达发盘人时成立，除非发盘人毫不迟疑地用口头或书面通知受盘人，认为其发盘因逾期接受而失效。以上表明，逾期接受是否有效，关键要看发盘人如何表态。

【案例】

逾期接受是否使合同成立案

我国某进出口公司向国外某客商询售某商品，不久我方接到外商发盘，有效期至4月20日。由于广交会期间工作较多，我方于4月24日用电传表示接受该发盘，对方一直没有音讯。因该商品供求关系发生变化，市价上涨，4月26日对方突然来电，要求我方必须在5月28日前将货发出，否则，我方将要承担违约的法律责任。问：我方是否需要承担不发货的法律责任，为什么？

分析要点：我方不需承担不发货的法律责任。本案中，我方的接受是逾期的接受，而国外客商对我方的逾期接受未作表态，因此该逾期接受不具有接受的效力，合同不能成立，因此，我方不需承担不发货的法律责任。

4. 接受的撤回或修改

在接受的撤回或修改问题上，《公约》第22条规定，接受得予撤回，如果撤回通知于接受原发盘应生效之前或同时送达发盘人。由于接受在送达发盘人时才产生法律效力，故只要撤回或修改接受的通知，先于接受通知或与接受通知同时送达发盘人，则接受可以撤回或修改。如接受已送达发盘人，即接受一旦生效，合同即告成立，就不得撤回接受或修改其内容，因为这样做无异于撤销或修改合同。

项目 3　学会签订国际货物买卖合同

一、国际货物买卖合同的概念

国际货物买卖合同是指两个或两个以上的当事人就指定货物的所有权由卖方有偿地转让给买方而达成的协议。合同的主体即当事人为卖方和买方，合同的客体即标的物为货物，合同的主要内容即买卖双方的权利与义务。《公约》第 30 条规定卖方的义务是必须按照合同和本公约的规定，交付货物，移交一切与货物有关的单据并转移货物所有权；《公约》第 53 条规定买方的义务是必须按照合同和本公约规定支付货物价款和收取货物。

二、国际货物买卖合同的形式

关于国际货物买卖合同的形式各国法律有不同的要求。绝大多数国家的法律对货物买卖合同的形式基本上都采取了所谓的“不要式原则”即不规定任何特定的形式要求。当事人不论是采用口头方式还是书面方式或是以某种行为来订立合同都被认为是合法和有效的。

三、国际货物买卖合同的内容

1. 签订书面合同的意义

在国际贸易中，买卖双方签订的书面合同具有以下三方面的意义：

①书面合同是合同成立的依据；②书面合同是履行合同的依据；③书面合同是合同生效的条件。

2. 书面合同的形式

国际货物买卖合同的书面形式主要包括合同（Contract）、确认书（Confirmation）、协议（Agreement）、备忘录（Memorandum），在我国进出口业务中主要采用合同和确认书两种形式。

3. 书面合同的内容

在实际业务中，当事人总是依据具体情况来订立合同条款，因此，合同的具体内容不尽相同，但基本内容通常包括约首、正文、约尾三个部分。

四、国际货物买卖合同有效成立的条件

根据《公约》的规定：接受于送达发盘人时生效，合同即告成立。但一份合同的有效成立还应满足以下条件：

（1）买卖双方当事人应具备订立合同的行为能力。订约人必须是具有完全民事行为能力的人，不具有民事行为能力的人，如未成年人、精神病患者所订立的合同无效。

（2）双方当事人应在自愿的基础上达成一致意见。在欺诈、胁迫、重大误解等情况下订立的合同无效。

（3）合同中买卖的标的必须合法。

（4）合同必须互为有偿。国际货物买卖合同是双务合同，要有约因或对价。

（5）双方当事人所订立合同的形式必须合法。我国法律规定涉外合同必须是书面的，书面形式包括电报、电传、电子邮件等数据电文。

五、国际货物买卖合同成立的时间

国际货物买卖合同成立的时间主要有下列三种情况：

（一）合同于接受生效时成立

根据《公约》的规定，接受于送达发盘人时生效。接受生效的时间实际上就是合同成立的时间，合同一经成立，买卖双方即存在合同关系，彼此就应受到合同内容的约束。

（二）合同在约定的时间生效

在实际业务中，有时双方当事人在洽谈交易时约定，合同成立的时间以订约时合同上写明的日期为准，或以收到对方确认合同的日期为准，此时，合同在约定的时间生效。

（三）合同在获得有关部门批准时生效

根据我国法律和行政法规规定，应当由国家批准的合同，如中外合作开采煤矿合同、中外合营开采海洋石油合同等，在获得批准时方才成立。

六、杨洋与 Jensen 交易磋商的函电往来及签署的合同

（一）函电往来

1. 询盘

Dear Miss Yang Yang,

We are interested in buying 1 000 pcs sail cloth fashion handbags code 15004 from you.

We would be appreciated if you could forward samples and quote your lowest price per PC CIF Rotterdam, Netherlands to us.

We used to purchase these products from other sources. We may now prefer to buy from your company because we understand that you are able to supply larger quantities at more attractive prices. In addition, we have confidence in the quality of your products.

We look forward to hearing from you by returning E-mail.

Yours Sincerely,

BABYBOSS TRADING COMPANY

Jensen

参考译文：

杨洋女士：

我方有意向你方购买 1 000 件时尚帆布手提包。若你方能向我方提供货样并报每件 CIF 荷兰鹿特丹最低价，我方将不胜感激！我方此前曾从其他供货商处购买此商品，现我方向你方订购，是因为我方认为你方可以更优惠的价格向我方提供质优价廉的商品。

期待你的回函。

BABYBOSS 公司

Jensen

2. 发盘

Dear Mr. Jensen,

We have received your E-Mail of Apr. 12, asking us to offer sails fashion handbags code 15004 for shipment to Rotterdam, Netherlands and highly appreciated that you are interested in our products.

To comply with your kindly request, we are pleased to offer you our best price as follows:

1. Commodity: fashion handbag 15004
2. Specifications: sail, cloth size: 25cm L ＊3cm W ＊35cm H
3. Quantity: 1pc/box, 10pcs/carton, total 100cartons
4. Price: USD16. 00/pc CIF Rotterdam
5. Packing: exported brown carton
6. Shipment: not later than Jul. 20, 2014 by vessel
7. Terms of payment: By irrevocable sight L/C to reach the seller before June 15, 2014, and to remain valid for negotiation in China until 21 days after the time of shipment.
8. Insurance: To be covered by the seller for 110% of total invoice value against all risks and war risk, as per and subject to the relevant ocean marine cargo clauses of the People's Insurance Company of China dated 1/1/1981.

The samples have been sent by DHL, relation number is: N12345678.

Note: Our quotation remains effective until Apr. 20, 2014.

Yours faithfully,

BLUE SKY IMP. & EXP. CO.

Yang Yang

参考译文

Jensen 先生：

你方 4 月 12 日要求我方报货号 15004 时尚帆布手提包海运至鹿特丹的来函已收悉。现依你方要求，以最优惠价向你方发盘如下：

1. 商品名称：时尚手提包，货号 15004

2. 规格：帆布材质，尺寸：25cm 长 *3cm 宽 *35cm 高

3. 数量：1 件/盒，10 件/箱，共 100 箱

4. 价格：16 美元/件 CIF 鹿特丹

5. 包装：出口纸箱装

6. 装运：不迟于 2014 年 7 月 20 日，海运

7. 支付条件：买方须于 2014 年 6 月 15 日前将不可撤销的即期付款信用证开到卖方。该信用证于装运日后 21 天在中国议付有效

8. 保险：由卖方负责按发票金额的 110% 投保一切险和战争险，以中国人民保险公司 1981 年 1 月 1 日的有关海洋运输货物保险条款为准

样品已经通过 DHL 快递给你方，快递号为：N12345678

请注意：发盘有效期至 2014 年 4 月 20 日

BLUE SKY 公司
杨洋

3. 还盘

Dear Miss Yang Yang,

We have well received your E-mail dated Apr. 16, 2014. All the contents were duly noted.

In reply, we regret to inform you that we find your price much too high. Information Indicates that some suppliers have been sold here at a level about 15% lower than yours.

To set up the trade , we counter-offer as follows, subject to your reply received by us on or before Apr. 23th, 2014.

100 cartons of sail cloth fashion handbags 15004 at USD15.00/pc CIF Rotterdam, other terms as per your E-mail of Apr. 16, 2014.

We are looking forward to your early reply.

Yours Sincerely,
BABYBOSS TRADING COMPANY
Jensen

参考译文：

杨洋女士：

你方 2014 年 4 月 16 日来函已收到。在此，我方很抱歉地通知，你方所报价格太高，有关资料显示，同类商品的其他供应商以低于你方 15% 的价格在我方市场上销售。为达成交易，我方还盘如下：100 箱时尚帆布手提包，货号 15004，15 美元/件 CIF 鹿特丹，其他条件根据你方 2014 年 4 月 16 日的发盘内容确定。以你方答复于 2014 年 4 月 23 日或之前到达我方有效。

期待您的回复。

BABYBOSS 公司
Jensen

4. 接受

Dear Mr. Jensen,

We thank you for your E-mail of Apr. 19, 2014. To start the ball rolling, we accept your suggestion and reduce the price down to USD 15/pc . Other terms as per E-mail exchanged between us.

we send you our warmest congratulations on your increasing business with us and look forward to further increases to our mutual benefits.

Yours faithfully,

BLUE SKY IMP. & EXP. CO.

Yang Yang

参考译文：

Jensen 先生：

感谢你方 2014 年 4 月 19 日的来函，为使我方的交易有一个良好的开端，我方接受你方将价格降至 15 美元/件的建议，其他条件详见我们双方之间的往来电文。祝贺我们之间建立了贸易关系，并期待我们双方进一步的互利共赢。

BLUE SKY 公司

杨洋

（二）合同签署

经过双方协商，杨洋与 Jensen 就交易的各项条件达成了一致意见，并根据双方函电往来所确定的内容签署了以下销售合同：

销售合同

SALES CONTRACT

S/C NO.：BS20140513

DATE：MAY 13, 2014

THE SELLERS（卖方）：

BLUE SKY IMP. & EXP. CO.

ROOM 2501, JINGHUA MANSION, 188 ZHONGSHAN WEST ROAD, NANJING , CHINA

TEL：86 - 25 - 23501213　　FAX：86 - 25 - 23500638

THE BUYERS（买方）：

BABYBOSS TRADING COMPANY

206 ST, LANGE VOORTHOUT, ROTTERDAM, NETHERLANDS

TEL：31 - 70 - 456754　　FAX：31 - 70 - 456700

买卖双方经协商同意按下列条款成交：

THE UNDERSIGNED SELLER AND BUYER HAVE AGREED TO CLOSE THE FOLLOWING TRANSACTIONS ACCORDING TO THE TERMS AND CONDITIONS STIPULATED BELOW：

（1）品名与规格 COMMODITY & SPECIFICATIONS	（2）数量 QUANTITY	（3）单价 UNIT PRICE	（4）金额 AMOUNT
FASHION HANDBAG 15004 SAILCLOTH SIZE：25CM L ×3CM W ×35CM H	1 000 PCS	CIF ROTTERDAM USD15. 00	USD15 000. 00
TOTAL	1 000 PCS		USD15 000. 00
总 值 TOTAL VALUE：SAY U. S. DOLLARS FIFTEEN THOUSAND ONLY.			

（5）溢短装：数量和总值均有 5% 的增减，凭卖方决定。

MORE OR LESS：WITH 5 % MORE OR LESS BOTH IN AMOUNT AND QUANTITY ALLOWED AT THE SELLER'S OPTION.

（6）包装：1 个/纸盒，10 个/箱，共 100 箱。

PACKING：1PC/BOX，10PCS/CARTON，TOTAL 100 CARTONS.

（7）唛头：BTC

SHIPPING MARKS：BS20140513

ROTTERDAM

C/NO. 1 – 100

（8）装运条件：收到信用证 45 天内装运。装运港：上海。目的港：鹿特丹。

TERMS OF SHIPMENT：WITHIN 45 DAYS AFTER RECEIPT OF L/C. LOADING PORT：SHANGHAI. DESTINATION PORT：ROTTERDAM.

（9）保险：由卖方负责按发票金额的 110 % 投保一切险和战争险，以中国人民保险公司 1981 年 1 月 1 日的有关海洋运输货物保险条款为准。

INSURANCE：TO BE COVERED BY THE SELLER FOR 110% OF TOTAL INVOICE VALUE AGAINST ALL RISKS AND WAR RISK，AS PER AND SUBJECT TO THE RELEVANT OCEAN MARINE CARGO CLAUSES OF THE PEOPLE'S INSURANCE COMPANY OF CHINA DATED 1/1/1981.

（10）支付条件：买方须于 2014 年 6 月 15 日前将不可撤销的即期信用证开到卖方。该信用证于装运日后 21 天在中国议付有效。买方未在规定的时间内开出信用证，卖方有权发出通知取消本合同，或对因此遭受的损失提出索赔。

TERMS OF PAYMENT：BY IRREVOCABLE SIGHT L/C TO REACH THE SELLER BEFORE JUNE 15，2014，AND TO REMAIN VALID FOR NEGOTIATION IN CHINA UNTIL 21 DAYS AFTER THE TIME OF SHIPMENT. THE BUYER SHALL ESTABLISH A LETTER OF CREDIT BEFORE THE ABOVE-STIPULATED TIME. FAILING WHICH，THE SELLER SHALL HAVE THE RIGHT TO RESCIND THIS CONTRACT UPON THE ARRIVAL OF THE NOTICE AT BUYER，OR TO LODGE A CLAIM FOR THE DIRECT LOSSES SUSTAINED，IF ANY.

（11）异议与索赔：双方同意以中华人民共和国国家出入境检验检疫局签发的品质和数量（重量）检验证书作为信用证项下议付单据的一部分。买方有权对货物的品质、数量（重量）进行复验。如发现品质或数量（重量）与合同规定不符，买方有权向卖方索赔，并提交经卖方同意的公证机构出具的检验报告。索赔期限为货到目的港后 30 天内。属于保险公司、船公司或其他有关运输机构/邮递机构责任范围的，卖方概不负责。

DISCREPANCY AND CLAIM：IT IS MUTUALLY AGREED THAT THE CERTIFICATE OF QUALITY AND QUANTITY（WEIGHT）ISSUED BY STATE ADMINISTRATION FOR ENTRY-EXIT INSPECTION AND QUARANTINE OF PEOPLE'S REPUBLIC OF CHINA SHALL BE PART OF THE DOCUMENTS TO BE PRESENTED

FOR NEGOTIATION UNDER THE RELEVANT L/C. THE BUYERS SHALL HAVE THE RIGHT TO REVIEW THE QUALITY AND QUANTITY（WEIGHT）OF THE CARGO. SHOULD THE QUALITY AND QUANTITY（WEIGHT）BE FOUND NOT IN CONFORMITY WITH THE CONTRACT，THE BUYER ARE ENTITLED TO LODGE WITH THE SELLER A CLAIM WHICH SHOULD BE SUPPORTED BY SURVEY REPORTS ISSUED BY A RECOGNIZED SURVEYOR APPROVED BY THE SELLER. THE CLAIM，IF ANY，SHALL BE LODGED WITHIN 30 DAYS AFTER ARRIVAL OF THE CARGO AT THE PORT OF DESTINATION. IT IS UNDERSTOOD THAT THE SELLER SHALL NOT BE LIABLE FOR ANY DISCREPANCY OF THE GOODS THAT ARE CAUSED FOR WHICH THE INSURANCE COMPANY，SHIPPING COMPANY，OTHER TRANSPORTATION ORGANIZATION / POST OFFICE ARE LIABLE.

（12）不可抗力：任何一方由于自然灾害、战争或其他不可抗力事件导致的不能履约或延迟履约，该方不负责任。但是，受不可抗力事件影响的一方须尽快通知另一方，并在事发后 15 天内将有关机构出具的证明寄交对方。

FORCE MAJEURE：EITHER PARTY SHALL NOT BE RESPONSIBLE FOR FAILURE OR DELAY TO PERFORM ALL OR ANY PART OF THIS AGREEMENT DUE TO NATURAL DISASTERS，WAR OR ANY OTHER EVENTS OF FORCE MAJEURE. HOWEVER，THE PARTY AFFECTED BY THE EVENTS OF FORCE MAJEURE SHALL INFORM THE OTHER PARTY OF ITS OCCURRENCE AS SOON AS POSSIBLE AND THEREAFTER SENDS A CERTIFICATE OF THE EVENT ISSUED BY THE RELEVANT AUTHORITIES TO THE OTHER PARTY WITHIN 15 DAYS AFTER ITS OCCURRENCE.

（13）仲裁：履约过程中如产生争议应通过友好协商解决。协商不成，则应提交上海中国国际经济贸易仲裁委员会，根据该会仲裁规则和程序进行仲裁。该会的裁决是终局的，对双方均有约束力。仲裁费用由败诉方负担，合同另有规定的除外。

ARBITRATION：ALL DISPUTES ARISING FROM THE EXECUTION OF THIS AGREEMENT SHALL BE SETTLED THROUGH FRIENDLY NEGOTIATION. IN CASE NO SETTLEMENT CAN BE REACHED，THE CASE SHALL THEN BE SUBMITTED TO CHINA INTERNATIONAL ECONOMIC AND TRADE ARBITRATION COMMISSION OF SHANGHAI FOR ARBITRATION IN ACCORDANCE WITH ITS RULES AND PROCEDURE. THE DECISION MADE BY THIS COMMISSION SHALL BE REGARDED AS FINAL AND BINDING UPON BOTH PARTIES. ARBITRATION FEES SHALL BE BORNE BY THE LOSING PARTY，UNLESS OTHERWISE AWARDED.

（14）买方收到该合同后应立即回签一份，如有异议应于收到该合同后 5 个工作日内提出，否则即被认为已同意接受本合同所规定的各项条款。

THE BUYER IS REQUESTED TO SIGN AND RETURN ONE COPY OF THIS CONTRACT IMMEDIATELY AFTER RECEIPT OF THE SAME. OBJECTION，IF ANY，SHOULD BE RAISED BY THE BUYER WITHIN 5 WORKING DAYS. OTHERWISE，IT IS UNDERSTOOD THAT THE BUYER HAS ACCEPTED THE TERMS AND CONDITIONS OF THIS CONTRACT.

（15）本合同为中英文两种文本，两种文本具有同等效力。本合同一式两份。自双方签字（盖章）之日起生效。

THIS CONTRACT IS EXECUTED IN TWO COUNTERPARTS EACH IN CHINESE AND ENGLISH. EACH OF WHICH SHALL BE DEEMED EQUALLY AUTHENTIC. THIS CONTRACT IS IN DOUBLE COPIES EFFECTIVE SINCE BEING SIGNED/ SEALED BY BOTH PARTIES.

CONFIRMED BY：

卖方 THE SELLER：Yang Yang	买方 THE BUYER：Jensen
BLUE SKY IMP. & EXP. CO.	BABYBOSS TRABING COMPANY

【任务互动】

以下是张晓与金允浩交易商品——台灯的商品信息和他们通过交易磋商达成的合同。请根据所给出的合同，解读合同的主要交易信息，并根据合同的内容模拟他们双方交易磋商的函电往来。

1. 商品信息

<table>
<tr><td colspan="6">商品基本信息</td></tr>
<tr><td>商品编号</td><td colspan="2">07001</td><td colspan="2">海关代码</td><td>94505200000</td></tr>
<tr><td>中文名称</td><td colspan="2">台灯</td><td colspan="2">英文名称</td><td>DESK LAMP</td></tr>
<tr><td>产地</td><td colspan="2">CHINA</td><td colspan="2">所属类别</td><td>灯具</td></tr>
<tr><td>销售单位</td><td colspan="2">PC</td><td colspan="2">成本（元）</td><td>80. 5</td></tr>
<tr><td>包装单位</td><td colspan="2">CARTON</td><td colspan="2">装箱情况</td><td>20PCS/CARTON</td></tr>
<tr><td>毛重</td><td>22KGS/ CTN</td><td>净重</td><td>19KGS/CTN</td><td>体积</td><td>0. 112 5CBM/CTN</td></tr>
<tr><td>商品图片</td><td rowspan="2">中文描述</td><td colspan="4" rowspan="2">包装：1 个/纸盒，20 个/箱</td></tr>
<tr><td rowspan="2">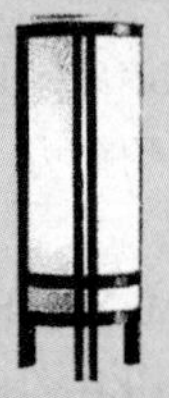</td></tr>
<tr><td>英文描述</td><td colspan="4">PACKING：1PC/BOX，20PCS/CARTON</td></tr>
</table>

2. 张晓与金允浩签署的合同

销 售 合 同

SALES CONTRACT

S/C NO.：WD20140520

DATE：May 20，2014

THE SELLERS：GUANGZHOU WEIDA TRADING CO. LTD.

NO. 165，DONGFENG ROAD. GUANGZHOU，CHINA

THE BUYERS：ABC TRADING COMPANY LTD.

R0OM 502，BUILDING 22，GAUSS ROAD，PUSAN，KOREA

The undersigned seller and buyer have agreed to close the following transactions according to the terms and conditions stipulated below：

<table>
<tr><td>(1) COMMODITY&SPECIFICATIONS</td><td>(2) QUANTITY</td><td>(3) UNIT</td><td>(4) UNIT PRICE</td><td>(5) AMOUNT</td></tr>
<tr><td>DESK LAMP 07001</td><td>2 000</td><td>PC</td><td>CIF PUSAN
USD12. 50</td><td>USD25 000. 00</td></tr>
<tr><td colspan="5">TOTAL VALUE：USD25 000. 00
Say U. S. Dollars twenty-five thousand only.</td></tr>
</table>

(6) MORE OR LESS: With 5% more or less both in amount and quantity allowed at the seller's option.

(7) PACKING: 1PC/BOX, 20PCS/CARTON, TOTAL 100 CARTONS.

(8) SHIPPING MARKS:

ABC
WD20140520
PUSAN
C/NO. 1-100

(9) TERMS OF SHIPMENT: Within 20 days after receipt of L/C. The Buyers must open the relative L/C to reach the sellers before shipment. Loading Port: Guangzhou. Destination Port: Pusan.

(10) INSURANCE: To be covered by the seller for 110% of total invoice value against All Risks and War Risk, as per and subject to the relevant ocean marine cargo clauses of the People's Insurance Company of China dated 1/1/1981.

(11) TERMS OF PAYMENT: By irrevocable sight L/C to reach the seller before July 10, 2014, and to remain valid for negotiation in China until 21 days after the time of shipment. The buyer shall establish a letter of credit before the above-stipulated time. Failing which, the seller shall have the right to rescind tiffs contract upon the arrival of the notice at the buyer, or to lodge a claim for the direct losses sustained, if any.

(12) This Contract is executed in two counterparts each in Chinese and English. Each of which shall be deemed equally authentic. This Contract is in double copies effective since being signed/sealed by both parties.

Confirmed by:

The seller: 张晓	The Buyer: 金允浩
GUANGZHOU WEIDA TRADING CO. LTD.	ABC TRADING COMPANY LTD.

【课后拓展】

一、单选题

1. 下列条件中，哪一条不是构成发盘的必备条件（　　）。

A. 内容十分确定　　B. 主要交易条件完整齐全

C. 向一个或一个以上的受盘人发出　　D. 没有任何保留条件

2. 我方8月5日向国外某客商发盘，限8月10日复到，8月6日接到对方复电称“你方5日电接受，以你方样品被确认为准”。该接受（　　）。

A. 相当于还盘　　B. 在我方缄默的情况下，则视为有效接受

C. 属有效的接受　　D. 当接受通知送达我方，合同成立

3. 按《公约》规定，一项发盘在尚未送达受盘人之前，是可以阻止其生效的，这叫发盘的（　　）。

A. 撤回　　B. 撤销　　C. 还盘　　D. 发盘

4. 我方公司星期一对外发盘限星期四复到有效，客户于星期二回电还盘并邀我方电复。此时，国际市场价格上涨，故我方未予答复。客户又于星期三来电接受我方星期一的发盘，在上述情况下（　　）。

A. 该接受相当于一项新的发盘　　B. 该接受送达发盘人时，合同成立

C. 如我方未提出异议，则合同成立　　D. 客户周三的接受相当于询盘

5. 我国某公司20日向日商发盘，限25日复到有效，日商于24日用邮件表示接受我方20日电，由于线路故障，我方于26日中午才收到对方的接受通知，此时（　　）。

A. 合同成立　　B. 若我方毫不迟延地表示接受，合同成立

C. 若我方缄默，合同成立　　D. 不论如何，接受无效

二、判断题

1. 邀请发盘对双方不具有约束力。(　　)

2. 根据《公约》的解释，一项发盘，即使是不可撤销的，于拒绝通知送达发盘人时终止。(　　)

3. 还盘一经作出，原发盘即告失效。(　　)

4. 如发盘无规定有效期，则受盘人可在任何时间内表示接受。(　　)

5. 根据《公约》的解释，接受必须用声明或行动表示出来，沉默或不行动本身不等于接受。(　　)

三、案例分析题

1. 请看一则广告：我公司现销售由美国生产的SSS牌眼视宝，带上它，可快速缓解视觉疲劳，帮助矫正近视/远视，是治疗近视/远视的好帮手。本眼视宝每副70美元，款到后10天内发货。本产品不但是自身必备用品，还是馈赠亲朋好友的良好选择。请问：本广告是一项邀请发盘还是一项发盘？

2. 某外贸土特产进出口公司，拟向某外商出口一批土产品。双方就出口商品品名、规格、质量、数量、价格、包装、交货日期、付款方式等交易条件通过函电往来进行磋商。3月份基本达成一致意见，唯有价格一项，中方坚持单价不得低于每公吨220美元，并要求外商在"两个月内答复"。6月份，国际市场该土特产品的价格猛涨，外商才复电可按中方220美元/公吨的价格成交，6月15日前交货。此时，中方国内货源已紧缺，无法供货，故未及时回复。问：本案中外双方的合同成立吗？为什么？

四、操作题

以下是深圳元丰贸易有限公司的孙俊永与美国新星电器公司的David交易的相关信息，请根据以下信息，以小组谈判的形式，模拟交易磋商的整个过程，并根据磋商的内容自制一份销售合同。

1. THE SELLERS（卖方）：SHENZHEN YUANFENG TRADING CO. LTD.

Room 158, Henan Road, Shenzhen, China

TEL: 86 - 55 - 86442971　　FAX: 86 - 55 - 86442988

2. THE BUYERS（买方）：NEW STAR APPLIANCE TRADING CO.
Room 502, Building 50, Grass Road, New York, America
TEL：001 –212 –35566090　　FAX：001 –212 –35566098
3. COMMODITY & SPECIFICATIONS：MEN'S T-SHIRTS 02002
4. QUANTITY：3 000 PCS
5. UNIT PRICE：USD7. 00/PC FOB SHENZHEN
6. PACKING：20PCS PER CARTON, TOTAL 150 CARTONS
7. TERMS OF SHIPMENT：WITHIN 30 DAYS AFTER RECEIPT OF L/C
8. LOADING PORT：SHENZHEN. DESTINATION PORT：NEW YORK
9. TERMS OF PAYMENT：BY IRREVOCABLE SIGHT L/C

模块二

拟定国际货物买卖合同条款（一）——品质、数量和包装条款

■ 学习目标设计

杨洋在与 Jensen 磋商合同条款时，对品质、数量和包装的相关法律与惯例、合同条款的规定及应注意的问题产生了进一步学习的兴趣，于是给自己设计了以下学习目标：

【知识目标】

1. 掌握品质、数量和包装条款的内容及其规定方法
2. 熟悉《公约》及有关惯例对品质、数量和包装条款的规定

【技能目标】

1. 能理解品质条款的内容并会灵活拟订品质条款
2. 能理解数量条款的内容
3. 能理解包装条款的内容并会制作运输标志

项目 1　学会拟定合同中的品质条款

一、商品品名与品质条款

国际货物买卖合同中，商品的名称和品质紧密联系在一起，共同构成商品品质条款的内容。

商品名称（Name of Commodity）是指为了区别其他商品而使用的商品的称呼，是对交易标的物的最基本的描述，也是商品说明的一个主要组成部分。比如“彩电”、“洗衣机”、“荔枝”、“葡萄酒”等。

商品的品质（Quality of Commodity）也称为商品的质量，是指商品的内在素质和外观形态，前者包括商品的物理性能、机械性能、化学成分和生物特征等自然属性；后者包括商品的形状、颜色、款式和透明度等。

《联合国国际货物销售合同公约》规定，卖方交付货物，必须符合约定的质量。如卖方交货不符合约定的品质条件，买方有权要求损害赔偿，也可要求维修或交付替代货物，甚至拒收货物和撤销合同。根据该规定，如果卖方交货品质低于合同要求，显然是违约行为；而如果交货品质高于合同要求，也有可能构成违约。所以买卖双方，尤其是卖方在起

草、签订、履行合同时一定要重视商品品质条款的内容。

【案例】

互相依存的各批货物中有一批质量不符案

我国 A 公司从美国 B 公司进口一组成套设备，合同规定分三批交货。美国 B 公司交付的第一批货物符合合同的质量要求；第二批交付的货物为该设备的关键部分，由于其不符合合同的质量要求，整套设备无法正常安装运行。A 公司多次与 B 公司交涉后，仍无法解决该问题。于是 A 公司提出撤销整份合同，并要求 B 公司将预付的部分货款退回，B 公司不同意撤销合同，只同意补偿第二批货物的价值。问：A 公司是否有权撤销合同？

分析要点：A 公司有权撤销合同。根据《联合国国际货物销售合同公约》第 73 条的规定，如果各批货物是互相依存的，而且不能单独用于双方当事人在订立合同时所设想的目的，则买方可以同时宣告合同对已经交付或今后将交付的各批货物均为无效，即可以宣告撤销整份合同。本案中，分批交货的成套设备的各批次之间是互相依存的，当第二批货物不符合合同规定时，A 公司有权根据公约规定撤销整份合同。

二、国际贸易中表示品质的方法

在国际货物买卖中，由于交易的商品种类繁多，性质、特点差别很大，表示商品品质的方法也不尽相同，一般常用的方法有凭样品买卖和用文字说明两大类。

（一）凭样品表示商品的质量

样品（Sample）通常是指从一批货物中抽取出来的，或由生产部门、使用部门加工、设计出来的，足以反映和代表整批货物质量的少量实物。样品一般包括参考样品和标准样品。凡是以实物样品表示商品品质并以此作为交货依据的，称为凭样品买卖（Sale by Sample）。凭样品买卖一般用于一些难以用文字来描述品质的商品交易。按样品提供者的不同，凭样品买卖可分为：

1. 凭卖方样品买卖

凭卖方样品买卖（Sale by Seller's Sample），是指以卖方提供的样品作为卖方交货依据的交易形式。凭卖方样品买卖，卖方要注意以下几个事项：

（1）卖方提供的样品要具有代表性，交货品质应与样品的品质完全一致。

（2）规定合同条款时，卖方要注意该条款的灵活性。

（3）卖方应保留“复样”（Duplicate Sample），以利于将来组织生产、交货和解决贸易纠纷等。

【任务互动】

怎样使凭卖方样品买卖具有灵活性?

2. 凭买方样品买卖

凭买方样品买卖（Sale by Buyer's Sample）指以买方提供的样品作为卖方交货依据的交易形式。在此情况下，卖方一般会根据买方样品复制加工出一件或数件类似的样品并经买方确认，这个经确认后的样品通常称为“对等样品”（Counter Sample）或者“回样”(Return Sample)。

【案例】

凭买方样品成交涉及第三方知识产权案

我国某服装厂与美国客商凭买方样品买卖达成了一笔价值50万美元的牛仔裤合同。合同签署后，该服装厂积极组织生产并完成货物出口事宜。交货数月后，收到美国另一客商的起诉，称我方出口的服装款式涉嫌侵权，据查是买方提供了该公司设计并已申请知识产权保护的服装款式作为样品供我方生产。问：我国服装厂对该批服装的侵权是否应承担责任，如何避免?

分析要点：我国服装厂不应承担侵权责任。商品的造型、款式设计属于知识产权保护的范畴，未经产权所有者的同意不得加工生产。根据《公约》第42条规定：卖方所交付的货物，必须是第三方不能根据工业产权或其他知识产权主张任何权利或要求的货物，但以卖方在订立合同时已知道或不可能不知道的权利或要求为限。本案中，卖方在不知衣服款式涉嫌侵权的情况下，凭买方样品生产了整批货物，卖方不应承担责任。在实际业务中，卖方采用凭买方样品交易时，要落实好知识产权归属等情况，并在合同条款里补充“采用买方样品成交涉嫌侵犯第三方知识产权时，卖方概不负责”等类似条款来免除自己的责任。

小贴士

原样、复样、回样的区别

原样是指卖方所提供的、能充分代表日后整批交货品质的少量实物；复样是指向买方送交样品时，卖方应留存的一份或数份样品，也称留样；回样，也称为对等样品，是指卖方根据买方来样仿制一份或数份类似的样品提供给买方确认，这种经买方确认的样品称为回样。

（二）用文字说明表示商品的质量

在国际贸易中，大部分商品都可用文字说明来表示其品质。凡以文字、图表、照片等形式来说明商品质量的，均属于用文字说明表示商品质量的范畴，具体可以分为以下几种情况：

1. 凭规格买卖（Sale by Specification）

凭规格买卖是指采用可以反映货物质量的一些主要指标，如成分、含量、纯度、大小、长短、粗细等来表示商品质量的买卖。这种方法具体、准确、简单易行，主要适用于一些品质相对稳定的商品交易。

示例3-1：

中国花生仁，水分8%（max），碎粒4%（max），含油量46%（min）。

Northeast Peanut, the moisture content is not higher than 8%, the broken particle is not higher than 4%, and oil content is not lower than 46%.

2. 凭等级买卖（Sale by Grade）

商品的等级（Grade of Goods）是指同类商品，按规格上的差异，分为品质优劣各不相同的若干等级。凭等级买卖时，买卖双方按不同的等级确定商品的价格。为了便于履行合同和避免争议，在列明等级的同时，最好也列明每一等级的具体规格参数。

示例3-2：

大米的质量等级，就加工精度这一指标而言可以区分为：

The quality of rice on machining precision is divided into four grades as follows:

特等米：背沟有皮，粒面米皮基本去净的占85%以上；

Top grade: back ditch with skin, the quantity of grain almost without skin is more than 85%;

一等米：背沟有皮，粒面留皮不超过1/5的占80%以上；

First grade: back ditch with skin, the quantity of grain with skin less than 1/5 is more than 80%;

二等米：背沟有皮，粒面留皮不超过1/3的占75%以上；

Second grade: back ditch with skin, the quantity of grain with skin less than 1/3 is more than 75%;

三等米：背沟有皮，粒面留皮不超过1/2的占70%以上。

Third grade: back ditch with skin, the quantity of grain with skin less than 1/2 is more than 70%.

3. 凭标准买卖（Sale by Standard）

凭标准买卖是指以国际组织、国家政府机构、地方政府机构、行业协会统一制定的产品标准，或者某一企业制定的标准作为交货品质依据的买卖。在国际贸易中，应尽量争取采用国际通用标准或我国标准，并注明标准版本的年份，以免产生争议。

示例3-3：

食品添加剂叶酸 GB 15570-2010。

Folic acid food additives GB 15570-2010.

4. 凭说明书和图样买卖（Sale by Description and Illustration）

凭说明书和图样买卖是指以说明书另附图样、照片、设计图纸、表格及数据来说明产品的具体性能和结构特点，并以此作为交货依据的买卖。针对机电、电气仪表等技术密集型产品，往往采用凭说明书或图样买卖。

示例3-4：

电压表，型号JYX-48，品质和技术数据必须与卖方所提供的产品说明书严格相符。

Voltmeter，JYX-48，quality and technical data to be strictly in conformity with the description submitted by the seller.

5. 凭商标或品牌买卖（Sale by Trade Mark or Brand）

凭商标或品牌买卖是指凭商品的商标或品牌作为买卖双方交货依据的买卖。对于在国际市场上有一定知名度和可信度的、其产品品质较稳定的商品，可以凭商标或品牌进行买卖，如“张小泉”剪刀、“海尔”家用电器等。

示例3-5：

格力空调，72 000w，型号KF-72（60.50.46）LW/EA-N2

Gree air conditioner，72 000w，KF-72（60.50.46）LW/EA-N2

6. 凭产地名称买卖

某些产品尤其是农副产品，因受产区特有的自然条件、独有的传统加工工艺等因素影响，其品质方面具有区别于其他产区产品的独特风味和特色，针对这一类产品，可以用产地名称来体现商品品质。比如吉林人参、增城荔枝、四川榨菜、新疆哈密瓜等。

三、合同中品名品质条款的内容及规定品名品质条款时应注意的问题

（一）品名品质条款的内容

在合同品质条款中，一般要写明货物的名称和具体品质情况。凭样品买卖时，合同中除了要列明货物的名称外，还应写明样品的来源和凭以达成交易的样品的编号，必要时还要列出寄送样品日期和确认的日期；在凭文字说明买卖时，应针对不同交易的具体情况，在买卖合同中明确规定货物的名称、规格、等级、标准、品牌名及商标或产地名称等内容；在以图样和说明书表示商品品质时，还应在合同中附上图样，说明书的名称、份数等内容。

（二）规定品名品质条款时应注意的问题

品质条款的内容和文字表述要做到简单、具体、明确，对于那些品质规格难以做到完全一致的商品，可以适当采用“品质弹性条款”，具体如下：

（1）在凭样品买卖时，为了避免争议和顺利履行合同，在合同品质条款中注明“交货品质与样品大体相同”（Quality to be considered as being equal to the sample）等类似描述。

（2）品质机动幅度，指允许卖方所交货物的质量指标在一定的范围内机动的幅度。只

要卖方所交货物的品质没有超出机动幅度的范围，卖方交货品质就算作符合合同的要求，买方无权拒收货物。规定机动幅度一般有两种方法：一是规定品质指标上下允许的范围，二是规定品质指标允许的极限值。

（3）品质公差，有些工业制成品，由于在生产过程中不能做到很精确，可根据国际惯例或经买卖双方协商同意，在合同中订立品质指标允许的“公差”，这就是品质公差（Quality Tolerance）。如手表走时的误差，棉纱支数的确定等。

在约定的品质机动幅度或品质公差范围内的品质差异，除非另有规定，一般均按合同价计算，不另行增减价格。

四、杨洋与 Jensen 签署的合同中品质条款的规定

（1）品名与规格 COMMODITY & SPECIFICATIONS	（2）数量 QUANTITY	（3）单价 UNIT PRICE	（4）金额 AMOUNT
FASHION HANDBAG 15004 SAILCLOTH SIZE：25CM L ×3CM W ×35CM H	1 000 PCS	CIF ROTTERDAM USD15. 00	USD15 000. 00
TOTAL	1 000 PCS		USD15 000. 00
总值 TOTAL VALUE：SAY U. S. DOLLARS FIFTEEN THOUSAND ONLY.			

解读：从以上条款中我们可以看出，该贸易合同中的品名与规格条款包括商品的名称（时尚手提包）、商品编号（15004）、规格（长 25cm、宽 3cm、高 35cm）以及面料（帆布）等内容。

【任务互动】

请解读以下张晓与金允浩签署的贸易合同中的部分内容，商品品质条款包括哪些内容？

COMMODITY & SPECIFICATIONS	QUANTITY	UNIT	UNIT PRICE	AMOUNT
DESK LAMP 07001	2 000	PC	CIF PUSAN USD12. 50	USD25 000. 00
TOTAL VALUE：USD25 000. 00 Say U. S. Dollars twenty-five thousand only.				

项目2　学会拟定合同中的数量条款

商品的数量条款是买卖合同中的一项重要条件。根据《联合国国际销售合同公约》第52条第2款规定，卖方按照约定的数量交付货物是卖方的一项基本义务。若卖方交货的数量大于约定的数量，买方可以拒收多交的部分，也可以收取多交部分中的一部分或全部，但应按合同价格付款。若卖方交货少于约定的数量，卖方需要在规定的交货期届满之前补交，但不得使买方遭受不便或承担不合理的开支，即使如此，买方也保留要求损害赔偿的权利。

【案例】

卖方交货大于合同规定案

我国某进出口公司以CIF热那亚向意大利某公司出口一批彩电，数量为1 000台。货物到达目的港，进口方收货时，发现卖方共装运了1 100台。问：根据《公约》的规定，对我方多交的100台彩电，进口方可如何处理？

分析要点：根据《公约》规定，若卖方交货数量大于约定的数量，买方可以拒收多交的部分，也可以收取多交部分中的一部分或全部。本案中，买方可以收取卖方多交的100台中的一部分或全部，也可以全部拒收。

一、数量的计量单位与计量方法

由于商品的种类、特点不同和各国采用不同的度量衡制度，不同的商品可以采用不同的计量方法和计量单位来计量，常见的商品计量单位与计量方法如下：

常见的计量单位和计量方法

计量方法	计量单位	适用范围
按重量计量（Weight）	公吨（metric ton，M/T）、长吨（Long Ton，L/T）、短吨（short ton，S/T）、千克（kilogram，kg）、克（gram，g）、公担（quintal，q）、磅（pound）、盎司（ounce）、克拉（carat，ct）等	大部分农副产品、矿产品和部分工业制成品等
按长度计量（Length）	米（meter，m）、厘米（centimeter，cm）、码（yard，yd）、英尺（foot，ft）、英寸（inch）等	大部分布匹、绳索、胶管、电缆、电线等
按面积计量（Area）	平方米（square meter，m^2）、平方码（square yard）、平方英尺（square foot）、平方英寸（square inch）等	大部分玻璃板、木板、地毯、皮革等

（续上表）

计量方法	计量单位	适用范围
按体积计量（Volume）	立方米（cubic meter，m^3）、立方码（cubic yard）、立方英尺（cubic foot）、立方英寸（cubic inch）等	木材、天然气、化学气体等
按容积计量（Capacity）	公升（liter，l）、加仑（gallon，gal）、蒲式耳（bushel，bu）等 1 加仑 =4. 546 升（美）、1 加仑 =3. 785 升（英）	汽油、食用油等流体货物
按个数计量（Number）	只（piece，pc）、件（package，pkg）、打（dozen，doz）、套（set）、双（pair）、箱（case）、包（bale）、桶（drum）、袋（bag）、辆（unit）、卷（roll）、捆（bale）等	轻工业制成品、土特产、杂货等

【知识链接】

度量衡制度

在国际贸易中，通常采用的度量衡制度有公制、国际单位制、英制和美制。

公制（The Metric System），基本单位为千克和米，为欧洲大陆及世界大多数国家所采用。

国际单位制（The International System of Units，简称 SI），是国际标准计量组织在公制基础上制定公布的。其基本单位包括千克、米、秒、摩尔、坎德拉、安培和开尔文等七种，是我国的法定计量单位。

英制（The British System），基本单位为磅和码，为英联邦国家所采用，而英国因加入欧盟，在一体化进程中已宣布放弃英制，采用公制。

美制（The U. S. System），基本单位和英制相同，即磅和码，但有个别派生单位不一致。如英制为长吨等于 2 200 磅，而美制为短吨等于 2 000 磅。此外容积单位加仑和蒲式耳，英美制名称相同，大小却不同。

《中华人民共和国计量法》规定："国家采用国际单位制。国际单位制计量单位和国家选定的其他计量单位，为国家法定计量单位。"我国出口商品，除照顾贸易习惯采用公制、英制或美制计量单位外，应使用我国法定计量单位。我国进口的机器设备和仪器等应使用我国法定计量单位。

不同的度量衡制度导致同一计量单位所表示的数量有差异。例如，就表示重量的吨而言，实行公制的国家一般采用公吨，每公吨为 1 000 公斤，实行英制的国家一般采用长吨，每长吨为 1 016 公斤。实行美制的国家一般采用短吨，每短吨为 907 公斤。

为了解决各国度量衡制度不同带来的弊端，国际标准计量组织在公制的基础上制定了国际单位制（SI）。国际单位制的实施和推广，标志着计量制度的日趋国际化和标准化。

二、国际贸易中重量的计算方法

在国际贸易中，计算商品重量的方法一般有以下几种：

（一）毛重（Gross Weight）

毛重是商品本身的重量加上包装物的重量（即皮重）。一般对于价值较低的商品，比如粮食、化肥、水泥，其包装物重量可以忽略，通常以毛重作为计量的基础，商业上习惯称为“以毛作净”（Gross for Net）。

（二）净重（Net Weight）

净重是指商品本身的实际重量，即不包括包装物的重量。在国际贸易中，对于以重量计量的商品，大部分都按净重计算重量。净重等于商品毛重减去包装物的重量。

（三）公量（Conditioned Weight）

有些商品，如棉花、羊毛、生丝等有比较强的吸湿性，所含的水分受客观环境的影响较大，其重量也就很不稳定。为了准确计算这类商品的重量，国际上通常按公量计算。其计算方法是以商品的干净重（即烘去商品水分后的重量）加上国际公定回潮率与干净重的乘积所得出的重量，即为公量。公量是指用科学方法抽去商品中的水分，再加上标准含水量所得的重量。适用于价值较高而水分含量不稳定的商品。其计算公式有下列两种：

公量 = 商品净重 ×（1 + 公定回潮率）
公量 = 商品实际重量 ×（1 + 公定回潮率）/（1 + 实际回潮率）

示例 3 - 6：

我国某出口公司向日本出口 100 公吨羊毛，标准回潮率为 5%，经抽样证明 10 公斤纯羊毛用科学的方法抽干水后净重为 9 公斤干羊毛，求该公司用公量计算的交货重量为多少？

解：100 公吨纯羊毛用科学的方法抽干水后净重 90 公吨

公量 = 商品净重 ×（1 + 公定回潮率）

= 90 ×（1 + 5%）

= 94.5（公吨）

答：该批生丝的公量为 94.5 公吨。

（四）理论重量（Theoretical Weight）

针对那些形状、规格和尺寸固定，材质均匀，每件商品的重量基本相同的商品，可以根据理论重量和件数来计算出总重量。理论重量常用于马口铁、钢板等重量的计算。

三、合同中数量条款的内容及规定数量条款时应注意的问题

（一）数量条款的内容

国际贸易合同中的数量条款，主要包括成交货物的数量和计量单位。针对按重量成交的商品，还要约定好重量的计算方法。

（二）规定数量条款时应注意的问题

1. 数量条款应具体明确

合同中规定的交易数量要具体明确，不要使用一些类似“约”、“大约”、“大概”等的模糊词语，以防双方理解有偏差而产生争议。

2. 合理使用溢短装条款

溢短装条款（More or Less Clause）是指在合同中规定卖方交货的数量允许有一定范围的机动幅度，这种条款一般称为溢短装条款。针对一些大宗的农副产品、矿产品、煤炭等，在履行合同时由于商品特性、货源情况、运输工具的承载能力、包装情况等因素的影响，卖方很难做到严格依照合同按量交货，为了避免卖方实际交货不足或超过合同规定而引起的法律责任，方便合同的履行，可以在合同中规定一定的数量机动幅度。

【案例】

合理运用溢短装条款案

我国某公司出口一批 5 500 大卡动力煤炭，合同中的数量条款规定：“300 000M/T 5% more or less at seller's option.” 我方准备交货时，5 500 大卡动力煤炭的国际市场价格上涨。若你是合同中的卖方，你如何利用合同中的溢短装条款来确定实际的交货数量?

分析要点：我方将决定交付 285 000 公吨。该案例中，“5% more or less at seller's option”是溢短装条款，溢短装比例是 5%，由卖方选择，也就是说卖方可以根据合同规定多交或少交合同数量的 5%。本案中，5 500 大卡动力煤炭的价格上涨，若少交 15 000 公吨，少交的货物可按市场价格卖得更高的价格。

3. 《跟单信用证统一惯例》中的“约”量

《跟单信用证统一惯例》（以下简称《UCP600》）第 30 条第 1 款规定，“约”或“大约”用于信用证金额或信用证规定的数量或单价时，应解释为允许有关金额或数量或单价有不超过 10% 的增减幅度。本规定既适用于散装货，也适用于包装货。

《UCP600》还规定，除非信用证规定所列的货物数量不得增减，在支取金额不超过信用证金额的条件下，即使不允许分批装运，货物数量也允许有 5% 的伸缩。但以包装单位或个数计数时不适用。

【案例】

信用证结算方式下“约”量的确定案

我国某公司向国外客商出口布匹，买方银行开来信用证规定：数量大约为60 000码，每码1美元，信用证金额为60 000美元。你认为我国某公司应如何掌握装运数量为宜?

分析要点：根据《UCP600》第30条第1款规定：“约”或“大约”用于信用证金额或信用证规定的数量或单价时，应解释为允许有关金额或数量或单价有不超过10%的增减幅度。本案中，信用证总金额为60 000美元，在支取金额不超过信用证金额的情况下，卖方可以多交或少交10%的数量，所以卖方交货数量为54 000～60 000码是符合要求的。

示例3－7：合同中的数量条款

Chinese soybean 500MT.（500公吨大豆）

Chinese soybean 500MT，3% more or less.（500公吨大豆，可溢短装3%）

Chinese soybean about 500MT，gross for net .（约500公吨大豆，以毛作净）

Chinese soybean 500MT，3% more or less at seller's option and at contract price .（500公吨大豆，可溢短装3%，溢短装由卖方选择，按合同价格作价）

四、杨洋与Jensen签署的合同条款中数量条款的规定

（1）品名与规格 COMMODITY & SPECIFICATIONS	（2）数量 QUANTITY	（3）单价 UNIT PRICE	（4）金额 AMOUNT
FASHION HANDBAG 15004 SAILCLOTH SIZE：25CM L ×3CM W ×35CM H	1 000 PCS	CIF ROTTERDAM USD15. 00	USD15 000. 00
TOTAL	1 000 PCS		USD15 000. 00
总值 TOTAL VALUE：SAY U. S. DOLLARS FIFTEEN THOUSAND ONLY.			

（5）溢短装：数量和总值均有5%的增减，凭卖方决定。

MORE OR LESS：WITH 5% MORE OR LESS BOTH IN AMOUNT AND QUANTITY ALLOWED AT THE SELLER'S OPTION

解读：从以上条款中我们可以看出，该贸易合同中数量条款的内容包括数量条款和数量的溢短装条款两个部分：本合同中，买方订购的时尚手提包数量是1 000件，允许卖方交货有5%的增减幅度，增减幅度由卖方决定。

【任务互动】

请解读以下张晓与金允浩签署的贸易合同中，商品的数量条款包括哪些内容？

COMMODITY & SPECIFICATIONS	QUANTITY	UNIT	UNIT PRICE	AMOUNT
DESK LAMP 07001	2 000	PC	CIF PUSAN USD12. 50	USD25 000. 00
TOTAL VALUE：USD25 000. 00 Say U. S. Dollars twenty-five thousand only.				

（6）MORE OR LESS：With 5% more or less both in amount and quantity allowed at the seller's option.

项目 3 学会拟定合同中的包装条款

目前，大多数商品都需要经过一定的包装才能流通、销售。适当的包装，不仅可以保护商品、方便储运，而且还可以起到宣传和美化商品、吸引顾客、增强竞争力的作用。在国际货物买卖中，包装是货物的重要组成部分，包装条款是商品买卖合同中的一项主要条款，提供约定的包装是卖方的一项基本义务。《联合国国际销售合同公约》第 35 条规定：卖方交付的货物如果未按合同规定的方法装箱或者包装，均构成违约。

【任务互动】

哪些商品一般不需要包装？

【案例】

我国某外贸公司出口水果罐头一批，合同规定纸箱包装，每箱 36 听，共 80 箱。但业务员在发货时将其改为每箱 24 听，共计 120 箱，总数量没变。买方收到货物后，以包装不符合合同规定为由拒收整批货物。卖方则坚持买方应接受全部货物，理由是经买方所在地的公断人证实：不论是 24 听装还是 30 听装，其市场价格完全相同。于是双方产生了争议，并诉至法院。问：若你是法官，应如何判决？

分析要点：应判买方胜诉。根据《公约》规定，卖方交付的货物如果未按合同规定的方法装箱或包装，均构成违约。本案中，合同已经明确规定了商品的包装要求，虽然卖方交货数量不变，但包装数量由每箱 36 听变为 24 听，也属违反合同中的包装条款，因此，卖方应承担未按约定包装的责任，故买方胜诉。

一、商品包装的种类

商品的包装，按其在流通领域中所起作用的不同，可以分为销售包装、运输包装和中性包装等。

（一）销售包装（Selling Packing）

销售包装又称内包装或小包装，是指在零售市场上直接接触商品、直接和消费者见面的包装。这类包装除具备保护商品的作用外，更突出表现在美化商品、宣传商品、促进销售，便于消费者识别、选购、携带和使用上。

【知识链接】

条形码

国际上，包括中国，现在将条形码统称为条码（bar code）。条形码（bar code）是将宽度不等的多个黑条和白条，按照一定的编码规则排列，用以表达一组信息的图形标识符。常见的条形码是由反射率相差很大的黑条（简称条）和白条（简称空）排成的平行线图案。

通用商品条形码一般由前缀码、制造厂商代码、商品代码和校验码组成。商品条形码中的前缀码是用来标识国家或地区的代码，赋码权在国际物品编码协会手中，如00、09代表美国、加拿大。45、49代表日本。69代表中国大陆，471代表中国台湾地区，489代表中国香港特区。制造厂商代码的赋码权为各个国家或地区的物品编码组织所拥有，中国由国家物品编码中心赋予制造厂商代码。条形码由13位数字组成，前三位是国别（地区）码，第四至七位为厂商码，第八至十二位为商品类别码，最后一位是计算机校验码。

条形码技术，是随着计算机与信息技术的发展和应用而诞生的，它是集编码、印刷、识别、数据采集和处理于一身的计算机技术。

使用条形码扫描，是今后市场流通的大趋势。为了使商品能够在全世界自由、广泛地流通，企业无论是设计制作、申请注册还是使用商品条形码，都必须遵循商品条形码管理的有关规定。

6 925303 721244

（二）运输包装（Shipping Packing）

运输包装又称大包装（Big Packing）、外包装（Outer Packing），它是将货物装入特定容器或以特定方式成件或成箱地包装，其主要作用在于保护商品、方便储运、防止在储运过程中发生货损货差。

为了适应商品在运输、装卸过程中的不同要求，运输包装又分为单件运输包装和集合运输包装两种。

单件运输包装是指在运输过程中作为一个计件单位的包装，如箱、包、桶、袋等。

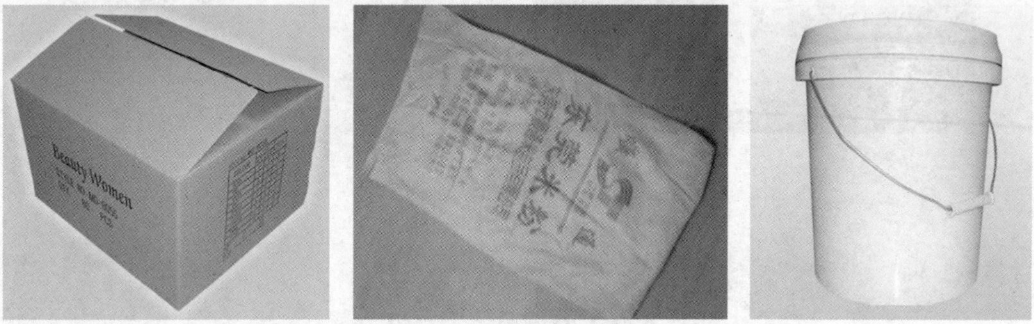

图 3－1　单件运输包装

集合运输包装是指将若干单件运输包装组合在一起，构成一个大的运输单位。常见的集合运输包装有集装箱、集装袋、托盘等，其中集装箱的常用规格有 20 英尺和 40 英尺两种。通用的 20 英尺集装箱载重 17.5 公吨，有效容积约 25 立方米，40 英尺集装箱载重 22 公吨，有效容积为 54 立方米。一个 20 英尺集装箱又称为一个“标准箱”。

图 3－2　集合运输包装

（三）中性包装（Neutral Packing）

中性包装（Neutral Packing）是指商品和包装内外既不标明生产国别、地名和厂商的名称，也不标明商标或牌号的包装，主要是为了适应国外市场转口销售等特殊要求，或者是为了打破某些进口国家的关税和非关税壁垒而采用的包装。常用的中性包装有两种：一是无牌中性包装，这种包装既无生产国别、地名、厂名，也无商标牌号；二是有牌中性包装，这种包装不注明商品生产国别、地名、厂名，但会注明买方指定的商标或牌号。

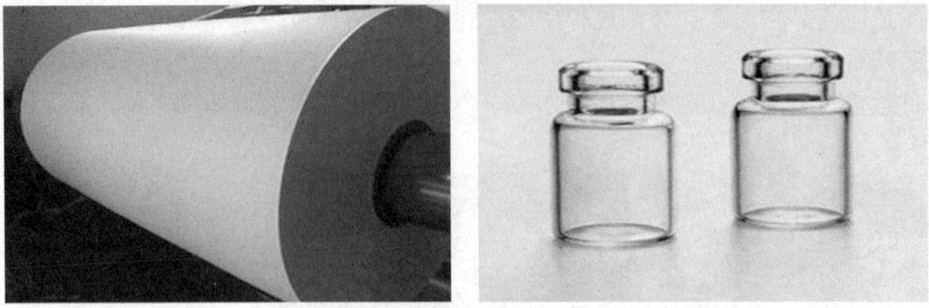

图 3-3　中性包装

【案例】

"捷乐士"商标注册案

我国某制鞋有限公司以生产加工及设计男女皮鞋闻名中外，其生产的产品在国内占有一定的市场份额，拥有的"捷乐士"牌文字和图形的商标在国内也有较高的知名度。为尽快打开国际皮鞋市场，让自己的产品走出国门、走向世界，该公司的高层领导和决策部门决定在提高产品质量以及在国外广作宣传和积极促销的同时，还想在美国、日本、瑞典、法国、西班牙、比利时、丹麦、韩国等国家申请"捷乐士"牌文字和图形商标的注册专用权。为此，该公司特地委托某市某商标事务所代为办理各国商标注册事宜。考虑到公司拟申请商标注册的绝大多数国家都是《商标国际注册马德里协定》的成员国，因此，该商标事务所决定通过国际注册的方式在各有关国家取得商标专用权，然后对那些不属于《商标国际注册马德里协定》成员国的国家，再逐一取得注册"捷乐士"牌文字和图形商标的资格。试问，如何通过国际注册使"捷乐士"牌文字和图形商标在各有关国家取得商标专用权？

分析要点：

商标权具有严格的地域性，只有注册才能在注册国家或者地区受到保护。从目前现有保护商标的国际公约和惯例看，中国企业到国外注册商标主要有两条途径：一是直接向所在国逐一申请商标注册，即逐一国家注册；二是通过《商标国际注册马德里协定》和《商标国际注册马德里协定有关议定书》办理商标国际注册。所谓商标国际注册，就是我国企业通过马德里协定和议定书办理商标国际注册。我国分别于1989年10月4日和1995年12月1日成为《商标国际注册马德里协定》和《商标国际注册马德里协定有关议定书》的成员国。因此，我国企业可以通过国家商标局向世界知识产权组织（WIPO）的国际局提交国际注册申请，在马德里协定和议定书中的成员国取得商标的法律保护。目前，通过一个申请可以同时指定92个马德里系统成员国申请注册。在本案中，"捷乐士"牌文字和图形商标的国际注册可以采用逐一国家注册和国际注册相结合的方式，对那些不属于《商标国际注册马德里协定》成员国的其他国家，采取逐一注册的形式。

【知识拓展】

商标与商标权

商标是现代经济的产物，是用以区别商品和服务不同来源的商业性标志，它由文字、图形、字母、数字、三维标志、颜色组合、声音或者上述要素的组合构成。根据我国《商标法》规定，下列标志不得作为商标使用：

1. 同中华人民共和国的国家名称、国旗、国徽、军旗、勋章相同或者近似的，以及同中央国家机关所在地特定地点的名称或者标志性建筑物的名称、图形相同的。

2. 同外国的国家名称、国旗、国徽、军旗相同或者近似的，但该国政府同意的除外。

3. 同政府间国际组织的名称、旗帜、徽记相同或者近似的，但经该组织同意或者不易误导公众的除外。

4. 与表明实施控制、予以保证的官方标志、检验印记相同或者近似的，但经授权的除外。

5. 同“红十字”、“红新月”的名称、标志相同或者近似的。

6. 带有民族歧视性的。

7. 夸大宣传并带有欺骗性的。

8. 有害于社会主义道德风尚或者有其他不良影响的。

县级以上行政区划的地名或者公众知晓的外国地名，不得作为商标。但是，地名具有其他含义或者作为集体商标、证明商标组成部分的除外；已经注册的使用地名的商标继续有效。

商标权是商标专用权的简称，是指商标主管机关依法授予商标所有人对其注册商标受国家法律保护的专有权。在商业领域而言，商标包括文字、图形、字母、数字、三维标志和颜色组合，以及上述要素的组合，均可作为商标申请注册。商标权的取得分原始取得和继受取得两种方式。商标注册人拥有依法支配其注册商标并禁止他人侵害的权利，包括商标注册人对其注册商标的排他使用权、收益权、处分权、续展权和禁止他人侵害的权利。

商标权是一种无形资产，具有经济价值，可以用于抵债，即依法转让。根据我国《商标法》的规定，商标可以转让，转让注册商标时转让人和受让人应当签订转让协议，并共同向商标局提出申请。商标权具有独占性、时效性、地域性、财产性和类别性等特征。其侵权方式主要有以下几种情况：

1. 未经注册商标所有人的许可，在同种商品或者类似商品上使用与其注册商标相近或者近似的商标的。

2. 销售明知是假冒注册商标的商品的。

3. 伪造、擅自制造他人注册商标标识或者销售伪造、擅自制造的注册商标标识的。

4. 故意为侵犯注册商标专用权的行为提供便利条件的。

5. 给他人注册商标专用权造成其他损害的。

根据《商标法》第二十三条规定，注册商标的有效期为十年，自核准之日起计算。有效期期满之前六个月可以进行续展并缴纳续展费用，每次续展有效期仍为十年。续展次数不限。如果在这个期限内未提出申请的，可给予六个月的宽展期。若宽展期内仍未提出续展注册的，商标局将其注册商标注销并予公告。商标权因以下几种情形而终止：

1. 因注册商标法定有效期限届满又未办理续展注册，导致注册商标注销，商标权因而终止。
2. 因商标注册人自动申请注销注册而导致商标权终止。
3. 因注册商标争议被商标评审委员会裁定撤销注册商标，而导致商标权终止。
4. 因商标注册人死亡或者终止而导致商标权终止。
5. 因商标注册不当，被商标局撤销注册或者经商标评审委员会裁定撤销注册，而导致商标权终止。
6. 因商标注册人违反商标法规定被商标局撤销其注册商标，导致商标权终止。

二、运输包装的标志

在国际货物运输过程中，常常需要在运输包装的明显部位印刷各种有关的文字、图案，以便货物装卸、运输、仓储、检验和交接工作能顺利进行，同时防止发生错发错运和损坏货物与伤害人身的事故，以保证货物安全、迅速、准确地运交收货人，这些具有一定功能的文字、图案称为运输包装的标志。按其用途，运输包装上的标志一般可以分为：运输标志、指示性标志、警告性标志。

（一）运输标志（Shipping Mark）

运输标志又称唛头，它通常是由一个简单的几何图形和一些英文字母、数字及其他简单的文字组成，其主要内容包括：收或发货人代号、目的港（地）名称、件数或批号。国际贸易中，运输标志一般由卖方设计，并无必要在合同中具体规定，但如果买方指定运输标志时，买卖双方须在包装条款中对买方提供运输标志的时间作出规定。若买方逾期尚未指定，则卖方可以自行决定。

鉴于运输标志的内容差异较大，有的过于繁杂，不适应货运量增加、运输方式变革和电子计算机在运输与单据流转方面应用的需要，联合国欧洲经济委员会简化国际贸易程序工作组在国际标准化组织和国际货物装卸协调协会的支持下，制定了一套标准运输标志推荐各国使用。该标准运输标志包括：①收货人或买方名称的英文缩写字母或简称；②参考号，如运单号、订单号或发票号；③目的地；④件号。至于根据某种需要而须在运输包装上刷写的其他内容，如许可证号等，则不作为运输标志必要的组成部分。

图 3-4 运输标志

图 3-5 指示性标志

（二）指示性标志（Indicative Mark）

指示性标志是根据商品的特性提出应注意的事项，在商品的外包装上用醒目的图形或文字表示的标志。其作用是提示相关操作人员在装卸、运输和存储过程中需要注意的事项。

（三）警告性标志（Warning Mark）

警告性标志又称危险品标志，是指在易燃品、爆炸品、有毒品、腐蚀性物品、放射性物品的运输包装上标明其危险性质的文字或图形说明。其作用是便于装卸、运输和保管人员按货物特性采取相应的防护措施，以保护货物安全和人身安全。

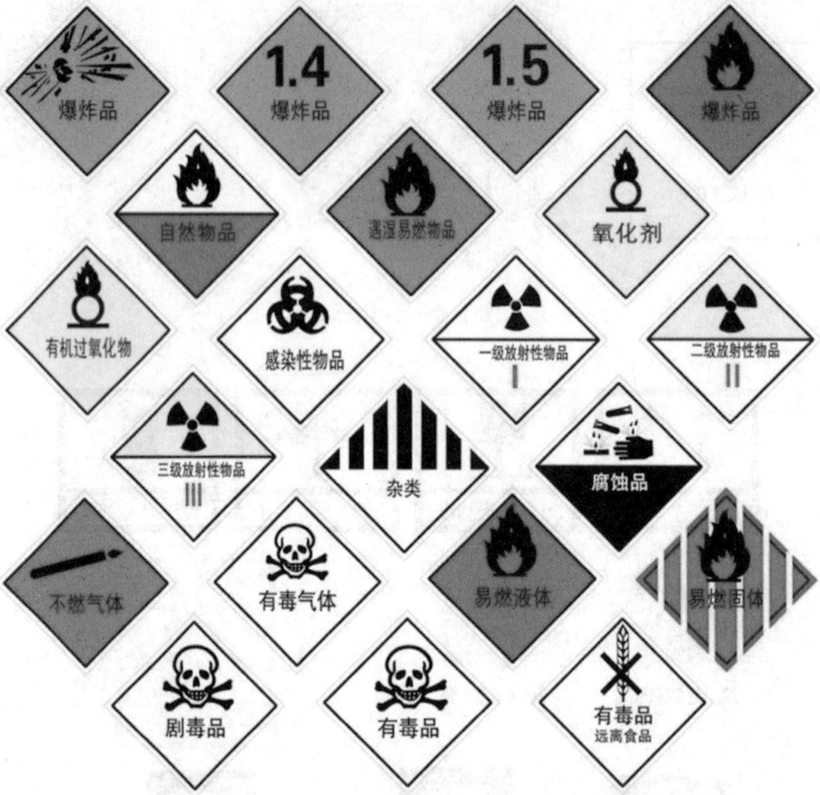

图3－6　警告性标志

三、合同中包装条款的内容及规定包装条款时应注意的问题

1. 包装条款的内容

合同中的包装条款主要包括包装材料、包装方法、包装规格、包装标志，有时也包括包装费用的承担等内容。

2. 规定包装条款时应注意的问题

（1）商品的包装要符合商品特性和不同运输方式的要求。由于商品的特性、形状和使用的运输方式各异，其包装要求也大不相同，遵照科学、合理、适用、安全的原则，针对不同的商品特性选用合适的包装材料和方式，以利于商品的运输、装卸、储存。

（2）包装条款一定要具体、明确、全面。主要是明确包装材料、造型和规格。一般包装费用隐含在商品价格里面，如果需要特殊包装费用，合同中要列明特殊包装费用的承担问题。一般情况的运输标志由卖方提供，如果合同条款规定由买方提供运输标志，还要规定好买方提供运输标志的最后期限，同时最好不要采用“海运包装”和“铁路包装”等类似的表达。

（3）不得违反相关国家的规定和民俗。在包装要求方面，各个国家的要求和民俗并不统一，有些国家忌讳带有某些颜色和图案的包装，比如巴西喜欢红色，忌讳紫色和黄色搭配的图案，法国忌讳墨绿色，美国喜欢猴子但忌讳黑猫等；有些国家要求纸质包装箱不能带有铁钉和难溶解的颜料图案；有些国家规定木制包装箱必须经过烟熏和加热处理，并取得加热或熏蒸证书才准许进口；有些国家禁止使用稻草之类的材料作为包装用材。所以在国际贸易中，对各国在包装方面的特殊规定要有所了解并严格予以遵守，否则会因不能正常履行合同而造成不必要的损失。为此，包装条款最好体现出买方国内在包装方面的有关忌讳。

四、杨洋与 Jensen 签署的合同条款中包装条款的规定

(7) 包装：1 个/纸盒，10 个/箱，共 100 箱

PACKING：1PC/BOX，10PCS/CARTON，TOTAL 100 CARTONS。

(8) 唛头：　　　BTC

SHIPPING MARKS：　　　BS20140513

ROTTERDAM

C/NO. 1－100

解读：从该合同条款中可以看出，包装条款包括包装的材料、包装方式、包装规格和运输标志等内容。本合同中包装的要求是：1 个/纸盒，10 个/箱，共 100 箱，在运输包装上要刷上运输标志。

【任务互动】

请解读以下张晓与金允浩签署的贸易合同中的部分内容，商品的包装条款包括哪些内容？

PACKING：1PC/BOX，20PCS/CARTON，TOTAL 100CARTONS.

SHIPPING MARKS：　　　ABC

WD20140520

PUSAN

C/NO. 1－100

【课后拓展】

一、单选题

1. 信用证中货物的数量规定有"约"、"大约"、"近似"或类似意义的词语时，应理解为其有关数量增减幅度不超过10%的，是以下（　　）的规定。

A.《2010 通则》　　B.《公约》　　C.《UCP600》　　D. 以上都有此规定

2. 出口易碎品，应在货物的外包装上印制（　　）。

A. 危险性标志　B. 指示性标志　C. 警告性标志　D. 易燃性标志

3. 进口生丝羊毛，计算重量的方法一般采用（　　）。

A. 净重　B. 毛重　C. 公量　D. 理论重量

4.（　　）是我国法定的度量衡制度。

A. 公制　B. 英制　C. 美制　D. 国际单位制

5. 请指出以下哪个英文短语是凭卖方样品买卖（　　）。

A. Shipping Mark　B. Customary Tare

C. Bulk Cargo　D. Sale by Seller's Sample

6. 商品和包装内外既不标明生产国别、地名和厂商名称，也不标明商标或牌号的包装，称为（　　）。

A. 定牌中性包装　B. 无牌中性包装　C. 有牌中性包装　D. 集合运输包装

7. 某外贸企业出口货物一批，数量为 1 000 公吨，散装，每公吨 65 美元，国外买方通过开证行按时开来信用证，该证规定：总金额不得超过 65 000 美元，有效期为 7 月 31 日。证内注明按《UCP600》办理。外贸企业于 7 月 4 日将货物装船完毕，取得提单，签发日期为 7 月 4 日。本批货物最多能交（　　）公吨。

A. 1 100　B. 1 075　C. 1 050　D. 1 000

8. 我国某进出口公司拟向美国出口服装一批，在洽谈合同条款时，就服装款式可以要求对方提供（　　）。

A. 样品　B. 规格　C. 商标牌号　D. 产地

9. 据《联合国国际货物销售合同公约》规定，除非双方另有约定，买方若收取了卖方多交的货物，则货款的收取应按（　　）。

A. 合同价　B. 装船时市价　C. 到货时市价　D. 双方协商

10. "龙口粉丝"中用来表明商品品质的方法是（　　）

A. 凭商标或品牌　B. 凭标准　C. 凭规格　D. 凭产地名称

二、多选题

1. 在国际贸易中，计算重量的方法主要有（　　）。

A. 毛重　B. 条形码　C. 净重　D. 公量

2. 按国际标准化组织的运输标志标准，"唛头"的四项必不可少的内容是（　　）。

A. 收货人简称　B. 目的地标志　C. 件号标志　D. 参考号标志

E. 产地标志

3. 在货物买卖合同中，数量机动幅度的选择权可由（　　）行使。

A. 船方　B. 卖方　C. 买方　D. 银行

4.《联合国国际货物销售合同公约》规定卖方若短交，买方（　　）。

A. 可允许卖方在规定交货期届满前补齐

B. 可保留索赔权利

C. 可拒绝不合理开支

D. 不可索赔

5. 销售包装的作用主要有（　　）。

A. 美化商品　　B. 促进销售　　C. 吸引消费者　　D. 防止货损货差

三、判断题

1. 卖方提交多于合同规定的货物，买方要么全部接受要么全部拒绝。(　　)

2. 销售合同中没有约定采用毛重还是净重表示商品重量时，通常采用毛重。(　　)

3. 某外商来电要求我方提供东北大豆一批，以含油量24%、含水分5%、不完善粒7%、杂质1%为规格来订立合同，对此一般情况下我方可以接受。(　　)

4. 运输包装上的标志就是运输标志，也就是通常所说的唛头。(　　)

5. 根据《UCP600》规定，如果信用证中采用“about”来表示卖方交货增减幅度，则表明卖方交货最多不可以超过5%。(　　)

6. 货物的品质差异在品质公差范围内，买方不能拒收货物。(　　)

7. 溢短装条款是指在装运数量上可增减一定幅度，该幅度可由卖方决定又可由买方决定，但应视合同中的具体规定而定。(　　)

8. 在国际贸易中，为了明确商品的品质，最好采用既凭样品，又凭规格买卖的方法。(　　)

9. 采用凭样品成交时，为了争取国外客户，应选择质量最好的样品给对方，以达成交易。(　　)

10. 出口贸易中，为了取得订单，最好争取按买方样品达成交易。(　　)

四、操作题

以下是深圳元丰贸易公司的孙俊永与美国新星电器公司的David签订的贸易合同，请解读该合同中运输标志所包含的内容。你认为还有其他规定方法吗？

销售合同

SALES CONTRACT

S/C NO.：YJ2014923

DATE：Sep. 23，2014

THE SELLERS（卖方）：SHENZHEN YUANFENG TRADING CO. LTD.

Room 158，Henan Road，Shenzhen，China

TEL：86－55－86442971 FAX：86－55－86442988

THE BUYERS（买方）：NEW STAR APPLIANCE TRADING CO.

Room 502，Building 50，Grass Road，New York，America

TEL：001－212－35566090 FAX：001－212－35566098

买卖双方经协商同意按下列条款成交：

The undersigned seller and buyer have agreed to close the following transactions according to the terms and conditions stipulated below：

(1) 品名与规格 COMMODITY & SPECIFICATIONS	(2) 数量 QUANTITY	(3) 单位 UNIT	(4) 单价 UNIT PRICE	(5) 金额 AMOUNT
MEN'S T-SHIRT 02002 COLOR: NAVY BLUE FABRIC CONTENT: 100% COTTON	3 000	PC	FOB SHENZHEN USD7.00	USD21 000.00
总值 TOTAL VALUE: USD21 000.00 Say U.S. Dollars twenty-one thousand only.				

(6) 溢短装：数量和总值均有5%的增减，凭卖方决定。

MORE OR LESS: With 5% more or less both in amount and quantity allowed at the seller's option.

(7) 包装：每箱装20件，共150箱。

PACKING: 20PCS PER CARTON. TOTAL 150CARTONS.

(8) 唛头：
SHIPPING MARKS:

ABC
YJ2014923
NEW YORK
C/NO. 1-150

(9) 装运条件：收到信用证30天内装运。买方必须在装运月份开始前将信用证开抵卖方。装运港：深圳。目的港：纽约。

TERMS OF SHIPMENT: Within 30 days after receipt of L/C. The Buyers must open the relative L/C to reach the Sellers before shipment. Loading Port: Guangzhou. Destination Port: New York.

(10) 保险：保险由买方办理。

INSURANCE: To be covered by the Buyer.

(11) 支付条件：买方须于2014年10月10日前将不可撤销的即期付款信用证开到卖方。

TERMS OF PAYMENT: By irrevocable sight L/C to reach the seller before Oct 10, 2014.

卖方 The Seller: 孙俊永　　　　买方 The Buyer: David
SHENZHEN YUANFENG TRADING CO. LTD.　　NEW STAR APPLIANCE TRADING CO.

模块四

拟定国际货物买卖合同条款（二）——价格条款

■ 学习目标设计

价格是杨洋在与 Jensen 的交易磋商中比较难把握的指标，它涉及采用何种贸易术语报价和价格如何确定的问题。尤其是价格的确定不但要考虑成本和费用的因素，还要考虑商品的作价原则，不同的贸易术语，买卖双方责任、风险、费用的划分也不同。杨洋认为要正确确定进出口商品的价格，应确定的学习目标如下：

【知识目标】

1. 熟悉并掌握贸易术语及与贸易术语有关的国际贸易惯例
2. 熟悉商品的价格构成及对外报价
3. 理解合同中的价格条款

【技能目标】

1. 能理解贸易术语的含义
2. 能对《2010 年通则》中的 11 种贸易术语的含义进行解读
3. 能熟练对进出口商品成本进行核算
4. 能理解价格条款的内容并能准确拟订合同的价格条款

项目 1　了解贸易术语

一、贸易术语的含义及其作用

（一）贸易术语的含义

国际贸易中，由于买卖双方处于不同的国家或地区，运输距离远，涉及的环节多，又由于自然、政治、风俗、文化习惯、语言等条件的限制，给顺利交易增加了不少困难和风险。国际贸易环节主要涉及运输、装卸、报关、报检、保险等环节和相关费用，在有关的交易规则和惯例未被归类出来之前，人们往往需要花费很多的时间和精力去解决这些责任和费用由谁来承担的问题。随着国际贸易的发展和各国在交易过程中积累的经验，人们探索出一套以简单的字母组合就可以说明不同交易条件的专门语言，也就是我们现在在国际贸易中经常用到的贸易术语。

贸易术语（Trade Terms）又称为价格术语，是用来表明商品的价格构成，说明买卖双方在货物交接过程中有关责任、风险和费用划分等问题的专门用语。

【任务互动】

交易双方在磋商交易、订立合同时，考虑的问题主要是哪些？

（二）贸易术语的作用

（1）贸易术语便于交易磋商，缩短交易时间，节省交易费用。

（2）贸易术语表示了商品的价格构成，便于交易双方进行成本核算。

（3）贸易术语可以区分交易双方的责任、风险和费用的承担，便于双方履行合同和解决争议。

二、有关贸易术语的国际贸易惯例

所谓国际贸易惯例，是指在长期的国际贸易实践中逐渐形成的具有较普遍指导意义的一些习惯做法，经过相关国际组织的规范和解释后所编纂形成的书面文件。国际贸易惯例本身不能理解为法律，对交易双方不具有约束力。但是当交易双方在相关法律文件中明确约定采用某一惯例时，则该惯例就有了法律效力，对双方具有约束力。

目前有关贸易术语的国际惯例主要有三种：《1932 年华沙—牛津规则》、《1990 年美国对外贸易定义修订本》和《2010 年国际贸易术语解释通则》。

（一）《1932 年华沙—牛津规则》

该规则由国际法协会（International Law Association）专门为解释 CIF 贸易术语而制定，共 21 条。主要规定了在 CIF 成交的条件下，交易过程中所涉及的风险、责任和费用的划分，还规定了交易双方的权利和义务。

（二）《1990 年美国对外贸易定义修订本》

1919 年美国九个大商业团体制定了《美国出口报价及其缩写条例》，1940 年美国第 27 届全国对外贸易会议对它作了修订，并为由美国商会、美国进口协会和美国对外贸易协会组成的联合委员会所采用，称为《1941 年美国对外贸易定义修订本》。1990 年该修订本再次被修订，称为《1990 年美国对外贸易定义修订本》。这一修订本主要对产地交货（EXW），装运港船上交货（FOB），装运港船边交货（FAS），成本加运费（CFR），成本加保险费、运费（CIF），目的港码头交货（DEQ）6 种价格术语作了解释，在北美洲国家有较大影响，现在仍在延续使用。该修订本将 FOB 细分为 6 种情况，其中只有 5 种“FOB Vessel”与目前广泛使用的《2010 年国际贸易术语解释通则》的解释相近，因此，与北美洲国家的客户交易时，要谨慎使用，注意区别。

（三）《2010年国际贸易术语解释通则》

《2010年国际贸易术语解释通则》（*International Rules for the Interpretation of Trade Terms*，缩写为INCOTERMS 2010，简称《2010年通则》）是1936年国际商会为统一各种贸易术语的不同解释而制定的，随后，为适应国际贸易实践发展的需要，国际商会先后于1953年、1967年、1976年、1980年、1990年、2000年和2010年进行了多次修订和补充。最近一次修订在2010年9月完成，并于2011年1月1日生效。目前《2010年通则》已被逐步推广使用。

《2010年通则》将11种贸易术语按照使用范围分为两大类：一类称为全能贸易术语，适用于任何单一运输方式或多种运输方式，包括EXW、FCA、CPT、CIP、DAT、DAP和DDP；另一类称为水运贸易术语，只适用于海运和内河运输，包括FAS、FOB、CFR和CIF。

表4-1 《2010年通则》贸易术语分类

组别	国际代码和英文全称	中文含义
全能贸易术语	EXW（Ex Works）	工厂交货
	FCA（Free Carrier）	货交承运人
	CPT（Carriage Paid to）	运费付至
	CIP（Carriage and Insurance Paid to）	运费、保险费付至
	DAT（Delivered at Terminal）	运输终端交货
	DAP（Delivered at Place）	目的地交货
	DDP（Delivered Duty Paid）	完税后交货
水运贸易术语	FAS（Free Alongside Ship）	装运港船边交货
	FOB（Free on Board）	装运港船上交货
	CFR（Cost and Freight）	成本加运费
	CIF（Cost, Insurance and Freight）	成本加保险费、运费

项目2 认识《2010年通则》中的贸易术语

一、水运贸易术语

（一）FAS

FAS的全称是Free Alongside Ship（... named port of shipment），即船边交货（……指

定装运港）。使用FAS术语交易时，卖方应在合同规定的时间和装运港口，将合同规定的货物交到买方指定船只的船边，在船边完成交货义务。买卖双方的风险和费用划分均以船边为界。该术语仅适用于水上运输方式，属于象征性交货。

如果买方指定船只不能靠岸，需要驳船运送货物时，所需要办理的驳船手续和相关费用由卖方承担。

（二）FOB

FOB的全称是Free on Board（...named port of shipment），即船上交货（……指定装运港），即装运港船上交货，是指卖方应在合同规定的装运港和规定的期限内，将货物交到买方指定的船上，完成交货义务。

1. 买卖双方的基本义务

（1）卖方的基本义务：①取得出口许可证并办理出口报关手续；②在指定的时间和地点，将合同规定的货物装在买方指定的船只上，并及时发出装船通知；③承担货物置于装运港船上之前的一切风险和费用；④提交商业发票和货运单据或相应的电子信息。

（2）买方的基本义务：①取得进口许可证并办理进口报关手续；②在合同规定的装运时间开始之前，办理好租船订舱手续，并将船名、装船地点和交货的时间及时通知卖方；③承担货物置于装运港船上之后的一切风险和费用；④接受卖方提交的单据，领受货物和支付货款。

【案例】

卖方装船后，未及时发出装船通知，货物遇险保险公司拒赔案

上海某进出口公司与美国某客商按FOB价格条件签订了一份出口合同，货物于7月10日装船完毕。由于业务员工作繁忙，于7月12日才发出装船通知。美国客户收到装船通知后立即向保险公司办理投保手续，该保险公司因获悉装载该批货物的轮船已于7月12日早晨触礁沉没而拒绝承保。为此，美国客户向上海公司提出赔偿损失要求。问：美国客商的要求合理吗?

分析要点：美国客商要求合理。在FOB术语下，虽货物装船后的风险由买方承担，但由于卖方交货（装船）后未及时发出装船通知，以致买方未能及时办理货物保险手续，由此产生的风险应由卖方承担。本案中，装船完毕的时间为7月10日，应该当日发出装船通知，但是卖方直到7月12日才发出装船通知，卖方未尽通知义务，所以美国客商的要求是合理的。

2. 使用FOB应注意的事项

（1）买卖双方应及时给予对方充分通知。卖方应及时将备货情况告知买方以便买方适时租船订舱，同时卖方装船后应及时发出装船通知。买方租船订舱后应及时将租船信息和预计到达装运港的时间通知卖方，以便卖方做好装船准备。

（2）在使用集装箱运输货物时，卖方的义务不是将货物装到船上，而通常是将货物装在集装箱码头移交给承运人，这时不宜采用 FOB 术语，而应采用 FCA 术语。

（3）风险划分界限的问题，货物置于装运港船上之前的风险由卖方承担，置于装运港船上之后的风险由买方承担。这一风险划分跟《2000 年通则》里规定的不同，由原来的“船舷为界”改为“船上为界”，值得注意。

（4）象征性交货问题。象征性交货（Symbolic Delivery）是指卖方只要按期在约定地点完成装运，并向买方提交合同规定的包括特权凭证在内的有关单证，就算完成了交货义务，而无须保证到货。而实际交货（Physical Delivery）是指卖方要在规定的时间和地点，将符合合同规定的货物提交给买方或其指定人，而不能以交单代替交货。象征性交货条件下，卖方凭单交货，买方凭单付款。FOB 是象征性交货的术语。

（5）装船费用负担问题。FOB 术语只规定了海上运费由买方承担，而对装船的费用由谁承担未作具体的规定。在班轮运输条件下，船方管装管卸，卸货费用包含在运价中，由负责办理运输手续和支付运费的一方负责，不存在卸货费由谁承担的问题，而在租船运输情况下容易引起争议。为了明确装船费用由谁承担的问题，产生了贸易术语的变形。FOB 术语的变形主要有五种情况：

①FOB Liner Terms（班轮条件）是指装船费用包含在运费中，卖方不承担装船费用，由承担运费的一方也就是由买方来承担。

②FOB Under Tackle（吊钩下交货）是指卖方承担的费用到货物运至吊钩下为止，涉及驳船费用时也由卖方承担，而有关的装船费用由买方承担。

③FOB Stowed（理舱费在内）是指卖方负责将货物装入船舱，并承担包括理舱费在内的装船费用，一般适用于包装货物。

④FOB Trimmed（平舱费在内）是指卖方负责将货物装入船舱，并承担包括平舱费在内的装船费用，一般适用于散装货。

⑤FOBST（包括理舱费和平舱费在内）是指卖方负责将货物装入船舱，并承担包括理舱费和平舱费在内的装船费用。

需要指出的是，贸易术语的变形是为了解决装货费用具体由谁承担的问题而产生的，不改变买卖双方交货的地点和风险划分的界限。

【案例】

贸易术语的变形不改变交货的地点和风险划分的界限案

某公司按 FOB Under Tackle（FOB 吊钩下交货）贸易术语变形与外商达成一笔交易，卖方将货物置于买方指派船只的吊钩下，在吊运货物时，有 10 箱货物因吊钩脱落落入海中全部灭失。买方认为这 10 箱货物的损失由卖方承担，而卖方则认为该笔交易采用 FOB 吊钩下交货，买卖双方的风险以吊钩下为限，货物运至吊钩下以后的风险由买方承担。请问这 10 箱货物的损失应由谁来承担？

分析要点：应由卖方承担。我们知道 FOB 贸易术语的变形是为了解决装船费用的负担问题而产生的，并不改变交货地点和风险划分的界限。在 FOB 术语下，买卖双方划分风险的界限依然为货物在装运港置于船上为界。本案中，货物是在吊运的过程中落入海中的，事实上货物还没有置于买方所指派的船上，所以风险应由卖方承担。

（三）CFR

CFR 的全称是 Cost and Freight（...named port of destination），即成本加运费（……指定目的港）。此术语是指卖方自付费用按通常条件办理租船订舱手续，并在合同规定的装运港和装运期内将货物装上船，就完成了交货义务。CFR 术语属象征性交货术语。

1. 买卖双方的基本义务

（1）卖方的基本义务：①取得出口许可证并办理出口报关手续；②按通常的条件租船订舱，在规定的时间和地点，将合同规定的货物装到船上，并及时发出装船通知；③承担货物置于装运港船上之前的一切风险和费用；④提交商业发票和货运单据或相应的电子信息。

（2）买方的基本义务：①取得进口许可证并办理进口报关手续；②承担货物置于装运港船上之后的一切风险和费用；③接受卖方提交的单据，领取货物和支付货款。

与 FOB 比较，CFR 条件下，买卖双方各自的责任义务在货物装船、风险划分、办理进出口手续、交单付款等方面基本是相同的，不同之处在于，FOB 术语下由买方自付运费办理运输手续，而在 CFR 术语下，该项工作由卖方办理。

2. 使用 CFR 应注意的事项

（1）卖方的租船订舱义务。采用 CFR 贸易术语成交时，卖方要负责按通常条件办理租船订舱手续，承担将货物由装运港运往目的港的运费。所以卖方要根据合同的要求灵活把握租船订舱和装船的时间，以免影响货物的出运。

（2）卖方的及时充分通知义务。因为一般的国际贸易惯例以及有些国家的法律，如英国《1893 年货物买卖法》（1979 年修订）中规定：“如卖方装船后未向买方发出装船通知，致使买方未能办理货物保险，那么，货物在海运途中的风险被视为由卖方承担。”

（3）卸货费用承担问题。CFR 术语规定了由卖方支付从装运港到目的港的运费，但对货到目的港后的卸货费用由谁来承担没有明确规定。在班轮运输条件下，船方管装管卸，卸货费用包含在运价中，由负责办理运输手续和支付运费的一方负责，不存在卸货费用由谁承担的问题。而在租船运输条件下，卸货费用却是容易引起双方争议的问题，因此，为明确 CFR 术语下卸货费用由谁承担而产生了贸易术语的变形。CFR 术语的变形有四种情况：

①CFR Liner Terms（CFR 班轮条件）指卸货费用包含在运费中，买方不承担卸货费用，由承担运费的一方（即卖方）负责。

②CFR Landed（CFR 卸至码头）指由卖方承担将货物由载货船舶上卸到目的港岸上的卸货费，当货船不能靠岸需要驳船运输时，驳船费用也由卖方承担。

③CFR Ex Tackle（CFR 吊钩下交货）指卖方承担货物从舱底吊至载货船只的船边卸离吊钩为止的费用。载货船只不能靠岸需要驳船时，驳船费用由买方承担。

④CFR Ex Ship's Hold（CFR 舱底交货）是指货到目的港后，自舱底吊起直至卸至码头的费用由买方承担。

（4）使用集装箱运输货物时，卖方的义务不是将货物装到船上，而通常是在集装箱堆场或码头将货物移交给承运人，这时不宜使用 CFR，而应使用 CPT 术语。

（四）CIF

CIF 的全称是 Cost Insurance and Freight（...named port of destination），即成本加保险费、运费（……指定目的港），是指卖方按通常条件自付费用办理租船订舱和货运保险手续，并在合同规定的装运港和装运期限内将货物装上船，完成交货义务。CIF 是象征性交货术语。

1. 买卖双方的基本义务

（1）卖方的基本义务：①取得出口许可证并办理出口报关手续；②按通常的条件租船订舱、办理货运保险，在规定的时间和地点，将合同规定的货物装到船上，并及时发出装船通知；③承担货物置于装运港船上之前的一切风险和费用；④提交商业发票和货运单据或相应的电子信息。

（2）买方的基本义务：①取得进口许可证并办理进口报关手续；②承担货物置于装运港船上之后的一切风险和费用；③接受卖方提交的单据，领取货物和支付货款。

与 CFR 相比较，CIF 条件下的买卖双方在租船订舱、货物装船、风险转移、办理进出口手续、交单付款等方面的权利和义务是基本相同的，不同之处在于 CFR 术语由买方办理货运保险手续、缴纳保险费，而 CIF 术语下该项义务由卖方承担。

2. 使用 CIF 应注意的事项

（1）卖方的投保问题。在 CIF 条件下，由卖方自付费用办理货物运输保险，但这并不意味着运输途中的风险由卖方承担。因为，CIF 条件下卖方是为了买方的利益而办理保险手续的，该保险属于代办性质。在保险险别的确定问题上，若买卖双方无特别约定，卖方只有义务投保最低险，如在采用中国保险条款投保的情况下，投保平安险即可。投保金额为 CIF 金额的110%。如果买方临时要求更高的保险加成，额外费用由买方承担。（保险金额及保险费的计算详见模块六中合同条款的内容及拟订下的货物运输保险条款。）

（2）使用集装箱运输货物时，卖方的义务不是将货物装到船上，而通常是在集装箱堆场或码头将货物移交给承运人，这时不宜使用 CFR，而应使用 CPT 术语。

（3）关于卸货费用的承担问题。CIF 术语下卸货费用的承担问题与 CFR 术语相同。

【案例】

象征性交货案

我国某出口公司与外商按 CIF 价格成交一笔出口贸易，货物在合同规定的装运时间和装运港完成装运，如期起航。货轮航行不久，因遇海上飓风大浪，加上过度载重，致使船舶沉没，货物完全灭失。当该公司凭提单、保险单、发票等单据要求国外进口商支付货款时，进口方以货物已全部灭失，不能得到合同货物为由，拒绝接受单据和付款。问：出口方有无权利凭规定的单据要求进口方付款？

分析要点：出口方有权凭规定的单据要求进口方付款。在 CIF 术语下，买卖双方划分风险以货物置于指定船上为界，货物置于船上之前的风险由卖方承担，之后的风险由买方承担。另外在CIF情况下，卖方办理的保险有明显的代办性质。本案中，买卖双方以CIF术语成交，卖方在合同规定的装运时间和地点将货物置于指定的载货船上，卖方的交货义务已完成，风险也由卖方转移至买方。故买方应凭规定的单据付款，付款后，再凭保险单向保险公司索赔。

【任务互动】

请列表比较FOB、CFR、CIF三种贸易术语之间的相同点与不同点。

二、全能贸易术语

（一）EXW

EXW的全称是Ex Works（... named place），即工厂交货（……指定地点），指卖方在商品所在地或其指定地点将商品交给买方时，即履行了交货义务。该术语适用于任何运输方式，属于实际性交货。

需要指出的是，除非另有约定，卖方不负责将货物装上买方提供的运输工具，也不负责出口清关，所以在成交之前，买方应了解出口国政府的有关规定。当买方无法做到直接或间接办理货物出口手续时，则不宜采用这一术语成交。

买方负担自卖方所在地提取货物至目的地所需的一切费用并承担此后的一切风险。EXW术语是卖方承担责任、费用、风险最小，同时也是买方承担责任、费用、风险最大的贸易术语。

（二）FCA

FCA的全称是Free Carrier（...named place），即货交承运人（……指定地点），是指卖方在规定的时间、地点将货物交给买方指定的承运人，即完成交货义务。该术语适用于任何运输方式，属于象征性交货术语。

1. 买卖双方的基本义务

（1）卖方的基本义务：①取得出口许可证并办理出口报关手续；②按时将货物交至买方指定的承运人，并及时通知买方；③承担货交承运人之前的一切风险和费用；④提交商业发票和货运单据或相应的电子信息。

（2）买方的基本义务：①取得进口许可证并办理进口报关手续；②自付费用签订自交货地点起运货物的运输合同，并通知卖方；③承担货交承运人之后的一切风险和费用；④接受卖方提交的单据，领取货物和支付货款。

2. 使用 FCA 应注意的事项

（1）交货地点选择问题。交货地点的选择会影响装卸货物的责任划分，因此，买卖双方应在合同中明确规定具体的交货地点。如果合同中没有明确规定具体交货地点，或者有几个交货地点可供选择，卖方可以从中选择完成交货义务最适宜的交货地点。

（2）风险转移问题。在采用 FCA 术语成交时，买卖双方的风险以货交承运人为界，但可能存在风险前移的情形。由于在 FCA 术语下，由买方负责订立运输契约，并将承运人名称及有关事项及时通知卖方。如果买方未能及时给予卖方上述通知，或者他所指定的承运人在约定的时间未能接受货物，则自规定交付货物的约定日期或期限届满之日起，由买方承担货物灭失或损坏的一切风险，但以货物已被划归本合同下为前提条件。

（3）费用划分问题。采用 FCA 术语成交时，运输手续的办理由买方承担，但是如果买方愿意承担风险和费用，卖方也可应买方的要求代为办理运输手续，卖方如果拒绝买方的这一要求，应立即通知买方。

（三）CPT

CPT 的全称是 Carriage Paid to（…named place of destination），即运费付至（……指定目的地），指卖方除承担包括 FCA 术语下的义务外，还必须承担办理将货物从装运地运至指定目的地的运输手续并支付运费。该术语适用于任何运输方式，属象征性交货术语。

使用 CPT 术语时，注意的事项除了参照 FCA 外，还应注意卖方办理运输手续的费用不包括目的地的卸货费，卸货费由买方承担。卖方货交承运人后要及时给予买方充分的通知，以方便买方办理投保手续，如果货交承运人后因为卖方没有及时通知买方而耽误了买方办理保险手续，则货交承运人后的风险损失由卖方承担。

（四）CIP

CIP 的全称是 Carriage and Insurance Paid to（…named place of destination），即运费保险费付至（……指定目的地），指卖方承担除包括 CPT 术语的义务外，还必须承担办理将货物从装运地运至目的地的货物运输保险并支付保险费。该术语适用于任何运输方式，属象征性交货术语。

使用 CIP 术语时，其注意事项除参照 CPT 外，还应注意卖方办理保险手续时只需投保最低险，保险金额一般为 CIP 总值的 110%，超出 CIP 总值 110% 以外的保险费用由买方承担，除非双方另有约定。

【任务互动】

请列表比较 FCA、CPT、CIP 三种贸易术语之间的相同点与不同点。

（五）DAT

DAT 的全称是 Delivered at Terminal（…named terminal at port or place of destination），

即运输终端交货（……指定港口或目的地的运输终端），是指卖方在指定的目的地或目的港货物集散站卸货后，将货物交给买方处置即完成交货义务。卖方应承担将货物运至指定的目的地运输终端之前的一切风险和费用（除进口费用外）。该术语适用于任何运输方式。

使用该术语时，卖方在指定目的地运输终端交货，要负责将货物从到达的运输工具上卸下，同时，针对运输途中的货物，卖方一般会为自己的货物投保以规避风险。

（六）DAP

DAP 的全称是 Delivered at Place（...named place of destination），即目的地交货（……指定目的地），指卖方在到达指定目的地的运输工具上，将货物交由买方处置时就算完成交货义务。卖方应承担将货物运至指定目的地的一切风险和费用（除进口费用外）。该术语适用于任何运输方式。

用该术语时，卖方在指定目的地的运输工具上交货，只需做好卸货准备而不需要卸货。同时，针对运输途中的货物，卖方一般会为自己的货物投保以规避风险。

（七）DDP

DDP 的全称是 Delivered Duty Paid（...named place of destination），即完税后交货（……指定目的地），是指卖方须承担一切风险和费用，将货物运至进口国内指定的目的地，办理完进口清关手续，将在运输工具上尚未卸下的货物交与买方，完成交货义务。该术语适用于任何运输方式。

该术语的卖方需要办理有关进口的手续，包括进口许可证和报关等。如果卖方不便办理进口手续时，则不宜使用该术语。该术语是卖方承担责任、风险和费用最大的贸易术语。

表 4－2 《2010 年通则》中各种贸易术语对照表

贸易术语	交货地点	风险转移界限	出口报关责任费用	进口报关责任费用	适用的运输方式
EXW	卖方所在地或指定地点	货交买方处置时	买方	买方	任何方式
FCA	承运人处或指定地点	货交承运人处置时	卖方	买方	任何方式
CPT	承运人处或指定地点	货交承运人处置时	卖方	买方	任何方式
CIP	承运人处或指定地点	货交承运人处置时	卖方	买方	任何方式
DAT	进口国目的地运输终端	目的地（卸下）交买方处置时	卖方	买方	任何方式
DAP	进口国目的地	目的地（不卸）交买方处置时	卖方	买方	任何方式
DDP	进口国目的地	目的地（不卸）交买方处置时	卖方	卖方	任何方式

（续上表）

贸易术语	交货地点	风险转移界限	出口报关责任费用	进口报关责任费用	适用的运输方式
FAS	装运港口船边	置于装运港船边交由买方指定船只处置时	卖方	买方	水上运输
FOB	装运港船上	置于装运港船上时	卖方	买方	水上运输
CFR	装运港船上	置于装运港船上时	卖方	买方	水上运输
CIF	装运港船上	置于装运港船上时	卖方	买方	水上运输

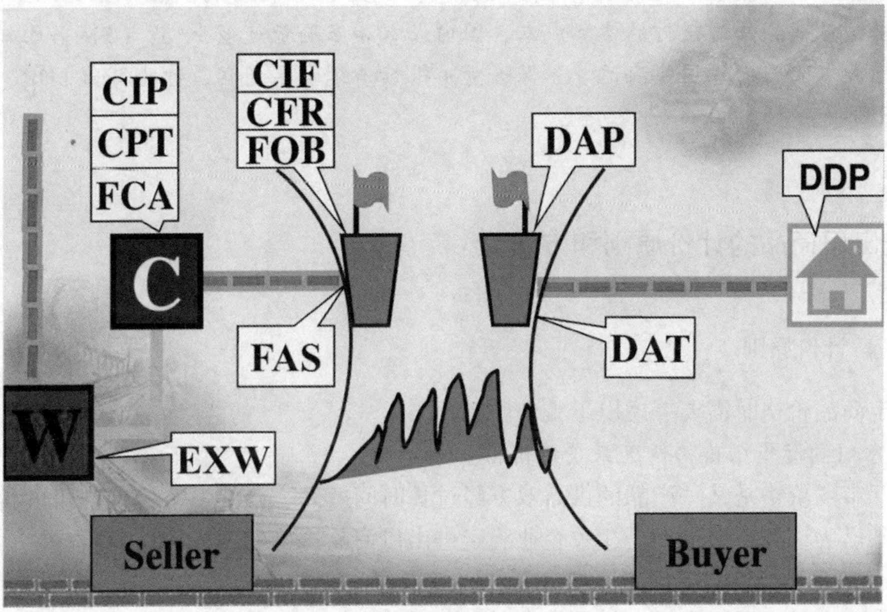

图 4－1　国际贸易术语一览图

注：图中的“W”代表仓库，“C”代表承运人。

项目 3　学会核算进出口商品价格

【想一想　试一试】

我国某灯饰有限公司向美国纽约某公司出口一批夜灯，具体交易细节如下：

商品名称：BWH300 LED 花韵夜灯（六种色）。

商品资料：每箱装 60 只，每箱体积 0.164 立方米，装一个 20 尺的集装箱，一个 20 尺的集装箱能装 25 立方米的货物。

供货价格：每只 6 元。

税率：供货单价中均包括17%的增值税，出口毛绒玩具的退税率为15%。

国内费用：内陆运费（每立方米）100元；报检费120元；报关费150元；核销费100元；公司综合费用3 000元。

银行费用：报价的1%（L/C银行手续费1%）。

海运费：从广州至加拿大蒙特利尔港口，一个20英尺集装箱的费用为2 150美元。

货运保险：CIF成交金额的基础上加10%投保中国人民保险公司海运货物保险条款中的一切险（费率0.8%）和战争险（费率0.08%）。

报价利润：报价的10%。

报价汇率：6.24元人民币兑换1美元。

请问：(1) 你能算出这笔交易最多能出口多少盏LED夜灯吗？(2) 根据以上的条件，你能算出这批商品每盏夜灯的实际成本、国内成本和保险费是多少吗？(3) 若已知CIF报价=实际成本+国内费用+海运费+保险费+银行手续费+利润，你能算出FOB、CFR和CIF的报价吗？

一、进出口商品的计价原则和方法

（一）计价原则

确定商品价格时需要考虑以下几个原则：

1. 参照国际市场价格情况来确定价格

国际市场价格是某一产品的供需双方经过长时间博弈，最终双方都能认可的价格，该价格水平已为市场所接受，是相关企业确定进出口商品价格的客观依据。

2. 参照国际市场供求状况来确定价格

当某一商品在国际市场上供不应求时，可以适当提高产品价格；相反，当出现供过于求时，可以及时调低价格预期，以防陷入被动地位。

3. 结合战略意图来确定价格

如果公司的战略目标是扩大市场占有率，扩大产能，降低生产单位成本以取得规模效益，可以考虑适当低价竞销，但也要注意避免出现产品低价倾销的情况。如果公司的产品具有垄断性，行业介入门槛高，可以适当高价，以获取垄断利润。

（二）计价方法

国际市场上，常见的计价方法有：固定价格、非固定价格和价格调整条款等。

1. 固定价格

固定价格是目前国际市场上最常见的计价方法，它是指买卖双方在协商一致的基础上，明确规定成交价格，履行合同时按此价格结算货款。这种方法具体明确，便于买卖双方核算。比如"每箱50美元FOB上海"。

需要说明的是，合同价格一经确定，就必须执行。除非合同另有约定，或经双方协商修改，否则任何一方不得擅自变更，所以确定价格时要考虑周全影响价格的所有因素。

2. 非固定价格

非固定价格也称为暂不固定价格，是指在价格条款中不规定具体的价格，而只规定定价时间和方法。比如“由双方在×年×月×日协商确定具体价格”、“以2011年7月15日伦敦金属交易所（LME）某金属的收盘价为准”、“单价暂定每公吨200美元FOB上海”等。不管是哪一种形式的非固定价格，都会给双方带来一定的不确定性。

3. 价格调整条款

价格调整条款是指在签约时规定了初步价格，同时又规定，如果原材料价格和工资等发生一定范围内的变化，按原材料价格和工资等的变化来计算合同的最终价格。例如：“如卖方对其他客户的成交价高于或低于合同价格10%时，对本合同未执行的数量，双方协商调整价格。”这种做法可以把价格变动的风险控制在一定范围内。

二、出口商品的价格构成和价格核算

（一）商品的价格构成

出口商品的价格构成一般有三部分：成本、费用和预期利润。商品价格的基本计算公式为：商品价格＝成本＋费用＋预期利润。

1. 成本是构成商品价格的核心要素

出口商品的成本可以分为生产成本、加工成本、采购成本三种类型，我们这里所讲到的成本仅指采购成本，其他两种情况暂不考虑。当存在出口退税时，我们的实际采购成本会降低。其计算公式为：

实际采购成本＝采购成本－出口退税
　　　　　　＝采购成本×（1＋增值税率－出口退税率）/（1＋增值税率）

公式推导过程如下：

因为：采购成本＝商品价格＋增值税额
　　　　　　　＝商品价格＋商品价格×增值税率
　　　　　　　＝商品价格×（1＋增值税率）

所以：商品价格＝采购成本/（1＋增值税率）

又因：出口退税额＝商品价格×出口退税率
　　　　　　　　＝采购成本×出口退税率/（1＋增值税率）

所以：实际采购成本＝采购成本－出口退税额
　　　　　　　　　＝采购成本－采购成本×出口退税率/（1＋增值税率）
　　　　　　　　　＝采购成本×［1－出口退税率/（1＋增值税率）］
　　　　　　　　　＝采购成本×（1＋增值税率－出口退税率）/（1＋增值税率）

2. 费用

一笔外贸出口业务的国内费用主要有：包装费、仓储费、国内运输费、认证费、港区港杂费、商检费、捐税、垫款利息、业务费用、银行费用等。由于国内费用一般产生在商品报价之后，对此很难进行精确核算，往往要根据外贸实践经验来进行估算。一般是以成交金额或实际采购成本的一定百分比（定额费率）作为国内费用。

国内费用＝成交额（实际采购成本）×定额费率

外贸出口时所产生的国外费用主要有：国际运费、出口保险费、佣金等。

3. 预期利润

预期利润是出口商所期望获得的劳动报酬，也是商品价格的主要组成部分。预期利润没有固定标准，出口商会根据市场情况、产品情况、公司目标来确定预期利润的高低。一般情况，出口商会将成交额（或实际采购成本）的一定百分比（预期利润率）作为预期利润。

预期利润＝成交额（实际采购成本）×预期利润率

（二）价格核算

针对11种贸易术语，出口商品的价格核算方法都基本类似，都是由成本、费用和预期利润三部分来构成。外贸实践中，FOB、CFR和CIF是最常使用的价格术语，下面我们重点介绍这三个贸易术语的价格核算。

1. 三种贸易术语的价格构成

FOB＝实际采购成本＋国内费用＋预期利润（＋佣金）

CFR＝实际采购成本＋国内费用＋出口运费＋预期利润（＋佣金）

CIF＝实际采购成本＋国内费用＋出口运费＋出口保险费＋预期利润（＋佣金）

2. 出口运费

海洋运输时，量少或散装的货物可以采用班轮运输，量大的货物可以采用集装箱运输。（海洋运费的计算详见模块五中国际货物运输下的海洋运输项目。）

出口班轮（散货）运费＝（基本运费＋附加运费）×计费数量

＝基本运费×（1＋各种附加运费率）×计费数量

出口集装箱（整箱）运费＝包箱费率×（每个集装箱运费）×集装箱数量

其中，集装箱数量＝集装箱载重/货物重量，或集装箱容积/货物体积（选其中数值较高者）。

3. 出口保险费

在CIF术语下，保险费是出口商品价格的主要构成部分。保险费的计算公式为：

出口保险费 = 保险金额 × 保险费率

保险金额 = CIF ×（1 + 投保加成率）

其中投保加成率在没有明确规定时可以理解为10%。

4. 佣金与折扣

（1）佣金。佣金（Commission）是中间商介绍生意或代买代卖而向出口商（或进口商）收取的一定的报酬，有明佣和暗佣之分。明佣指在出口商业发票上的价格条款中明确注明的佣金；暗佣是指价格条款中没规定佣金，出口商业发票上只显示货物总额，但在合同中规定的佣金。包含佣金的价格称为含佣价，其表示方法有两种：一种是用文字描述，比如“USD60 Per M/T CIF New York including 5% commission”（每公吨60美元CIF纽约，包括5%的佣金）；另一种是在贸易术语后面加上佣金的缩写字母“C”，如上面的例子也表示为“USD60 Per M/T CIFC5% New York”。佣金、净价与含佣价的计算公式有：

佣金 = 含佣价 × 佣金率

净价 = 含佣价 - 佣金

= 含佣价 - 含佣价 × 佣金率

= 含佣价 ×（1 - 佣金率）

含佣价 = 净价/（1 - 佣金率）

（2）折扣。折扣（Discount）是指卖方按原价给予买方一定比例的价格减让。包含折扣的价格称为含折扣价或原价。其表示方法有两种：一种是用文字描述，比如“USD50 Per M/T FOB Shanghai including 3% discount”（每公吨50美元CIF纽约，包括3%的折扣）；另一种是在贸易术语后面加上折扣的缩写字母“D”，比如上面的例子也可表示为“USD50 Per M/T FOBD3% Shanghai”。折扣计算公式如下：

折扣额 = 含折扣价（原价）× 折扣率

净价 = 含折扣价（原价）- 折扣额

示例4-1：

假设某产品供应商向某出口公司报价某商品每件100元人民币，国内费用为实际采购成本的5%；增值税率是17%，出口退税率是5%；公司要求的预期利润率是成交额的10%，人民币兑美元的汇率是6.32∶1；日本客户要求报价包含5%的佣金，问FOBC5%价应报多少？

解答：该商品FOBC5%价格核算过程如下：

实际采购成本 = 采购成本 ×（1 + 增值税率 - 出口退税率）/（1 + 增值税率）

= 100 ×（1 + 17% - 5%）/（1 + 17%）≈ 95.726 5（人民币元/件）

国内费用 = 实际采购成本 × 定额费率

= 95.726 5 × 5% ≈ 4.786 3（人民币元/件）

佣金 = 含佣价 × 佣金率 = FOBC5% ×5%

预期利润 = 成交额 × 预期利润率

= FOBC5% ×10%

所以 FOBC5% = 实际采购成本 + 国内费用 + 预期利润（+佣金）

=95.726 5 +4.786 3 + FOBC5% ×5% + FOBC5% ×10%

所以 FOBC5% = （95.726 5 +4.786 3）/（1 -5% -10%）

≈118.25（人民币元/件）

根据汇率 FOBC5%

118.25 ÷6.32

≈18.71（美元/件）

示例 4 -2：

根据杨洋与 Jensen 签署的贸易合同及其他业务资料和相关信息，我们可以核算出该合同项下的 CIF 价。

（1）品名与规格 COMMODITY & SPECIFICATIONS	（2）数量 QUANTITY	（3）单位 UNIT	（4）单价 UNIT PRICE	（5）金额 AMOUNT
FASHION HANDBAG 15004 SAILCLOTH SIZE：25CM L ×3CM W ×35CM H	1 000	PC	CIF Rotterdam USD15.00	USD15 000.00

其他业务资料及相关信息如下：

（1）其他业务资料：采购成本：CNY80/PC；数量：1 000PC；增值税率：17%；包装情况：10PC/CTN；毛重：50KGS/CTN；净重：46KGS/CTN；体积：70cm × 60cm × 50cm/CTN；一个 20 英尺集装箱的有效容积为 25CBM，限重 17.5MT。

（2）其他相关信息：

汇率	USD100 = CNY600
业务定额费（以采购成本为基础）	1%
国内运费	CNY1 000
银行贷款年利率	6.62%（垫款时间为 30 天）
出口退税率	12%
银行国际业务收费标准	0.3%（以合同金额为基础）
商品检验收费标准	CNY200
报关费	CNY200
核销费	CNY10

（续上表）

汇率	USD100 = CNY600
集装箱运输费用标准（目的港为鹿特丹）	1 个 20 英尺集装箱基本运费为 USD900，集装箱封箱号费用 USD1. 25
海上货物保险费（投一切险 + 战争险）	到鹿特丹的一切险保险费率为 0. 8%
预期利润率	10% （以合同金额为基础）

解答（核算过程如下）：

包装箱数：1 000/10 = 100CTN

总毛重 = 250 × 50/1 000 = 12. 5MT

总体积 = 0. 7 × 0. 60 × 0. 50 × 100 = 21CBM

由此可见，1 000 件货物需要一个 20 英尺集装箱

设 CIF 价为 X

CIF = X = 实际成本 + 国内费用 + 海运费 + 保险费 + 利润

实际成本 = 80 × （1 + 17% − 12%）/（1 + 17%）≈CNY71. 8

国内费用 = 业务定额费 + 国内运费 + 银行贷款年利率 + 银行国际业务收费标准 + 商品检验收费标准 + 报关费 + 核销费

$= 1\% \times 80 + 1\,000/1\,000 + 80 \times 6.62\%/12 + 0.3\% X \times 6 + 200/1\,000 + 200/1\,000 + 10/1\,000$

$= 0.8 + 1.0 + 0.4413 + 0.018X + 0.2 + 0.2 + 0.01 = 2.6513 + 0.018X$

海运费 = （900 + 1. 25） × 6 /1 000 = CNY5. 407 5

保险费 = CIF × （1 + 10%） × 0. 88% × 6 = 0. 058 08X（CNY）

利润 = 10% X = 10% × 6X = 0. 6 X（CNY）

则：CIF = 6X = 实际成本 + 国内费用 + 海运费 + 保险费 + 利润

$= 71.8 + 2.6513 + 0.018X + 5.4075 + 0.05808X + 0.6X$

解此方程得 X = USD15/PC

即 CIF 的报价为每件 USD15 CIF Rotterdam。

三、价格换算方法和公式

在交易磋商阶段，外商往往会视情况要求将某种商品报价中的价格术语改成另一种贸易术语报价，这就涉及不同贸易术语报价之间的换算。常见的价格换算是围绕 FOB、CFR 和 CIF 进行的。

（1）FOB 价换算为其他价。

CFR = FOB + 海运费

CIF = FOB + 海运费 + 保险费

=（FOB + 海运费）/（1 - 保险费率 × 投保加成）

（2）CFR 价换算为其他价。

FOB = CFR - 海运费
CIF = CFR + 保险费
= CFR/（1 - 投保加成 × 保险费率）

（3）CIF 价换算为其他价。

FOB = CIF - 海运费 - 保险费
= CIF ×（1 - 投保加成 × 保险费率）- 海运费
CFR = CIF - 保险费
= CIF ×（1 - 投保加成 × 保险费率）

（注：上述三种贸易术语的换算公式是基于利润额不变的情况进行的，其中投保加成在没有特别约定时可以默认为是 110%）

示例 4 - 3：某公司向香港客户出口水果罐头 200 箱，每箱 135 港元 CIF 香港，客户要求将价格改为 CFR 香港 5% 佣金价，假设投保加成率为 10%，保险费率为 1%。在保持原利润额不变的情况下，请计算 CFRC5% 香港的报价。

解答：CFR = CIF ×（1 - 投保加成 × 保险费率）
= 135 ×（1 - 110% × 1%）
= 133.515 美元
CFRC5% = CFR/（1 - 5%）= 140.542 美元

【技能训练】

已知我国某出口公司推销某商品对外报价为每箱 550 美元 FOB 上海，后来国外商人要求改报 CIF 汉堡价。请问在保持利润额不变的情况下，我方应报价多少？（海运费为每箱 20 美元，平安险保险费费率为 1%，投保加成率为 10%）

项目 4　学会拟定合同中的价格条款

一、合同中价格条款的内容

合同中价格条款的内容一般包括单价（Unit Price）和总值（Total Amount）两个部分。

商品单价由四部分组成：计量单位、单位价格金额、计价货币和贸易术语，比如“每公吨300美元FOB上海”。单价中可以包含佣金和折扣。总值是商品数量与单价的乘积。

二、规定价格条款时应注意的问题

为了合理明确拟订价格条款的内容，要注意以下几点：

（1）规定规范的单价条款。单价中的四个组成部分：计量单位、单位价格金额、计价货币和贸易术语，使用时要正确规范。

（2）合理选用有利的计价货币。出口时尽量选用硬币，进口时尽量选用软币。所谓硬币，是指在国际金融市场上汇价坚挺并能自由兑换、币值稳定、可以作为国际支付手段或流通手段的货币，也可以说是货币购买力有增加趋势的货币。反之，即软币。使用软币时，应注意规定货币保值条款。

【任务互动】

什么叫货币保值条款？请说说它的具体做法。

（3）选用恰当的贸易术语。为了更好地控制运输风险，出口商出口货物时，可选用由卖方办理货物运输手续的术语，如CFR或CIF，进口货物时可选用由买方办理货物运输手续的术语，如FOB；如果出口商不能直接或间接办理进出口有关手续时，不宜选用DDP或EXW；如果货物采用集装箱运输，则应选用FCA、CPT或CIP等为宜。

（4）当有溢短装条款时，要明确溢短装部分如何作价。

（5）当有佣金和折扣时，要合理表示佣金和折扣的具体情况。

三、杨洋与Jensen签署的贸易合同中的价格条款

（1）品名与规格 COMMODITY & SPECIFICATIONS	（2）数量 QUANTITY	（3）单价 UNIT PRICE	（4）金额 AMOUNT
FASHION HANDBAG 15004 SAILCLOTH SIZE：25CM L ×3CM W×35CM H	1 000 PCS	CIF ROTTERDAM USD15. 00	USD15 000. 00
TOTAL	1 000 PCS		USD15 000. 00
总值 TOTAL VALUE：SAY U. S. DOLLARS FIFTEEN THOUSAND ONLY.			

解读：从以上合同条款中我们可以看出，该贸易合同的价格条款由计量单位、单位价格金额、计价货币和贸易术语四个部分组成，即USD15/PC CIF Rotterdam，总金额为15 000美元。

【任务互动】

请根据以下张晓与金允浩签署的贸易合同，说出该合同中价格条款的构成。

COMMODITY & SPECIFICATIONS	QUANTITY	UNIT	UNIT PRICE	AMOUNT
DESK LAMP 07001	2 000	PC	CIF PUSAN USD12. 50	USD25 000. 00
TOTAL VALUE：USD25 000. 00 Say U. S. Dollars twenty-five thousand only.				

【课后拓展】

一、单选题

1. 根据《2010 年通则》的解释，由买方办理出口手续的术语是（　　）。

A. EXW　　B. FOB　　C. FCA　　D. CPT

2. 根据《2010 年通则》，在采用海运集装箱出口货物时，如果卖方欲提前转移风险并提早取得运输单据，以下比 FOB 术语更为有利的贸易术语是（　　）。

A. CIF　　B. CFR　　C. FCA　　D. DDP

3. 我国甲公司与加拿大乙公司签订了出口服装的销售合同，拟采取空运方式，甲公司承担将货物运至目的地的运费但不负责保险费用，根据《2010 年通则》，应采用的贸易术语是（　　）。

A. CPT　　B. CFR　　C. FOB　　D. FAS

4. 某公司与法国一家公司以 DAT 条件成交一笔交易，按国际惯例，该笔交易在目的港的卸货费用应由（　　）承担。

A. 买方　　B. 卖方　　C. 船方　　D. 港务部门

5. 根据《2010 年通则》的解释，CIF 和 CIP 的主要区别是（　　）。

A. 适合的运输方式不同　　B. 办理出口手续的责任方不同

C. 办理进口手续的责任方不同　　D. 负责订立运输合同的责任方不同

6. 我方与外商达成一笔 CIF 出口合同，当我方按约定缮制全套单据向买方要求付款时，获悉货物在海运途中遭遇风险全部灭失，这种情况下（　　）。

A. 外商因货物未到目的港，可以拒付货款

B. 因单据合格，外商应付款

C. 应由我方向保险公司要求赔偿

D. 因货物实际灭失，我方应重新发货

7. 按 C 组术语成交，货物起运后的风险由（　　）负担。

A. 卖方　　B. 买方

C. 承运方　　D. 保险公司

8. 象征性交货是指（　　）。
A. 卖方不用交货
B. 卖方按约定完成装运，并以向买方提交单据代替实际交货
C. 卖方不需按期在约定地点完成装运
D. 卖方不需按合同履行交货义务
9. 某公司与英国一家公司以 CFR Landed 条件成交一笔交易，按国际惯例，该笔交易的货物在目的港的卸货费用、驳船费用应由（　　）承担。
A. 买方　　B. 卖方　　C. 船方　　D. 港务部门
10. 我国某公司进口某商品，下述报价中表述正确的是（　　）。
A. 250 美元/桶 FOB 上海　　B. 250 美元/桶 CIF 伦敦
C. 250 美元/桶 CIF 广州　　D. 250 美元/桶 CFR 德国

二、多选题

1. 有关贸易术语的国际贸易惯例有（　　）。
A.《2010 年通则》　　B.《1932 年华沙—牛津规则》
C.《1941 年美国对外贸易定义修订本》　　D.《汉堡规则》
2. 下列贸易术语中，（　　）风险划分以货交第一承运人为界，并适用于各种运输方式。
A. FAS　　B. CPT　　C. CIF　　D. FCA　　E. CIP
3.《INCOTERM 2010》包括 11 种贸易术语，其中仅适用于海运和内河运输的术语包括（　　）。
A. FAS　　B. FOB　　C. CFR　　D. CIF　　E. DAP
4. 根据《INCOTERMS 2010》，适用于任何运输方式的贸易术语有（　　）。
A. DAT　　B. DAP　　C. DDP　　D. FAS
E. EXW
5. FOB、CFR、CIF 三个贸易术语的共同点是（　　）。
A. 买方都有租船订舱、支付运费的义务　　B. 风险费用的划分都以装运港船上为界
C. 都属于象征性交货　　D. 都适合于海洋和内河运输
E. 都适合于铁路和公路运输
6. FCA、CPT 和 CIP 贸易术语的不同点是（　　）。
A. 风险划分的界限不同　　B. 交货地点不同
C. 双方承担的责任、费用不同　　D. 贸易术语价格构成不同
E. 贸易术语的性质不同
7. 国际货物买卖合同中的单价通常由（　　）构成。
A. 计量单位　　B. 单位价格金额　　C. 计价货币　　D. 贸易术语
E. 支付工具
8. 某公司按 FOB 条件出口一批大宗商品，采用承租船运输。如果卖方愿意承担装船费用，可以选用（　　）成交。

A. FOB Liner terms
B. FOB Under tackle
C. FOB Stowed
D. FOB Trimmed
E. FOB Landed

9. 下列出口报价，(　　) 是正确的。

A. USD35/ PC CIF London
B. USD35 / PC FCA Shanghai
C. USD35 / PC FOB London
D. USD35 / PC CIF Shanghai

10. 根据《INCOTERMS 2010》解释，由出口方负责办理出口清关手续、进口方负责办理进口清关手续的贸易术语有 (　　)。

A. EXW　B. CPT　C. FAS　D. DAT　E. DDP

三、判断题

1. 国际贸易惯例已得到各国公认，因此它对于买卖双方都具有普遍的法律约束力。(　　)

2. 根据《2010 年通则》，FOB 术语仅适用于海运和内河运输，如果卖方先将货物交到货场或使用滚装与集装箱运输时，应采用 FCA。(　　)

3. 采用班轮运输时，凡 FOB 后未加“理舱”或“平舱”字样，则由买方负担理舱或平舱的费用。(　　)

4. 在 FOB 贸易术语成交条件下，由买方指定承运人并安排运输，因此如果合同中未规定“装船通知”条款时，卖方在装船后允许不发装运通知给买方。　(　　)

5. 我国某公司从美国旧金山进口木材，如按 FOB 条件成交，需我方指定船只到旧金山接运货物；而按 CIF 条件成交，则由旧金山供应商负责租船、订舱，将木材运往我国。由此可见，按 FOB 进口比按 CIF 进口风险大。(　　)

四、操作题

1. 某出口公司对外报价某商品每公吨 1 000 美元 CIF 纽约，外商要求改报含佣金率为 5% 的含佣价。在保持我方净收入不变的情况下，应该如何改报？(保留两位小数)

2. 某出口公司对外报价某商品每箱 80 美元 FOBC 2% 上海，外商要求将佣金率提高到 5%。在保持我方净收入不变的情况下，应如何改报？

3. 某款音箱每台的购货成本为人民币 165 元（包括 17% 的增值税），若音箱出口可有 8% 的退税，那么，每台音箱的实际采购成本是多少？(保留两位小数)

4. 我国某公司对外报价某商品每公吨 2 000 美元 CIF 新加坡，外商来电要求改报 FOB 青岛。已知保险费率为 0.85%，按发票金额的 110% 投保，出口到新加坡的运费为每公吨 75 美元，在保持原利润水平不变的情况下，我方应如何报价？

五、实训题

张晓与金允浩签订的合同资料、其他业务资料和相关信息如下表。请核算广州威达贸易有限公司在该笔业务中的利润率为多少？(利润率 = 利润/合同金额)

1. 合同资料

COMMODITY & SPECIFICATIONS	QUANTITY	UNIT	UNIT PRICE	AMOUNT
DESK LAMP 07001	2 000	PC	CIF PUSAN USD12. 50	USD25 000. 00
TOTAL VALUE：USD25 000. 00 Say U. S. Dollars twenty-five thousand only.				

2. 其他业务资料和相关信息

汇率	USD1 = CNY6
业务定额费（以采购成本为基础）	5%
国内运费	CNY3 000
银行贷款年利率	6. 5%（垫款时间为 30 天）
出口退税率	10%
银行国际业务收费标准	0. 3%（以合同金额为基础）
商品检验收费标准	CNY200
报关费	CNY200
核销费	CNY10
增值税率	17%
海上货物保险费（投平安险）	到鹿特丹的平安险保险费率为 0. 5%

模块五

拟定国际货物买卖合同条款（三）——运输条款

■ 学习目标设计

杨洋在与 Jensen 的交易中学会了许多货物运输手续办理的知识，但关于货物运输中各种运输方式的不同特点、运输航线、海运费的计算、运输单据的填制与签发以及运输条款的拟定等方面的知识仍需要系统地补充，以下是杨洋为了给自己系统补充国际货物运输知识所设计的学习目标：

【知识目标】

1. 了解国际贸易的各种运输方式及其特点
2. 熟悉国际货物买卖合同中运输条款的主要内容
3. 熟悉国际贸易各种运输方式下运输单据的种类
4. 了解国际贸易中主要的航线及港口

【技能目标】

1. 能根据不同商品的海洋运输计费标准，计算海运运费
2. 学会计算航空运输商品的航空运费
3. 能根据国际货物运输的要求，正确选择运输航线
4. 学会根据国际货物运输的要求，规定合同中的运输条款
5. 能理解和读懂海运提单的内容

国际货物运输是国际贸易中必不可少的环节，是实现货物转移的必要手段。目前，国际货物运输方式主要有海洋运输、铁路运输、航空运输、集装箱运输和国际多式联运等。买卖双方在订立贸易合同时，应根据具体情况选择合理的运输方式。

项目 1　熟悉海洋货物运输及其运费的计算

海洋运输（Sea /Ocean Transport）是国际货物贸易中最主要的运输方式，其运量在国际贸易中占 80% 以上。海洋运输又可分为班轮运输和租船运输。

一、班轮运输（Liner Shipping）

班轮运输又称定期船运输，是指船舶按照固定的船期表、沿着固定的航线和港口并按相对固定的运费率收取运费的运输方式。多数货物的运输是通过班轮进行的。

（一）班轮运输的特点

（1）“四固定”：即固定航线、港口、航期和相对固定的运费率。
（2）“一负责”：即班轮公司负责配载装卸，运费中包括了装卸费。
（3）船、货双方的权利与义务以船方签发的提单条款为依据。

（二）班轮运费

1. 班轮运费的构成

由基本运费和附加运费构成。班轮运费 = 基本运费 + 附加运费。

（1）基本运费。基本运费是指货物在预定航线的各基本港口之间运输所规定的运价，是构成全程运费的主要部分。国际贸易海洋运输中，主要的运费计收标准如下：

表 5－1　基本运费的计收标准一览表

计费标准	适用范围
按毛重计收（W）：又称重量吨，1 公吨 =1 重量吨（W）	适用于价值不高、体积较小、重量较大的货物，如铁矿石等
按体积计收（M）：又称尺码吨，1 立方米 =1 尺码吨（M）	适用于价值不高、体积较大、重量较轻的货物，如生丝、棉花等
按毛重或体积，即按重量吨或尺码吨较高者计收（W/M），重量吨和尺码吨统称为运费吨，1 运费吨 =1 重量吨 =1 尺码吨	最常见的一种选择性计价标准
按价值（FOB 总值）计收（A. V. ），又称“从价运费”	适用于价值较高的贵重或高价物品，如名贵药材、精密仪器、古玩等
按 W/M or A. V. 计收	在货物重量、体积、价值三者中选择最高者计收
按 W/M plus A. V. 计收	在重量或体积中选择较高者，再加上从价运费计收
按件数计收	如汽车按“每辆”，牲畜按“每头”计收等
由船、货双方临时议定（open）	适用于大宗低值货物

（2）附加运费。附加运费是指针对某些特定情况或需要做特殊处理的货物而在基本运费之外加收的费用。常见的附加运费有超重附加费、超长附加费、超大附加费、直航附加费、转船附加费、港口拥挤附加费和选港附加费等。

（3）班轮运费的计算：

①班轮运费的计算步骤：首先，从运价表的货物分级表中查出货物等级和计费标准；其次，从运价表的航线费率表中查出相应的基本费率和附加费率；再次，查出运费吨数，计算总运费。

②班轮运费的计算公式：

总运费 = 基本运费 + 附加运费

= 商品数量 × 每运费吨 × 基本运费费率 × （1 + 各种附加费率之和）

示例5－1：

广州某土畜产进出口贸易有限公司向英国出口一批蛋制品，共100箱，每箱的体积为30cm×40cm×50cm，毛重为40kg，从广州直航到伦敦。要求学生自查货物分级表获知计费标准和自查航线费率表获知费率计算总运费。

解：（1）查货物分级表得知蛋制品为10级，计费标准为W/M。

$M = 30cm \times 40cm \times 50cm = 0.06m^3$；$W = 40kg = 0.04MT$

$M > W$，所以按尺码吨计费。

（2）查航线费率得知，基本费率为115美元/运费吨，直航附加费18美元/运费吨。

（3）总运费 = 基本运费 + 附加运费

= 100 × 0.06 × （115 + 18） = 798（美元）

答：该批货物的总运费为798美元。

【知识链接】

世界主要海运航线

1. 世界主要的海运航线（含港口）

（1）北大西洋航线：西欧（鹿特丹、汉堡、伦敦、哥本哈根、圣彼得堡、北欧的斯德哥尔摩、奥斯陆等）—北大西洋—北美洲东岸（纽约、魁北克等）、南岸（新奥尔良港、途径佛罗里达海峡）。

（2）亚欧航线：也叫苏伊士运河航线，东亚（横滨、上海、香港等港口，途径台湾、巴士等海峡）、东南亚（新加坡、马尼拉等）—马六甲海峡—印度洋（南亚科伦坡、孟买、加尔各答、卡拉奇等）—曼德海峡（亚丁）—红海—苏伊士运河（亚历山大）—地中海（突尼斯、热那亚）—直布罗陀海峡—英吉利（多佛尔）海峡—西欧各国。

（3）好望角航线：西亚（阿巴丹等，途径霍尔木兹海峡）、东亚、东南亚、南亚—印度洋—东非（达累斯萨拉姆）—莫桑比克海峡—好望角（开普敦）—大西洋—西非（达喀尔）—西欧，载重量在25万吨以上的巨轮无法通过苏伊士运河，需绕过非洲南端的好望角。

（4）北太平洋航线：亚洲东部、东南部—太平洋—北美洲西海岸（旧金山、洛杉矶、温哥华、西雅图等），是亚洲同北美洲各国间的国际贸易航线，随着东亚经济的发展，这条航线上的贸易量不断增加。

(5) 巴拿马运河航线：北美洲东海岸—巴拿马运河（巴拿马城）—北美洲西海岸各港口，是沟通大西洋和太平洋的捷径，对美国东西海岸的联络具有重要意义。

(6) 南太平洋航线：亚太地区国家（悉尼、惠灵顿）—太平洋（火奴鲁鲁）—南美西海岸（利马、瓦尔帕莱索等）贸易往来的通道。

(7) 南大西洋航线：西欧—大西洋—南美东海岸（里约热内卢、布宜诺斯艾利斯等）的海上通道。

(8) 北冰洋航线：东亚（海参崴）—太平洋—白令海峡—北冰洋—北欧（摩尔曼斯克）—大西洋—西欧。

2. 中国远洋运输与近洋运输的划分依据

以亚丁港为界，亚丁港以东为近洋航线，以西为远洋航线。

二、租船运输

租船运输（Shipping by Chartering），又称不定期船运输，是指包租整船在国际间运送货物的运输方式。租船运输一般适用于大宗货物的运输，如粮食、矿砂、木材等。常见的租船方式主要有定程租船和定期租船两种。租船的费用由承租双方商定。

（一）定期租船（Time Charter）

简称期租，是按一定期限租赁船舶的方式。

（二）定程租船（Voyage Charter）

简称程租，是按航程或航次租赁船舶的方式。国际贸易中一般使用程租船。在决定使用程租船后，需要在租船合同中明确规定装卸费用由谁负担的问题。在实际业务中，多采用 Free In and Out（F. I. O.），即船方不管装卸。为提高装船效率，加速船舶的周转，在租船合同中应订立装卸时间、装卸速度、滞期费和速遣费等条款。

1. 滞期费（Demurrage）

滞期费是指租船人未能在合同规定时间内完成装卸需向船方支付的罚金。

2. 速遣费（Dispatch Money）

速遣费指租船人提前完成装卸，船方向租船人支付的奖金。速遣费通常为滞期费的一半。

3. 装卸时间（Lay Time）

装卸时间指货物装船或卸船完毕的时间。一般以天数或小时表示。国际上普遍采用的方法是：按“连续 24 小时晴天工作日”计算，即在天气好的情况下连续作业 24 小时为一个工作日，不分昼夜，扣除中间因坏天气而无法作业的时间。我国也普遍采用这种做法。

项目2　了解其他运输方式

国际贸易运输除海洋运输外，应用较多的是航空运输和铁路运输，以及在此基础上发展起来的新型的运输方式如集装箱运输、大陆桥运输、国际多式联运等方式。

一、航空运输

航空运输虽运量小，运费高，但速度快，货损小，可节省包装费和保险费，所以较适合小件急需品和贵重物品的运输。航空运费的计费标准为W/M，0.006立方米=1千克。航空运单不是物权凭证，不能用以提货和转让，收货人凭到货通知提货。

示例5-2：

某出口公司出口货物10箱，每箱25千克，总体积为7.0立方米。从上海空运至鹿特丹，运价为7.0元/千克（100克起算）。试计算该批货物的航空运费是多少。

解：体积重量=7.0÷0.006≈1 166.67千克

毛重=10×25=250千克；体积大于毛重，按体积计费

航空运费=1 166.67×7=8 166.69元

答：该批货物的航空运费是8 166.69元。

二、铁路运输

铁路运输是仅次于海洋运输的主要运输方式，具有高度的连续性和风险小的特点。通常在不方便使用海运，如与一些内陆国和邻国的贸易，或者在能大幅减少航程的情况下，会选择铁路运输。

我国的国际铁路通道主要是西伯利亚大陆桥和新亚欧大陆桥，也称第一条亚欧大陆桥和第二条亚欧大陆桥。西伯利亚大陆桥以俄罗斯东部的符拉迪沃斯托克为起点，通向欧洲各国最后到荷兰鹿特丹港；新亚欧大陆桥于1992年正式贯通，东起我国的连云港，经陇海线—兰新线—北疆铁路，经阿拉丁口岸出哈萨克斯坦一直到荷兰鹿特丹港，是目前世界上最长的一条铁路大陆桥，横穿亚欧大陆，通向30多个国家和地区。

我国经铁路到港澳地区的货物运输一般是委托中国对外贸易公司运输，是按特殊方式进行的。对港运输在深圳北站由深圳外运公司接货报关放行后，由香港中国旅行社负责接货分发；对澳运输在广州南站由广东省外运公司接货办理中转手续后，由澳门南光集团负责接货分发。由于国内铁路运单不能作为对外结汇的凭证，所以由广东省外运公司签发承运货物收据给托运人，作为办理结汇的凭证。

铁路运单不是物权凭证，不能流通转让。运单正本随同货物到达终点站，并交给收货人，它既是铁路承运货物出具的凭证，也是铁路与货主交接货物、核收运杂费和处理索赔与理赔的依据；运单副本于合同缔结后交给发货人，是卖方凭以向收货人结算货款的主要证件。

【知识链接】

与中国有铁路相接的邻国有5个，分别是俄罗斯、哈萨克斯坦、蒙古、朝鲜、越南，与这些国家相通的共有9条铁路线。此外，各国采用的铁路轨距不尽相同，有标准轨（1 435毫米）、窄轨（1 067 毫米）、宽轨（1 520 毫米）和米轨（1 000 毫米）之分，由于我国与相邻国家的轨距均不相同，所以均需在出口口岸进行换装。

三、公路、内河、管道和邮包运输

（一）公路运输

公路运输具有灵活、机动、方便的特点，可以实现“门到门”的运输，在国际贸易中主要起到辅助运输的作用。

（二）内河运输

内河运输是连接内陆腹地与沿海地区的纽带，也是水上运输的一部分，在国际贸易运输中主要起到辅助作用。我国的内河运输主要为长江、珠江等。

（三）管道运输

管道运输是一种专门的运输方式，主要适用于运送液体和气体。我国的管道运输起步较晚，目前主要是在油田如大庆油田、胜利油田等有管道直通海港。

图5－1　管道运输

（四）邮包运输

各国邮政部门间订有协定和合约，邮件包裹可以互相传递，从而形成国际邮包运输，它具有国际多式联运和“门到门”运输的性质，适用于重量轻、体积小的货物。

四、集装箱运输和国际多式联运

（一）集装箱运输

集装箱（Container），是指具有一定强度、刚度和规格专供周转使用的大型装货容器。使用集装箱转运货物，可直接在发货人的仓库装货，运到收货人的仓库卸货，中途更换车、船时，无须将货物从箱内卸下换装。集装箱种类很多，分类方法也多种多样。主要分为普柜（General Container，简称 GC）、高柜（High Cube Container，简称 GH、HC、HQ）、挂衣柜（Dress Hanger Container，简称 HT）、开顶柜（Open Top Container，简称 OT）、冷冻柜（Reefer Container，简称 RF）、冷高柜（High Refrigerator Container，简称 HR）、油罐柜（Tank Container，简称 TK）、框架柜（Flat Rack Container，简称 FR）等。集装箱内尺寸有集装箱内部的最大长、宽、高尺寸。目前，国际上较多采用的集装箱主要有 20 英尺普柜（20GP）、40 英尺普柜（40GP）和 40 英尺高柜（40HQ）三种。

图 5－2　集装箱运输

集装箱运输（Container Transport）是以集装箱为运输单位进行自动化货物运输的、一种现代化的、先进的运输方式，它适用于海洋运输、铁路运输及国际多式联运等。集装箱运输有整箱托运和拼箱托运两种方式。集装箱货运站（Container Freight Station，CFS）是拼箱货装箱、拆箱的场所，也是拼箱货交接和保管的场所。集装箱堆场（Container Yard，CY）是交接及保管重箱和空箱的场所，也是集装箱换装运输工具、整箱货办理交接的地方。集装箱运输货物的交接方式有：

（1）“整箱接、整箱交”（FCL/FCL），指承运人从起运地到目的地都是整箱交接货物。一箱货物一般只有一个发货人和收货人。

（2）“整箱接、拆箱交”（FCL/LCL），指承运人在起运地整箱接货，到目的地后需拆箱分发给不同的收货人。一箱货物一般只有一个发货人，但收货人却有多个。

（3）“拼箱接、拆箱交”（LCL/LCL），指承运人在起运地将不同发货人的货物拼箱，到目的地后还需拆箱分发给不同的收货人。一箱货物往往有多个发货人和收货人。

（4）“拼箱交、整箱接”（LCL/FCL），指货主将不足整箱的零星小票货物送到集装箱货运站，由承运人负责拼箱和装箱，到达目的地后，承运人以整箱交，收货人以整箱接。

集装箱运输提单也称联合运输提单，它具有与海运提单同样的性质，是物权凭证，但它是一种备运提单，只有在集装箱装船后，才能换发由船公司签署的已装船提单。

（二）国际多式联运

国际多式联运是在集装箱运输的基础上产生和发展起来的一种综合性的连贯运输方式，指按照多式联运合同，以至少两种不同的运输方式，由多式联运经营人将货物从一国境内运货物的地点运至另一国境内指定的交付货物的地点。它一般是以集装箱为媒介，把海、陆、空各种传统的单一运输方式有机地结合起来，组成一种国际间的连贯运输。通过一次托运，一次计费，一份单证，一次投保，由各运输区段的承运人共同完成货物的全程运输。多式联运提单具有与海运提单一样的性质。国际多式联运必须具备以下基本条件：

（1）具有一份多式联运合同；

（2）使用一份全程的多式联运单据；

（3）至少两种不同运输方式的连贯运输；

（4）必须是国际货物运输；

（5）由一个多式联运经营人对货物运输的全程负责；

（6）全程实行统一运费率。

五、OCP 运输

OCP（Overland Common Point）运输指经美国西海岸港口转往美国内陆地区（落基山脉以东地区）的货物可享受海运和陆运的优惠费率。若以 OCP 条款成交，我方仅负责将货物运至美国西岸港口，至于由港口运至内陆公共地区、最终目的地的陆路运输，由进口商自行委托代理人安排，所以在港口的转运费和铁路运输费用，均由进口商支付。整个运输过程中使用海运提单和铁路货物收据两种单据。在对美国和加拿大贸易中，如采用 OCP 运输条款，对买卖双方都有利，但它不具备多式联运的条件，它的海运与陆运两个运输区段分别由负责该区段的承运人签发运输单证，运费和风险以及责任由海陆两段各自负担。

从远东运至美国西岸港口，而后再向东运往 OCP 地区的货物，不仅其海运运费可享受优惠的 OCP Rate（每吨运费约低 3 ~ 4 美元），而且进口方在支付从西岸至最终目的地的铁路（或公路）运费时也比其本地运输费率低 3% ~ 5%。因此，OCP 一词，应视为美国运输业划分业务地区和收取优惠费率的专有运输名词。

小贴士

如我国对美国出口一批货物，卸货港为西雅图，最终目的地为芝加哥，在合同和信用证内的目的港可填写 CIF Seattle（OCP），在提单备注栏内注明“OCP Chicago”。

项目3 学会拟定合同中的运输条款

货物的转移是通过运输来实现的，因此，买卖双方必须在合同中对运输的有关问题作出明确、合理的规定和安排，这就是买卖合同的装运条款。

一、装运条款的主要内容

以海洋运输为例，合同的装运条款主要涉及运输方式、装运时间、装运港、目的港、是否分批装运和转运、装运通知等内容。

（一）装运时间

装运时间，也称装运期，是卖方在起运地装运货物的期限。装运期是合同的一项重要条款，如果卖方违反合同的规定，则买方有权拒收、解除合同并要求损害赔偿。合同中常见的装运期规定方法有以下几种：

1. 约定一段交货时间

如在买卖合同中的装运条款规定：限于某年某月内装运（如：shipment in May only）。大宗商品亦可跨月或跨季度装运（如：During Apr. or May shipment）。

【案例】

合同中装运时间的规定案

我国某进出口贸易公司以CIF珀斯与澳大利亚的客商达成一笔婴儿用品出口合同，合同规定的装运条款为“Shipment during June/July in two equal lots”。由于货源充足，且舱位能满足我方出运货物的需要，故我公司的业务员在该年的6月份分两等批将装运货物运至珀斯。当货物抵达目的港后，澳商认为，根据合同的装运条款规定，我方出口公司应在6月、7月两个月内每月各装一批，每一批数量相等，而不应在6月或7月内分两等次装运货物。由于货物到达过于集中，导致了其仓储困难且费用较高，故以我方未按合同规定的时间装运货物为由，向我方提出索赔。问：我方有无失误，是否应该理赔？

分析要点：我方没有失误，不应理赔。因为买卖双方在合同中规定“Shipment during June/July in two equal lots”，该条款表示我方出口公司必须在6月、7月两个月内分两次装运，且每一次装运的货物数量相同，合同并未规定必须在6月和7月各装一批。

2. 约定最迟交货日

如买卖合同中的装运条款规定：不迟于2014年7月5日（shipment on or before July 5,

2014）或不早于2014年7月5日装运（shipment must be effected not prior to July 5，2014）。

3. 约定收到信用证后若干天装运

如在买卖合同中的装运条款规定：卖方在收到信用证后30天内装运。装运港：广州黄埔；目的港：旧金山。（Terms of Shipment：Within 30 days after receipt of L/C. Loading Port：Guangzhou Huangpu. Destination Port：San Francisco.）采用该规定方法时，应注意同时规定信用证在装运月份开始前开抵卖方的时间，以避免买方故意拖延开证。

【知识链接】

《UCP600》第3条对转运时间的规定

除非要求在单据中使用，否则诸如“迅速地”、“立刻地”或“尽快地”等词语将被不予理会。

“在或大概在（on or about）”或类似用语将被视为规定事件发生在指定日期的前后五个日历日之间，起讫日期计算在内。“至（to）”、“直至（until、till）”、“从……开始（from）”及“在……之间（between）”等词用于确定发运日期时包含提及的日期，使用“在……之前（before）”及“在……之后（after）”时则不包含提及的日期。

“从……开始（from）”及“在……之后（after）”等词用于确定到期日期时不包含提及的日期。

“前半月”及“后半月”分别指一个月的第一日到第十五日及第十六日到该月的最后一日，起讫日期计算在内。

一个月的“开始（beginning）”、“中间（middle）”及“末尾（end）”分别指第一日到第十日、第十一日到第二十日及第二十一日到该月的最后一日，起讫日期计算在内。

（二）装运港和目的港

装运港（port of shipment）是指货物起始装运的港口，对于FOB合同，装运港为合同要件；目的港（port of destination）是指最终卸货的港口，对于CIF合同，目的港为合同要件。装运港和目的港的确定，不仅关系到卖方履行交货义务和货物风险何时转移的问题，而且关系到运费、保险费以至成本和售价的计算等问题，因此必须在合同中明确规定。

1. 装运港的规定方法及注意问题

装运港一般由卖方提出，买方同意后确定。一般情况下，装运港应选择接近货源地、储运设施较完备的港口，同时应考虑港口和国内运输的条件及费用水平。规定装运港时应注意的问题如下：

（1）一般情况下，规定一个装运港。例如：在广州港装运（shipment from Guangzhou）。

（2）如数量较大或来源分散，集中装运有困难，可规定两个或两个以上装运港。

（3）有时货源不十分固定，可不规定具体港口。例如：在中国港口装运（shipment from Chinese port）。2014 年中国十大港口吞吐量排名先后为：上海港、深圳港、宁波舟山港、青岛港、广州港、天津港、海口港、湛江港、大连港、厦门港。

2. 目的港的规定方法及注意问题

目的港一般由买方提出，卖方同意后确定。通常规定一个目的港；有时明确目的港有困难，买方可规定两个或两个以上的目的港；个别也有作笼统规定的，如目的港：伦敦/利物浦/曼彻斯特（Port of destination：London/ Liverpool/ Manchester），或目的港：欧洲主要港口（European Main Ports - E. M. P. ）。在出口交易中，选择目的港时应注意的问题如下：

（1）对目的港的规定要力求做到具体明确。比如“非洲主要港口”、“西欧主要港口”，究竟哪些港口为主要港口，并无统一解释，且各港口情况不一，易引起纠纷，应避免使用。

但在实际业务中，也可允许在同一区域规定两个或两个以上的邻近港口作为可供选择的目的港，以方便那些在订约时不能确定目的港的中间商客户。但要在合同中明确规定：第一，选港所增加的运费、附加费应由买方承担；第二，买方应在开证的同时宣布最后的目的港。

（2）注意目的港的具体条件。比如，有无直达班轮航线、装卸条件及运费、附加费水平等，这些直接关系到货运成本及租船订舱等问题。

（3）一般不接受指定某个码头卸货。如需要可视承运人是否接受，再作规定。

（4）注意国外港口有无重名问题。世界上有不少同名的港口，如维多利亚（Victoria）、波特兰（Portland）等。为了避免错发错运，合同中应明确注明目的港所在国家和地区的名称。

（5）不能接受内陆城市为目的港的条件（多式联运除外）。对内陆国家通过海运出口的，应选择距离该国目的地最近的港口为目的港。否则，就要承担从港口到内陆城市这段路程的运费和风险。

【任务互动】

我国某进出口公司以 FOB 术语与比利时客商达成了一笔烟熏肉制品交易，双方约定采用集装箱运送货物，请问应在我国的哪一个海运港口装运货物最为合适？

【知识链接】

1. 世界主要港口

大洲	国家与地区	港口
亚洲	俄罗斯	海参崴
	日本	横滨
		神户
		东京
		名古屋
		大阪
		广岛
	韩国	釜山
	中国	宁波舟山
		上海
		天津
		广州
		苏州
		青岛
		香港
		大连
		唐山
		秦皇岛
		营口
	越南	海防
		胡志明市
	新加坡	新加坡

大洲	国家与地区	港口
亚洲	印度尼西亚	雅加达
	马来西亚	柔佛
	文莱	文莱
	泰国	曼谷
	印度	孟买
		加尔各答
	斯里兰卡	科伦坡
	也门	亚丁
欧洲	荷兰	鹿特丹
		阿姆斯特丹
	比利时	安特卫普
	希腊	雅典
	西班牙	巴塞罗那
	德国	汉堡
	土耳其	伊斯坦布尔
	英国	利物浦
		伦敦
		曼彻斯特
	葡萄牙	里斯本
	法国	马赛
	瑞典	斯德哥尔摩

大洲	国家与地区	港口
非洲	埃及	亚历山大
		苏伊士港
	南非	开普敦
北美洲	美国	亚特兰大
		波士顿
		芝加哥
		底特律
		休斯敦
		纽约
		费城
		旧金山
		洛杉矶
	加拿大	温哥华
南美洲	阿根廷	布宜诺斯艾利斯
	委内瑞拉	马拉开波
	巴西	里约热内卢
大洋洲	澳大利亚	悉尼
		墨尔本

2. 世界主要同名港口

英文名称	中译名称	港口所在国家或地区	所属航线
Baltimore	巴尔的摩	美国（爱尔兰有同名港口）	美国东岸
Boston	波士顿	美国（英国有同名港口）	美国东岸
Brighton	布赖顿	特立尼达和多巴哥（英国有同名港口）	中南美
Cadiz	加的斯	西班牙（菲律宾有同名港口）	西北欧
Cartagena	卡塔赫纳	哥伦比亚（西班牙有同名港口）	中南美
Freeport	弗里波特	巴哈马联邦（美国有同名港口）	中南美
Georgetown	乔治敦	圣文森特和格林纳丁斯（美国、加拿大、圭亚那、马来西亚均有同名港口）	中南美
Hamilton	哈密尔顿	百慕大群岛（加拿大有同名港口）	中南美
Kingston	金斯敦	牙买加（加拿大、澳大利亚有同名港口）	中南美
Liverpool	利物浦	英国（加拿大有同名港口）	西北欧
Manzanillo	曼萨尼略	墨西哥（古巴有同名港口）	中南美
Newcastle	纽卡斯尔	英国（美国、加拿大、澳大利亚有同名港口）	西北欧
Newport	纽波特	英国（美国有同名港口）	西北欧
Perth	珀 斯	澳大利亚（美国有同名港口）	澳 新
Plymouth	普列茅斯	蒙特塞拉特岛（英国、美国、特立尼达和多巴哥均有同名港口）	中南美
Portland	波特兰	美国（英国、澳大利亚有同名港口）	美国西岸
Portsmouth	朴次茅斯	英国（美国有同名港口）	西北欧
San Fernando	圣费尔南多	特立尼达和多巴哥（西班牙、阿根廷、菲律宾有同名港口）	中南美
San Francisco	旧金山	美国（巴西有同名港口）	美国西岸
San Juan	圣胡安	波多黎各（秘鲁、阿根廷有同名港口）	中南美
Santa Cruz	圣克鲁期	加那利群岛（亚速尔群岛、阿根廷、菲律宾有同名港口）	西 非
Santiago	圣地亚哥	佛得角（古巴有同名港口）	西 非
San Tome	圣多美	圣多美和普林西北（巴西有同名港口）	西 非
St. John's	圣约翰斯	安提瓜和巴布（加拿大有同名港口）	中南美
Sur	苏 尔	黎巴嫩（阿曼有同名港口）	地中海
Sydney	悉 尼	澳大利亚（加拿大有同名港口）	澳 新
Tripoli	的黎波里	利比亚（黎巴嫩有同名港口）	地中海
Vancouver	温哥华	加拿大（美国有同名港口）	加拿大西岸
Victoria	维多利亚	喀麦隆（加拿大、巴西、几内亚、智利、马耳他、塞舌尔群岛均有同名港口）	西 非
Walvis Bay	沃尔维斯湾	纳米比亚（西南非洲）	西 非
Willemstad	威廉斯塔德	安的列斯（荷属）（荷兰有同名港口）	中南美

（三）分批装运和转运

分批装运（Partial Shipment），也称部分装运，是指将一笔成交的货物分成若干批次装运。通常在大宗商品交易中，根据交货数量、运输条件和货源等因素可在合同中规定允许分批装运。为避免在实际业务中，买卖双方对分批装运的理解不同而产生分歧，《UCP600》第 31 条 B 款规定，标明使用同一运输工具并经由同次航程运输的数套运输单据在同一次提交时，只要显示相同目的地，将不视为部分发运，即使运输单据上标明的发运日期不同或装卸港、接管地或发送地点不同。假如交单由数套运输单据构成，其中最晚的一个发运日将被视为发运日。含有一套或数套运输单据的交单，假如标明在同一种运输方式下经由数件运输工具运输，即使运输工具在同一天出发运往同一目的地，仍将被视为部分发运；第 31 条 C 款规定，含有一份以上快递收据、邮政收据或投邮证实的交单，假如单据看似由同一快递或邮政机构在同一地点和日期加盖印戳或签字并且表明同一目的地，将不视为部分发运。第 32 条规定，如信用证规定在指定的时间段内分期支款或分期发运，任何一期未按信用证规定期限支取或发运时，信用证对该期及以后各期均告失效。

转运（Transshipment）是指货物在中途港口卸下后换装到其他船只上运往目的地的行为。转运不仅延误时间和增加费用，而且加大了货物受损的风险，所以买方一般不愿接受转运的条件，但在没有直达船或船期不定或航次较少的港口，就应在合同中规定“允许转船”。若信用证未明确规定禁止分批装运和转运，则视为可允许分批装运和转运。

【案例】

在不同港口分别将货物装上同一航次、同一船上是否属分批装运案

我国某进出口公司向印度尼西亚某贸易公司出口 20 000 张沙滩椅，国外客户在合同规定的开证时间内开来一份不可撤销信用证，证中的装运条款规定“Shipment from Chinese port to Padang in May, Partial shipment prohibited”。备妥货物后，我国进出口公司按证中规定，于 5 月 15 日将 15 000 张沙滩椅在青岛港装上“奋进”号轮，5 月 17 日又由同轮在厦门港续装 5 000 张沙滩椅，5 月 20 日我国进出口公司分别取得了青岛港和厦门港签发的两套提单。我国进出口公司在信用证有效期内到银行交单议付，却遭到银行以单证不符为由拒付货款。问：银行的拒付是否有理？为什么？

分析要点：银行拒付无理。根据《UCP600》第 31 条 B 款规定，标明使用同一运输工具并经由同次航程运输的数套运输单据在同一次提交时，只要显示相同目的地，将不视为部分发运。本案中，我方于 5 月 15 日将 15 000 张沙滩椅在青岛港装上“奋进”号轮，5 月 17 日又由同轮在厦门港续装 5 000 张沙滩椅，5 月 20 日该进出口公司分别取得了青岛港和厦门港签发的两套提单的案情与《UCP600》第 31 条 B 款规定相符，所以不属于分批装运，因此银行不能以此为由拒付。

（四）装运通知

不论按哪种贸易术语成交，交易双方都要承担相互通知的义务。以 FOB 条件成交的贸易合同为例，双方的相互通知按时间先后应包括：卖方的备货通知、买方的派船通知和卖方的装船通知。尤其是按 CFR 条件成交时，由于卖方装运后，买方须凭卖方发出的装运通知办理保险手续，因此，装运通知具有特别重要的意义。

装运通知格式多样，内容一般包括商品名称、数量（包装单位总数量）、发票总金额、船名（需要转船时，必须填写中转港的名称）、开航日期（B/L 日期）、唛头、信用证号码等。装运通知样单如下：

装运通知

广东轻工家电有限公司

GUANGDONG LIGHT ELECTRICAL APPLIANCES CO. LTD.

52，DEZHENG ROAD SOUTH，GUANZHOU，CHINA

FAX：+86 – 20 – 86601986

OUR REF. NO.：GDP67945

TO MESSRS：ABC TRADING CO. LTD.

ROOM 502，BUILDING 50，GRASS ROAD，NEW YORK，AMERICA

ADVICE OF SHIPMENT：

1）NAME OF COMMODITY：WALL CLOCKS

2）QUANTITY：150 CARTONS

3）INVOICE VALUE：USD21 000. 00

4）NAME OF CARRYING STEAMER：DONGFANGHONG/SUISUN V. 103

5）DATE OF SHIPMENT：MAY 20，2014

6）SHIPPING MARKS：ABC/YJ2012920/NEW YORK/NO. 1 – 150

7）CREDIT NO.：LRT9998888

GUANGDONG LIGHT ELECTRICAL APPLIANCES CO. LTD.

二、海洋货物运输单据

海运提单（Ocean Bill of Lading，B/L），简称提单，是承运人收到货物后出具的货物收据，也是承运人所签署的运输契约的证明，提单还代表所载货物的所有权，是一种具有物权特性的凭证。它体现了承运人与托运人之间的一种委托运输关系。

1. 海运提单的性质和作用

（1）提单是货物收据。提单是承运人或其代理人签发的货物收据（Receipt for the goods），证明已按提单所列内容收到货物。

（2）提单是物权凭证。提单的合法持有人凭提单可在目的港向轮船公司提取货物，也可在载货船舶到达目的港之前，通过转让提单而转移货物所有权，或凭之到银行办理押汇贷款。

（3）提单是运输契约的证明。承运人之所以为托运人承运有关货物，是因为承运人和托运人之间存在一定的权利和义务关系，双方的权利和义务关系以提单为运输契约的凭证。

【知识问答】

为什么提单不是运输契约而是契约的证明？

2. 提单的内容

提单一般包括正面内容和背面条款。正面内容列有托运人和承运人分别填写的有关货物和运费等事项；背面条款由各船公司根据各自船运业务的不同而有不同规定，为统一提单背面条款的内容，国际上先后签署了《海牙规则》、《汉堡规则》、《维斯比规则》三个国际公约。

【知识链接】

全式正本提单背面内容

提单背面印定的条款规定了承运人与货方之间的权利、义务和责任豁免，是双方当事人处理争议时的主要法律依据。在全式（Long Term）正本提单的背面，列有许多条款，其中主要有：

（1）定义条款（Definition Clause）——主要对“承运人”、“托运人”等关系人加以限定。前者包括与托运人订有运输合同的船舶所有人，后者包括提货人、收货人、提单持有人和货物所有人。

（2）管辖权条款（Jurisdiction Clause）——指出当提单发生争执时，按照法律，某法院有审理和解决案件的权利。

（3）责任期限条款（Duration of Liability）——规定承运人对货物灭失或损害承担赔偿责任期限的条款。一般海运提单规定承运人的责任期限从货物装上船舶起至卸离船舶为止。集装箱提单则从承运人接受货物起至交付指定收货人为止。

（4）包装和标志（Packing and Marks）——要求托运人对货物提供妥善包装和正确清晰的标志。如因标志不清或包装不良产生的一切费用由货方负责。

（5）运费和其他费用（Freight and Other Charges）——运费规定为预付的，应在装船时一并支付，到付的应在交货时一并支付。当船舶和货物遭受任何灭失或损失时，运费仍应照付，否则，承运人可对货物及单证行使留置权。

（6）自由转船条款（Transhipment Clause）——承运人虽签发了直达提单，但由于客观需要仍可自由转船，并不须经托运人的同意。转船费用由承运人负担，但风险由托运人承担，而承运人的责任也仅限于其本身经营的船舶所完成的那段运输。

（7）错误申报（Inaccuracy in Particulars Furnished by Shipper）——承运人有权在装运港和目的港查核托运人申报的货物数量、重量、尺码与内容，如发现与实际不符，承运人可收取运费罚款。

(8) 承运人责任限额(Limit of Liability)——规定承运人对货物灭失或损坏造成的损失所负的赔偿限额,即每一件或每计算单位货物赔偿最多不超过若干金额。

(9) 共同海损(General Average - G. A.)——规定若发生共同海损,按照什么规则理算。国际上一般采用1974年越克—安特卫普规则理算。在中国,一些提单常规定按照1975年北京理算规则理算。

(10) 美国条款(American Clause)——规定来往美国港口的货物运输只能适用美国1936年《海上货物运输法》(*The Carriage of Good by Sea Act* 1936)。运费按联邦海事委员会(FMC)登记的费率本执行,如提单条款与上述法则有抵触时,则以美国法为准。此条款也称"地区条款(Local Clause)"。

(11) 舱面货、活动物和植物(On Deck Cargo, Live Animals And Plants)——对这三种货物的接受、搬运、运输、保管和卸货规定,由托运人承担风险,承运人对其灭失或损坏不负责任。

3. 提单的分类

提单可以从不同的角度进行分类,在国际贸易中使用的提单主要有以下几种:

(1) 按签发时货物是否已装船分为:

①已装船提单(On Board B/L),是指在货物装上指定的船只后签发的提单。它必须载明船名和装船日期。由于这种提单对收货人按时收货有保障,故买方一般都要求卖方必须提供已装船提单。

②备运提单(Received for Shipment B/L),也称收货待运提单,是指承运人收到货物,尚未装船就已签发的提单。由于这种提单没有船名和装船日期,货物是否装运和何时装运都难以预料,故买方一般不接受备运提单。我国《海商法》第74条规定:"货物装船前,承运人已经应托运人的要求签发收货待运提单或者其他单证的,货物装船完毕,托运人可以将收货待运提单或者其他单证退还承运人,以换取已装船提单,承运人也可以在收货待运提单上加注承运船舶的船名和装船日期,加注后的收货待运提单视为已装船提单。"

(2) 按提单有无不良批注分为:

①清洁提单(Clean B/L),是指承运人未加有关货损或包装不良之类批语的提单。买方为收到完好的货物,都要求卖方提供清洁提单。

【案例】

船公司签发清洁已装船提单,货物在运输途中遇险灭失案

2014年6月,依据FOB条件,我国某进出口贸易有限责任公司与西班牙的B公司签订了一份出售5万吨小麦的合同。2014年6月1日,我国进出口公司按时将小麦运到港口,完成装船义务,承运人C运输公司签发了清洁已装船提单。2014年6月25日,货物到达目的港,B公司发现百分之九十的货物严重破包,造成重大损失。承运人C运输公司称，破包是包装不坚固所造成的，主张按照“因包装不坚固所发生的货损，承运人不承担赔偿责任”的规定，免除责任。双方协商无效，于是根据合同约定提起仲裁。经仲裁庭审理，认为承运人C运输公司在运输途中，没有尽到妥善、谨慎管理货物的义务，应当承担赔偿责任。

分析要点：在本案中，承运人C运输公司签发了清洁提单，证明其收到货物时，货物的表面状况是良好的，所以，其不能主张“因包装不坚固发生货损，承运人不承担赔偿责任”的免责理由。承运人C运输公司在运输途中，没有尽到妥善、谨慎管理货物的义务，应当承担赔偿责任。

②不清洁提单（Unclean B/L），是指承运人加注了货物外表状况不良或存在缺陷等批语的提单。此种提单买方和银行通常都不接受。

【案例】

托运人与承运人一起隐瞒装船货物包装破损案

2014年4月，我国D进出口贸易有限公司向荷兰L公司出售一批纸箱装化工产品，以FOB条件成交，目的港为南非的开普敦港，由L公司租用H远洋运输公司的货轮承运该批货物。同年5月15日，该合同货物在广州港装船。当船方接收货物准备装运时，发现其中有28箱货外表有不同程度的破损，于是大副在收货单上批注“该货有28箱货外表破损”。当船方签发提单，欲将该批注转注提单时，卖方D公司反复向船方解释说买方是老客户，不会因一点包装问题提出索赔，要求船方不要将不良批注转注提单，同时向船方出具了下列保函：“若收货人以包装破碎、货物受损为由向承运人索赔时，由我方承担责任。”船方接受了上述保函，签发了清洁提单。该货船起航后不久，接到买方L公司的指示，要求其将卸货港改为法国的马赛港，收货人变更为法国的F公司。经过一个多月的航行，货船到达马赛港，船舶卸货时法国收货人F公司发现该批货物有40多箱包装严重破损，内部货物也有不同程度的受损，于是以货物与清洁提单不符为由，向承运人提出索赔。后经裁定，承运人向法国收货人赔偿了3万多美元。此后，承运人凭保函向卖方D公司要求偿还该3万多美元的损失，但D公司以装船时仅有28箱包破损为由，拒绝偿还其他的十几箱的损失。于是承运人与卖方之间发生了争执。

分析要点：这是一则托运人与承运人一起隐瞒装船货物不清洁的事实、承运人凭保函签发清洁提单的案件。承运人凭托运人出具的保函，对货物的不良包装加以隐瞒，从而导致其丧失了公约或法律赋予的可能免除责任的权利，这不仅造成了对收货人的损害，使买方在不知情的情况下付款赎回不洁货物，同时也给承运人自己带来了风险。卖方在货物装船时就提供了一部分包装破损的货物，这本身就是一种违约行为；不仅如此，还同承运人一起隐瞒事实真相，从而构成对买方的欺骗。买方获悉这一真相后，不仅可以起诉承运人，还可以以卖方严重违约甚至欺诈为由，要求退回货款，同时要求卖方给予损害赔偿。因此，以保函换清洁提单的做法实不可取。

（3）按提单收货人抬头分为：

①记名提单（Straight B/L），是指在提单收货人栏内填写指定收货人名称的提单。这种提单不能通过背书转让，故一般只有在运输贵重物品、援助物资和展览品时才使用。

②不记名提单（Open/Blank B/L），是指收货人一栏不填写收货人名称而留空，故又称空白提单。这种提单不需背书即可转让，风险较大，故在我国禁止使用。

③指示提单（Order B/L），是在收货人栏内填写凭指示（TO ORDER）或凭某人指示字样（TO ORDER OF...）的提单。这种提单可通过背书转让。指示提单既有流通性又有安全性，故在实际业务中使用较为普遍。

【知识链接】

背书方式

（1）记名背书（经过背书后，提单成为记名提单）。

背书方法：TO DELIVER TO ABC CO.

李四

（2）不记名背书（经过背书后，提单成为不记名提单）。

李四

（3）指示背书（经过背书的指示提单还可以继续背书，但背书必须连续）。

背书方法：TO DELIVER TO ORDER OF ABC. CO.

李四

【知识问答】

提单收货人栏目显示"To Order"时，托运人和收货人哪一位是第一背书人？这种提单需要背书几次，收货人才能提到货物？

（4）按运输方式分为：

①直达提单（Direct B/L），是指载货船只直接驶往目的港所签发的提单。直达提单上不得有"中途转船"字样。

②转船提单（Transshipment B/L），是指货物需经中途转船才能到达目的港，在装运港所签发的提单。提单上应注"在某港转船"，例如：From Guangzhou to New York W/T Hongkong。

③联运提单（Through B/L），是指由海运和其他运输方式联合运输时，在起运地所签发的全程提单。

（5）其他提单：

①过期提单（Stale B/L）。有两种情况：一种是指提单晚于货物到达目的港。在近洋运输中难免会出现这种情况，因此一般这种过期提单是可接受的；另一种是指向银行交单的时间超过提单日期后21天。这种过期提单银行一般不予接受。因此，托运人在发货后要抓紧时间制单结汇。

【案例】

过期提单案

我国某外贸公司与国外某客户达成一笔出口棉纺针织用品的合同。信用证的到期日为2014年7月31日，最迟装运期为2014年6月15日，证中未规定交单期。出口人备妥货物安排出运的时间是2014年6月10日，当出口人将单据备齐并于7月20日向银行交单议付时，银行以过期提单为由拒付货款。问：银行的拒付有无道理？

分析要点：有理。因为超过提单日后21天向银行交付的提单构成了过期提单，而过期提单银行一般不予接受。

②舱面提单（On Deck B/L），也称甲板提单，指货物装在甲板上时所签发的提单。提单上应注有“货装舱面”字样。由于货物的风险较大，所以除集装箱运输方式下的甲板提单银行可接受外，银行一般不接受甲板提单。

③倒签提单（Anti-Dated B/L），指货物装船日已超过信用证规定的装运期，为不影响结汇，要求船方签发将装运日期提前到装运期内的提单，是一种带有欺骗性质的非法提单。

【知识问答】

若承运人在收到发货人和收货人两份保函的前提下签发倒签提单，该行为被视为欺骗行为吗？

④预借提单（Advanced B/L），也称无货提单，是指信用证规定的装运期已到而货物还未装船或未装船完毕，托运人要求承运人签发的已装船提单。预借提单也是一种非法提单。

⑤先期提单（Stale B/L），指提单日期早于信用证开证日期的提单。通常是因为先装船再开立信用证，这就构成了先期装运。这种装船日期早于信用证开证日期或进口许可证核准日期的提单，叫先期装运提单。凡是先期装运提单即构成有瑕疵提单，买方有拒付的理由。除信用证另有规定外，银行不能接受这种提单。因为卖方过早装船，而可能导致货物变质，或在保险期之前受损，或增加仓租费用。对此，卖方可以要求信用证加列“先期装运提单可以接受（stale B/L accept able）”的条款以解决此项问题。

【任务互动】

思考和辨别下列两则案例中提单的差异和性质：

（1）中国丰和贸易公司与美国某贸易有限公司签订了一项出口货物的合同，双方约定货物的装船日期为2014年6月。但是，由于丰和贸易公司未能及时组织货源，直到2014年7月才将货物全部备妥，货物于2014年7月15日装船。为了能够如期结汇取得货款，丰和贸易公司要求运输公司按双方约定的装运期即2014年6月的日期签发提单，并凭借提单和其他单据到银行办理了议付手续，收回全部货款。

（2）2014年4月28日山东A公司与日本B株式会社签订了一项进口1 500台东芝牌空调的合同，合同约定于7月底前交货。装运期临近，但货还未备好，为不影响结汇，日商要求运输公司开出一张装船日期为7月25日的已装船提单。

三、海运单（Seaway Bill）

海运单（Seaway Bill）是证明海上运输货物已由承运人接管装船，并保证将货物交给单证上指定的收货人的一种不可流通的单证。它不是物权凭证，不可转让，也不能提货，收货人凭到货通知和身份证明提货。海运单功能类似于电放提单，运输公司在放货时“认人不认单”，这方便进口方简化手续，节省费用，及时提货。因此，海运单的收货人栏内应清楚地填写实际收货人的名称和地址。在实际业务中，当某指定发货人有稳定的货物发送给某指定地点的收货人时，可向承运人申请海运单证业务，承运人在目的港将货物交给相关单证所指定的收货人即可。经常使用海运单的一般是与运输公司签约的大客户，或者该收货人是运输公司的VIP客户。由于海运单比提单更及时、简便，现在越来越多的国家使用海运单，欧洲尤为普遍。我国也从20世纪90年代开始使用。

四、杨洋与Jensen签署的合同中的运输条款

（一）运输条款的内容

（9）装运条件：收到信用证45天内装运。装运港：上海。目的港：鹿特丹。

TERMS OF SHIPMENT：WITHIN 45 DAYS AFTER RECEIPT OF L/C. LOADING PORT：SHANGHAI. DESTINATION PORT：ROTTERDAM.

（二）技能实训

根据杨洋与Jensen签署的合同项下的提单，解读提单的类型。

（提单详见模块九中合同履行下的项目1，即出口合同的履行中“四、出口结汇单据”一项）

【课后拓展】

一、单选题

1. 在进出口业务中，具有物权凭证性质的运输单据有（　　）

A. 铁路运单　B. 海运提单　C. 航空运单　D. 邮包收据

2. 航空运费的收取标准为（　　）

A. 按 M 收取　B. 按 W 收取

C. 按 W/M 收取　D. 按 W/M or A. V. 收取

3. “FCL/FCL”是指（　　）

A. 整箱接、整箱交　B. 整箱接、拼箱交　C. 拼箱接、拆箱交　D. 拆箱交、整箱接

4. 新亚欧大陆桥东起我国的连云港，终点是（　　）

A. 汉堡　B. 里斯本　C. 伦敦　D. 鹿特丹

5. E. M. P. 是指（　　）主要港口。

A. 亚洲　B. 欧洲　C. 非洲　D. 美洲

二、判断题

1. 海上货物运输单据主要有海运提单和海运单，二者都是货物所有权的凭证。（　　）

2. 记名提单和指示提单都可以通过背书转让。（　　）

3. 国际多式联运的承运人仅对第一程运输负责。（　　）

4. 倒签提单和预借提单均为非法提单，银行一般不予接受。（　　）

5. 提单签发日期一般以装船日期为准。（　　）

三、思考题

由中国江苏徐州运往波兰华沙的货物选择哪种运输方式比较合适？

四、运费计算题

1. 广州某进出口贸易有限公司以 CIF 费力克斯托出口一批货物到欧洲，经香港转船。2×40’ FCL，已知香港至费力克斯托的费率是 3 500 美元/40’，广州经香港转船，其费率在香港直达费力克斯托的费率基础上加 150 美元/40’，另有港口拥挤附加费 10%，燃油附加费 5%。问：该出口公司应支付多少运费？

2. 某轮从广州港装载杂货人造纤维，体积为 20 立方米，毛重为 17.8 公吨，运往欧洲某港口，出口公司要求选择卸货港为鹿特丹或汉堡，鹿特丹和汉堡都是基本港口，基本运费率为 80 美元/FT，FT 是 Freight Ton 的缩写，即运费吨，三个以内选卸港的附加费率为每运费吨加收 3 美元，商品计费标准为 W/M。问：（1）该出口公司应支付多少运费？（2）如果改用集装箱运输，海运费的基本费率为 1 100 美元/TEU（TEU 是英文 Twenty-foot Equivalent Unit 的缩写，是以长度为 20 英尺的集装箱为国际计量单位），货币附加费 10%，燃油附加费 10%。改用集装箱运输时，该出口公司应支付多少运费？（3）若不计杂货运输和集装箱运输两种方式的其他费用，出口公司从节省海运费考虑，是否应选择改用集装箱运输？

五、案例分析题

1. 我国某公司对南非出口一批化工产品2 000公吨，采用信用证支付方式。国外来证规定：“禁止分批装运，允许转运。”该证并注明：按《UCP600》办理。现已知：装期临近，已订妥一艘驶往南非的“黄石”号货轮，该船先停靠新港，后停靠青岛。但此时，该批化工产品在新港和青岛各有1 000公吨尚未集中在一起。试分析我方应如何处理？

2. 我国某公司收到一国外来证，货物为1×20集装箱各式瓷制品和金属制品，价值分别为15万美元和28万美元，允许分批装运，单据要求规定我方必须提供由中国商品检验局签发的品质检验证书（简称质检证）。货物备妥发运前，我方商检局认为该批瓷制品品质未达到国家标准，不能为其签发质检证。为此，我方立即要求客户修改信用证（即删除瓷制品的质检证条款），客户以改证费用太高且可能影响交货期为由拒绝改证，但表示只要货物和封样一致，他仍会接受货物。问，此案我方应如何处理？

六、技能实训

请解读张晓与金允浩合同项下的提单属于什么类型的提单？

<table>
<tr><td colspan="2">Shipper</td><td></td><td>B/L No.</td><td>SH14 – 145</td></tr>
<tr><td colspan="2">GUANGZHOU WEIDA TRADING CO. LTD.
NO. 165, DONGFENG ROAD,
GUANGZHOU, CHINA</td><td colspan="3" rowspan="13">SINOTRANS
中国外运上海公司
SINOTRANS SHANGHAI COMPANY
OCEAN BILL OF LADING
Shipped on board in apparent good order and condition (unless otherwise indicated) the goods or packages specified herein and to be discharged at the mentioned port of discharge or as near thereto as the vessel may safely get and be always afloat.
The weight, measure, marks and numbers, quality, contents and value, being particulars furnished by the Shipper are not checked by the Carrier on loading.
The Shipper, Consignee and the Holder of this Bill of Lading hereby expressly accept and agree to all printed, written or stamped provisions, exceptions and conditions of this Bill of Lading, including those on the back hereof.
In witness whereof, the number of original Bills of Lading stated below have been signed, one of which being accomplished, the other (s) to be void.</td></tr>
<tr><td colspan="2">Consignee or order</td></tr>
<tr><td colspan="2">TO ORDER</td></tr>
<tr><td colspan="2">Notify address</td></tr>
<tr><td colspan="2">ABC TRADING COMPANY LTD.
ROOM 502, BUILDING 22, GAUSS ROAD, PUSAN, KOREA</td></tr>
<tr><td>Pre-carriage by</td><td>Port of loading</td></tr>
<tr><td></td><td></td></tr>
<tr><td>Vessel</td><td>Port of transshipment</td></tr>
<tr><td>APLCHINA V. 147E</td><td>GUANGZHOU</td></tr>
<tr><td>Port of discharge</td><td>Final destination</td></tr>
<tr><td>PUSAN</td><td></td></tr>
</table>

（续上表）

Container. seal No. or marks and Nos.	Number and kind of package	Description of goods	Gross weight（kgs）	Measurement（m^3）
ABC WD20140520 PUSAN C/NO. 1 – 100 CN： CBHU3202732/C56765 SN：140720111	100 CTNS TOTAL：ONE HUNDRED CARTONS ONLY.	DESK LAMP 07001	14 000. 00KGS	39. 20 CBM

Freight and charges	REGARDING TRANSHIPMENT INFORMATION PLEASE CONTACT
FREIGHT PREPAID	

Ex. rate	Prepaid at	Freight payable at	Place and date of issue
			JUL. 20，2014 GUANGZHOU
	Total prepaid	Number of original Bs/L	Signed for or on behalf of the Master
		THREE（3）	SINOTRANS SHANGHAI COMPANY AS CARRIER （船公司签章）

模块六

拟定国际货物买卖合同条款（四）——保险条款

■ 学习目标设计

货物的投保关系到货物风险的承担问题。办理保险手续，及时将海运货物的风险置于保险公司的承保范围，是减少交易风险的重要前提。熟悉各种运输方式下不同的保险险别和保险公司的承保范围，是确定交易险别，计算保险费、核算交易成本的关键。为弥补在学校学习时对保险知识掌握的不足，杨洋设计了以下学习目标：

【知识目标】

1. 熟悉货物运输保险的基本原则
2. 熟悉海上风险与海上损失的有关内容
3. 熟悉海上货物运输保险的险别
4. 熟悉各主要险别保险公司承保的范围
5. 了解合同中保险条款的内容

【技能目标】

1. 学会货物运输保险费的计算
2. 能根据海运货物的实际情况，确定货物投保应选择的险别
3. 能根据保险条款包含的内容，规定合同中的保险条款
4. 能根据所学的保险知识，解读保险单的内容

在国际货物买卖中，货物由卖方所在地运往买方所在地的整个运输、装卸和储存等环节，都可能会因遇到难以预料的风险而遭受损失。为了在货物遇险时能得到一定的经济补偿，买方或卖方就需要在货物装运前办理货物运输保险。

国际货物运输保险是指保险人与被保险人双方约定，由被保险人将国际运输中的货物作为保险标的物向保险人投保，当保险标的物遭遇承保范围内的损失时，保险人则按照保险单约定的保险条款及投保险别等规定，给予被保险人经济赔偿的一种补偿性措施。

项目 1　熟悉货物运输保险的基本原则

我国全国人大常委会 1995 年通过的《保险法》（2002 年修正）和 1992 年通过的《海商法》是国内有关货物运输保险的主要法律依据，它们规定了进出口货物运输保险适用于

以下四个基本原则：

一、最大诚信原则（Utmost Good Faith）

最大诚信原则是各国保险法和国际保险实践中普遍要求的一项基本原则，是指签订保险合同的各方当事人必须最大限度地按照诚实与信用精神协商签约。

我国《海商法》第222条规定，合同订立前，被保险人应将其知道的或在通常业务中应当知道的有关影响保险人据以确定保险费率或确定是否承保的重要情况如实告知保险人。违反告知义务的，将可能导致保险合同无效和保险人有权解除保险合同的后果。

二、保险利益原则（Insurable Interest）

保险利益又称可保利益，是指被保险人必须对保险标的物拥有可保利益，才能向保险人投保。在国际货物运输中表现为被保险人应拥有货物的所有权。但由于进出口贸易的特点，一般进出口贸易货运保险仅要求被保险人在货物损失时拥有货物所有权即可投保，也就是对预期的可保利益投保。

可保利益必须具备以下三个条件：

（1）必须是合法的。如为走私等物品所签订的保险合同是无效的。

（2）必须是确定的。毫无根据的主观臆断得到的利益不能视为保险利益。如果被保险人在投保时预计将取得保险利益，那么保险事故发生时则必须具备，否则不能获得赔偿。

（3）必须可以货币形式来计算。

三、近因原则（Proximate Cause）

近因是指对保险事故的发生起到直接的、决定性的、不可避免的影响的因素。当多个原因导致一起保险事故时，法院根据近因原则强调的是事故主因，即对事故后果最有影响的实际原因。在风险与保险标的损害关系中，如果近因属于被保风险，保险人应负赔偿责任；如果近因属于除外风险或未保风险，则保险人不负赔偿责任。

【案例】

近因原则——“二战”中有名的考克斯沃德油轮案

考克斯沃德油轮被政府征用从事战争行为，由于当时战争危险大，私营保险业者不敢承保战争险，只保水险，所以该油轮的战争险由政府承保。一次，该油轮在政府控制下运送石油，驶往某海军基地，因恐遭敌舰袭击，故由四艘军舰护航，并委任一海军军官指挥这支船队。途中突然得到情报，有一敌潜艇可能来袭，于是油轮改变了航线，由于大雾迷航，该油轮触礁沉没，遭受全损。出险后，政府诉诸法院要求划清责任。请问，本案件应由私营保险业者理赔水险，还是由政府理赔战争险？

分析要点：由于考克斯沃德油轮在运送石油途中，得知有一敌潜艇可能来袭而改变了航线，途中大雾迷航，该油轮触礁沉没，由此得知本案油轮灭失的近因是战争危险，不是海难，因而法院应判定由承保战争险的政府兵险集团（Government War Risk Pool）负责理赔。

四、损失赔偿原则（Principle of Indemnity）

损失赔偿主要是指保险人只对被保险人在保险金额以内的实际损失给予赔偿，被保险人不得通过赔偿而额外获利。保险人在履行赔偿义务时应遵守的赔偿原则一般如下：

（1）保险人的赔偿须以实际损失为限，被保险人不能从损失中获益。

（2）保险人的赔偿须以保险金额为限，赔偿限额不能高于保险金额。

（3）保险人的赔偿应以被保险人对保险标的的保险利益为限。

（4）在重复保险的情况下，若保险标的发生损失，应由各保险人分摊。

项目 2 熟悉国际货物运输保险承保的范围

海运货物保险承保的范围，包括海运风险、海上损失与海上费用，以及由外来原因引起的风险损失。

一、海运风险

（1）海运风险（Perils of Sea），也称海难，一般是指船舶或货物在海上运输过程中发生的或附随海上运输所发生的风险，包括自然灾害（暴风雨、雷电、海啸、洪水、浪击落海等）和意外事故（搁浅、触礁、碰撞、沉没、失火、爆炸等）。

（2）外来风险（Extreme Risks），是指由于海上风险以外的其他原因引起的风险，包括一般外来风险（偷窃、提货不着、雨淋、短量、玷污、渗漏、破碎、受潮受热、串味等），以及特殊外来风险（战争、罢工、交货不到和拒收等）引起的损失。

上述风险如下所示：

- 风险
  - 海上风险
    - 自然灾害
    - 意外事故
  - 外来风险
    - 一般外来风险
    - 特殊外来风险

二、海上损失

传统的保险惯例中按照损失程度来划分海上损失，但目前国际保险市场大多采用英国伦敦保险协会于1982年更新的《协会货物条款》（Institute Cargo Clauses，简称ICC），该条款按照损失原因来划分海上损失。

根据损失原因的不同，海上损失可分为保单承保内的风险造成的损失和采取共同海损措施造成的损失两大类，具体如下所示：

- 海上损失
  - 保单承保内的风险造成的损失
    - 实际全损
    - 推定全损
    - 部分损失
  - 采取共同海损措施造成的损失
    - 共同海损牺牲
    - 共同海损费用
    - 共同海损分摊

（一）实际全损（Actual Total Loss）

实际全损是指保险标的物发生保险事故后灭失，或者受到严重损坏完全失去原有的形体、效用，或者不能再归被保险人拥有。具体来讲，构成被保险货物实际全损的情况有下列几种：第一，保险标的完全灭失；第二，保险标的丧失属性；第三，被保险人无法挽回地丧失了保险标的；第四，保险货物神秘失踪。

（二）推定全损（Constructive Total Loss）

推定全损是指货物发生保险事故后，认为实际全损已经不可避免，或者为避免发生实际全损所需支付的费用与继续将货物运抵目的地的费用之和将超过保险价值的损失。构成推定全损的条件是：①保险标的的实际全损已经无法避免；②为了避免实际全损需要支付的救助费、施救费等费用，将超过保险标的的价值；③保险船舶受损以后，修复费用（不包括残骸价值）将超过船舶的保险价值；④保险货物受损后，修复费用加上续运到目的地的费用，将超过货物到达目的地的价值；⑤保险标的遭受保险事故，使被保险人丧失对其所有权，如收回这个所有权，所花费用将超过保险标的价值。推定全损必须由被保险人提出“委付”，并经保险人接受后方能按实际金额赔付。

（三）部分损失（Partial Loss）

部分损失是指没有达到全部损失程度的货物损失。ICC（1962）中的部分损失与我国现行海洋货运保险条款中所指的单独海损（Particular Average）相同。单独海损是相对于共同海损而言的。

（四）共同海损（General Average）

共同海损是指在同一海上航程中，船舶、货物和其他财产遭遇共同危险，为了共同安全，有意地、合理地采取措施所直接造成的特殊牺牲和支付的特殊费用。

构成共同海损的必要条件有下面几个：

（1）危及船、货共同安全的危险必须是真实客观存在的，而不是主观臆测的。

（2）作出的牺牲和费用是特殊的，损失是采取措施直接造成的。

（3）必须是自动和有意采取的行为。

（4）必须是非常性质的、不得已而为之的损失。

（5）采取的合理措施是有效的，船货得到部分挽救和保留。

三、海上费用

海上费用是指保险人赔偿给被保险人及其代理人、雇用人员和第三者为减少事故损失所支付的费用。

（一）施救费用（Sue and Labor Expense）

施救费用指当保险标的物遭遇保险责任范围内的灾害事故时，被保险人或其代理人、雇员和受让人等为防止损失的扩大，而采取抢救措施所支出的费用。保险公司对这种施救费用负责赔偿。

（二）救助费用（Salvage Charge）

救助费用是指保险人对因保险人和被保险人以外的第三者采取救助行为而向他支付的费用。国际上一般采用"无效果，无报酬"（No Cure，No Pay）的原则。

（三）特别费用（Special Charge）

特别费用指货物的运载工具遭遇海上灾害或意外事故不能继续航行，必须把货物卸下存仓，或再由原船装载续运，或由他船受载代运等所产生的费用。

（四）额外费用（Extra Charge）

额外费用是为索赔举证等而支付的必要费用，此项费用只有在保险标的的确有损失、赔偿确实成立的情况下，保险人才予以负责。

【案例】

海上损失及费用性质的确定

福德灯饰贸易有限公司海运出口的30 000盏台灯于某年10月中旬由"泰兴"轮承运，自广州黄埔港发运至德国的汉堡港。载货轮船航行至比斯开湾时，因遇恶劣天气，偏离航线，不慎发生触礁、船舶搁浅事故，致使船底划破，海水渗入货舱，情况危急。福德公司的2 000盏台灯瞬间被海水浸泡，完全丧失原有属性。事故后，为解除船货的共同危险，船长发出求救信号，并及时采取自救措施。为了有效修补船底裂缝，防止海水继续入侵，船长下令将裂缝附近福德公司的5 000盏台灯抛入海中。救助船只到达后，“泰兴”轮被拖至最近港口的船坞修理，暂时卸下大部分货物，前后花了10天，共花修理费4 000美元，增加支出各项费用（包括员工工资）共2 000美元。船修复后装上原货继续航行。试从货运保险业务方面分析，以上所述的各项损失，属于什么性质的损失？

分析要点：本案中，主要的货物损失和费用支出有：①福德灯饰贸易有限公司2 000盏台灯被入侵海水浸泡，完全丧失原有属性；②为修补船底裂缝，防止海水继续入侵，船长下令将裂缝附近福德公司的5 000盏台灯抛入海中；③“泰兴”轮被拖至最近港口的船坞修理，共花修理费4 000美元，增加支出各项费用（包括员工工资）共2 000美元。根据海运货物保险中海上损失和海上费用的原理进行分析，以上主要的货物损失和费用支出中的①为单独海损，②③为共同海损。

项目3　认识国际货物运输保险条款

一、我国海洋运输货物保险条款

在海运货物保险中，通过明确承保责任的范围和保险的险别，划分保险人和被保险人的权利和义务。中国人民保险公司参照国际保险市场的一般习惯做法，结合我国实际情况，自行制定了各种保险条款，总称为《中国保险条款》（China Insurance Clauses，CIC），其中《海洋运输货物保险条款》（1981年1月1日修订本）规定了海运货物保险的责任范围、责任起讫等，具体如下所示：

- CIC海运货险条款
  - 基本险
    - 平安险
    - 水渍险
    - 一切险
  - 附加险
    - 一般附加险
    - 特殊附加险

（一）海运货物保险的责任范围

1. 基本险

基本险也称主险，是可以单独向保险公司投保的险别。中国人民保险公司所规定的基本险包括平安险、水渍险和一切险。

(1) 平安险（Free from Particular Average，简称 FPA）。

平安险的英文原意是指部分损失不赔，但在长期的实践过程中，对平安险的责任范围进行了补充和修订，目前已经超出只赔付全损的限制。其责任范围如下：

①被保险的货物在运输途中由于自然灾害（暴风雨、雷电、海啸、洪水、浪击落海等）造成实际全损或推定全损。

②被保险的货物由于运输工具遭受意外事故（搁浅、触礁、互撞、失火、爆炸等）造成全部或部分损失。

③若运输工具发生意外事故，在此前后被保险的货物又在海上遭遇自然灾害造成的部分损失，保险公司也负责赔付。

④被保险货物在装卸或转运时，由于一件或数件甚至整批货物落海造成的全部或部分损失。

⑤被保险人对遭受承保责任内的危险的货物采取抢救、防止或减少货损的措施所支付的合理费用，但以不超过该批受损货物的保险金额为限。

⑥运输工具遭遇海难后，在避难港由于卸货引起的损失及在中途港或避难港由于卸货、存仓和运送货物所产生的特殊费用。

⑦共同海损的牺牲、分摊和救助费用。

⑧若运输协议中订有"船舶互撞责任"条款，则根据该条款规定，由货方偿还船方的损失。

平安险作为基本险中责任范围最小的一种险别，其保费率是最低的，一般适用于低值大宗散装货物（如木材、矿砂和废钢材等）的海上运输。

【案例】

平安险保险公司承保的范围案

某外贸公司以 CIF 术语出口一批货物，装运前已向保险公司按发票金额的 110% 投保平安险，6 月初货物装妥顺利开航。载货船舶于 6 月 13 日在海上遇到暴风雨，致使一部分货物受到水渍，损失价值 2 100 美元。数日后，该轮又因海上大雾，视线不清而触礁，致使该批货物又遭受价值为 8 000 美元的损失。问：保险公司对该批货物的损失该如何赔偿？为什么？

分析要点：保险公司应向该外贸公司赔偿 10 100 美元。根据平安险保险公司承保的范围可知，保险公司应赔偿因运输工具发生意外事故所造成的损失，在此前后被保险的货物又在海上遭遇自然灾害造成的部分损失，所以，保险公司应向该外贸公司赔偿 10 100 美元。

(2) 水渍险（With Particular Average，简称 WPA）。

水渍险保险公司的承保责任范围不仅包括平安险的各项责任，还负责被保险货物由于自然灾害造成的部分损失的赔付。

水渍险一般适用于不易损坏或不因生锈而影响使用的货物，如五金材料、旧汽车、机械、机床和散装金属原料等。

（3）一切险（All Risk，简称AR）。

一切险保险公司的承保责任范围不仅包括水渍险的各项责任，还包括货物在运输途中由于各种一般外来风险造成的全部或部分损失。一切险是基本险中责任范围最大的险别。在我国进出口业务中，凡易发生短量、钩损、玷污、雨淋、偷窃等损失的商品，如生丝、毛、棉、麻、服装类和化学纤维类等货物有必要投保一切险。

2. 附加险

在海运货物保险业务中，进出口商除了投保货物的基本险别，还可根据货物的实际需要和特点，酌情选择一种或若干种恰当的附加险别。附加险不能单独投保，必须在投保一种基本险的基础上加保。中国人民保险公司承保的附加险种类繁多，涵盖了几乎所有外来原因造成的损失，归纳起来可分为一般附加险和特殊附加险两类。

（1）一般附加险（General Additional Risk）。

一般附加险的责任范围包括各种一般外来风险造成的全部或部分损失，其险别主要有偷窃、提货不着险（Theft，Pilferage and Non-delivery）；淡水雨淋险（Fresh Water or Rain Damage）；渗漏险（Leakage）；短量险（Shortage）；混杂、玷污险（Intermixture and Contamination）；碰损、破碎险（Clash and Breakage）；钩损险（Hook Damage）；包装破裂险（Loss or Damage Caused By Breakage of Packing）；锈损险（Rust）；串味险（Odor）和受潮受热险（Damage Caused By Heating and Sweating）等。

小贴士

因一般附加险已包含在一切险的承保范围内，所以在投保一切险时，不须再加保一般附加险。

（2）特殊附加险（Special Additional Risk）。

特殊附加险承保由于特殊外来风险造成的全部或部分损失，它不在一切险的范围内。其险别主要有：战争险（War Risk）；罢工险（Strike Risk）；交货不到险（Failure to Delivery）；进口关税险（Import Duty）；舱面险（On Deck Risk）；黄曲霉素险（Aflatoxin）；拒收险（Rejection）；货物到港后的存仓火险责任拓展条款（Fire Extension Clause for Storage of Cargo at Destination）。战争险是目前海运货物保险中使用较多的一种特殊附加险。

（二）海洋运输货物保险的责任起讫

CIC中的《海洋运输货物保险条款》除规定了上述各种险别的责任外，还对保险责任的起讫作了具体规定。我国海运货物保险的起讫沿用国际惯例，采取“仓至仓条款”（Warehouse to Warehouse Clause）。

“仓至仓条款”是指保险责任自被保险货物运离保险单上载明的起运地仓库或储存处所开始，包括正常运输中的海上、陆上、内河与驳船运输在内，直至该项货物运抵保险单所载明的目的地收货人的最后仓库或储存处所或被保险人用作分配、分派或非正常运输的其他储存处所位置为止。如货物未抵达上述仓库或储存处所，保险责任以货物卸离海轮60天为限。

【知识链接】

在具体的业务实践中，保险责任的起讫还要看被保险人对货物有无权益。一批货物以CIF条件成交，由出口方办理保险，保险责任的起讫适用标准的仓至仓条款。因为货物装上装运港海轮前，保险公司承保了卖方利益，之后则承保了买方利益。

但如果货物以FOB或CFR条件成交，由进口方办理保险，则保险公司不承担在装运港装船前的保险责任，只负责货物装上海轮后直至抵达目的港收货人的最后仓库为止的风险，即保险责任的起讫为"船至仓"。

此外，战争险的责任起讫更短，只负责货物在装运港完成装货后、至保险单载明的目的港卸离海轮或驳船为止，即保险公司只负责货物在水上运输阶段的保险。

二、我国其他运输货物保险条款

在进出口贸易中，不仅海洋运输的货物需要办理保险，陆上运输、航空运输、邮包运输的货物也需要办理保险。中国人民保险公司对这些运输方式下的进出口货物订有专门的条款，概述如下：

- 非海运的货运保险险别
  - 陆运货险
    - 基本险：陆运险、陆运一切险
    - 附加险：陆上运输货物战争险（火车）、冷藏货物险
  - 空运货险
    - 基本险：空运险、空运一切险
    - 附加险：航空运输货物战争险
  - 邮运货险
    - 基本险：邮包险、邮包一切险
    - 附加险：邮包战争险

三、伦敦保险协会海运货物保险的险别和条款

在世界海上保险业务中，英国是一个具有悠久历史和保险业比较发达的国家。它所制定的保险规章制度，特别是制定的保险单和保险条款对世界各国影响颇大。目前世界上大多数国家在海上保险业务中直接采用英国伦敦保险协会制定的《协会货物条款》（Institute Cargo Clauses，ICC，1982年1月1日修订本）。

（一）ICC 海运货物保险条款中的险别

（1）协会货物条款（A），简称 ICC（A）。

（2）协会货物条款（B），简称 ICC（B）。

（3）协会货物条款（C），简称 ICC（C）。

（4）协会战争险条款（货物）。

（5）协会罢工险条款（货物）。

（6）恶意损害险条款。

以上 6 种险别中，ICC（A）、（B）、（C）是协会货物条款中的主要险别，可以单独投保。必要时，战争险和罢工险在取得保险公司同意后，也可作为独立的险别进行投保。只有恶意损害险属于附加险别，不能单独投保。

（二）ICC 主要险别的承保风险和除外责任

ICC（A）、（B）、（C）三种主险分别由承保责任范围、除外责任、保险期限、索赔、保险受益、减少损失、防止延迟、法律和惯例共 8 部分总 19 条组成，还有一个附注，每套自成体系。三种主险除承保范围和除外责任有所区别外，其余 6 个部分完全一致，因此前两者是最为关键的内容。

1. ICC（A）险的承保范围和除外责任

（1）承保范围。ICC（A）险类似于我国的一切险，采用“一切风险减除外责任”的办法，即保险人除了对“除外责任”项下所列风险不予负责，对其他风险均予以承保。

（2）除外责任。ICC（A）险的除外责任包括一般除外责任，不适航、不适货除外责任，战争除外责任和罢工除外责任。

2. ICC（B）险的承保范围和除外责任

（1）承保范围。ICC（B）险类似于我国的水渍险，采用承保“除外责任”之外的列明风险的办法，即在条款中把承保的风险一一列出。

（2）除外责任。ICC（B）险的除外责任与 ICC（A）险的基本相同，但有两点区别：①对于任何个人或数人故意损害和破坏标的物或其他任何部分所造成的损失，（B）险不赔；②对于海盗行为所造成的损失，（B）险不赔。

3. ICC（C）险的承保范围和除外责任

（1）承保范围。ICC（C）险类似于我国的平安险，但范围更小一些，只承保“重大意外事故”造成的损失，而不承保“自然灾害及非重大意外事故”造成的损失。

（2）除外责任。与 ICC（B）险的除外责任一致。

四、货物运输保险的业务流程

在实际业务中，投保人办理进出口货物运输保险时首先应选择保险险别，计算保险金额，交付保险费，然后取得保险单据，发生货损后即可向保险公司申请保险索赔。

（一）选择保险险别

在实际的保险业务中，投保人办理保险时应考虑不同的货物在运输中容易面临的实际损失及所需获得的保障，合理选择险别和险种。

（二）计算保险金额

保险金额又称投保金额，是指保险公司承担赔偿的最高限额，也是保险公司计算保险费的基础。

1. 出口货物的保险金额

在按 CIF 或 CIP 术语成交的出口业务中，货物的保险金额一般在发票金额（即 CIF 价或 CIP 价）的基础上提高一定的百分率，即所谓“保险加成”，这是由进出口贸易的特定需要决定的。这部分增加的保险金额是买方进行这笔交易所支付的费用和预期利润的保障，一般按加保一成（即 10%）投保，若买方要求按较高金额投保，保险公司也同意，卖方也可接受，但由此增加的保险费原则上由买方承担。保险金额的计算公式如下：

按 CIF 出口的保险金额计算：

$$\text{保险金额} = \text{CIF} \times (1 + \text{投保加成率})$$

在实际业务中，当仅有货价与运费（即只确定 CFR 价或 CPT 价）时，应先推导 CIF 价或 CIP 价再确定保险金额，而不能以 CFR 价或 CPT 价直接代入上述公式。以计算 CIF 为例具体如下：

$$\begin{aligned}\text{CIF} &= \text{CFR} + \text{保险费} \\ &= \text{CFR} + (\text{保险金额} \times \text{保险费率}) \\ &= \text{CFR} + \text{CIF} \times (1 + \text{投保加成率}) \times \text{保险费率}\end{aligned}$$

移项：

$$\begin{aligned}\text{CFR} &= \text{CIF} - \text{CIF} \times (1 + \text{投保加成率}) \times \text{保险费率} \\ &= \text{CIF} \times [1 - (1 + \text{投保加成率}) \times \text{保险费率}]\end{aligned}$$

得：$\text{CIF} = \dfrac{\text{CFR}}{1 - (1 + \text{投保加成率}) \times \text{保险费率}}$

示例 6－1：

广州某贸易有限公司出口一批货物到英国利物浦，对外报价为 CFR 利物浦 10 000 美元，投保一切险（保险费率 0.5%），投保加成率 10%，问该批货物的保险金额应是多少？

解：$\text{CIF} = \dfrac{\text{CFR}}{1 - (1 + \text{投保加成率}) \times \text{保险费率}} = \dfrac{10\ 000}{1 - (1 + 10\%) \times 0.5\%} = 10\ 055.30$（美元）

$\text{保险金额} = \text{CIF} \times (1 + 10\%) = 10\ 055.30 \times 110\% = 11\ 060.83$（美元）

答：该批货物的保险金额应为 11 060.83 美元。

【知识链接】

1. 根据进出口方向和贸易术语的不同，办理进出口货物运输保险的方式也有所区别。

（1）按 CIF 或 CIP 成交的出口货物，运输保险由卖方负责办理。根据目前我国保险公司的惯常做法，出口货运保险采用“逐笔投保”方式，即出口方每执行一笔出口合同，就向保险公司办理一次货物投保，填写投保单。

（2）按 FOB 或 CFR 成交的出口货物，运输保险由买方负责办理。

2. 进口货运保险的投保主要有预约投保和逐笔投保两种方式。

（1）预约投保是国内进口货运保险的通常做法，指进口货物的国内买方与保险公司签订进口货物预约保险合同，在保险公司签发预约保险单证中明确规定：凡属买方海运进口的货物，保险人负有自动承保的责任，买方无须填制投保单，只需获悉所投保的货物在国外港口装运时，将装运情况通知保险人，保险合同即生效。预约保险简化了保险手续，可防止进口货物在国外装运后因信息传送不及时而发生漏保或来不及投保等情况。

（2）进口货运的逐笔投保适用于不经常有货物进口的单位，当国外发货通知到达后，买方立即向保险公司申请办理海运货物保险。

2. 进口货物的保险金额

对于进口货物的保险金额，我国一般按进口货物的 CIF 或 CIP 货值计算，但若采用 FOB 或 CFR 条件进口、以预约保险的方式投保，外贸企业与保险公司则需共同商定平均运费率和平均保险费率。在此情况下计算的保险金额即估算的 CIF 价而不另加成。若投保人要求在 CIF 价格上加成投保，保险公司也可接受。

（1）按 FOB 进口的保险金额计算：

保险金额 = FOB ×（1 + 平均运费率 + 预约保险费率）

（2）按 CFR 进口的保险金额计算：

保险金额 = CFR ×（1 + 预约保险费率）

（三）保险费的计算

保险费又称保费，是保险公司经营保险业务的基本收入和用作经济补偿的后备资金的主要来源。保险费的计算公式如下：

保险费 = 保险金额 × 保险费率

项目 4　学会拟定合同中的保险条款

一、合同中保险条款的内容及其规定

贸易合同中的保险条款在不同的贸易条件下，内容各有不同，大致分为以下三种情况：

（一）保险由买方办理

以 EXW、FAS、FOB、FCA、CFR、CPT 条件成交的贸易合同，保险由买方办理，合同中的保险条款比较简单，只需明确保险责任即可。

示例 6－1：

“保险由买方负责办理”。

译文：“Insurance to be covered by the buyers.”

如果买方委托卖方代为投保，则需在合同中加以明确。

示例 6－2：

“保险由买方委托卖方按发票金额的××%代为投保××险，保险费由买方负担”。

译文：“Insurance to be covered by the seller on behalf of the buyer for ××%.”

（二）保险由卖方办理

以 D 组术语成交的贸易合同，保险由卖方办理，贸易合同中有无保险条款均可。如出现保险条款，也只需明确保险责任即可。

示例 6－3：

“保险由卖方办理”。

译文：“Insurance to be covered by the seller.”

（三）保险由卖方负责

以 CIF、CIP 条件成交的贸易合同，卖方必须承担为对方办理保险的义务，所以在合同中须明确规定保险责任、保险金额、投保险别和适用的保险条款等内容。

示例 6－4：

“保险由卖方按发票金额的××%投保××险、××险，以中国人民保险公司 1981 年 1 月 1 日的有关海洋运输保险条款为准。”

译文：“Insurance to be covered by the seller for ××% of total invoice value against ×× and ×× risks, as per and subject to the relevant ocean marine cargo clauses of the People's Insurance Company of China dated 1/1/1981.”

示例6－5：

“由卖方按发票金额的110%投保一切险加战争险，以1982年1月1日的协会货物条款为准。”

译文：“Insurance to be covered by the seller for 110% of total invoice value against All Risk and War Risk as per Institute Cargo Clauses（ICC）dated 1/1/1982.”

二、杨洋与Jensen签署的合同中的保险条款

（一）合同中的保险条款

INSURANCE：TO BE COVERED BY THE SELLER FOR 110% OF TOTAL INVOICE VALUE AGAINST ALL RISKS AND WAR RISK，AS PER AND SUBJECT TO THE RELEVANT OCEAN MARINE CARGO CLAUSES OF THE PEOPLE'S INSURANCE COMPANY OF CHINA DATED 1/1/1981.

（二）保险金额与保险费的确定

假设杨洋与Jensen签署的合同项下的保险费率合计为0.88%，则该合同项下货物的保险金额和保险费分别是：

解：该批货物的保险金额和保险费分别是：

保险金额＝CIF×（1＋10%）

＝15 000×（1＋10%）

＝16 500（美元）

保险费＝保险金额×保险费率

＝16 500×0.88%

＝145.2（美元）

答：通过计算得出该批货物的保险金额为16 500美元，保险费为145.2美元。

（三）技能实训

根据杨洋与Jensen签署的合同项下的投保单和保险单，解读保险单据的内容。

投保单和保险单详见模块九“履行国际货物买卖合同”下的项目1“履行出口合同”中“办理出运（船）”下的“办理保险”。

【课后拓展】

一、单选题

1. 有一批电器在海上运输途中，由于船体触礁导致电器严重受浸，如果将这批电器修复后再运至原定目的港所花费的费用已超过电器本身的价值，这批电器的损失应属于（　　）。

A. 推定全失　　B. 共同海损　　C. 实际全损　　D. 单独海损

2. 某批出口货物投保了水渍险，在运输过程中由于淡水雨淋使部分货物遭受损失，这样的损失保险公司将（　　）。

A. 负责赔偿整批货物　　B. 负责赔偿被雨淋湿部分

C. 酌情给予赔偿　　D. 不给予赔偿

3. 我国货运保险业务中，可单独投保且保险公司承担责任最大的基本险别是（　　）。

A. 平安险　　B. 水渍险　　C. 一切险　　D. 战争险

4. 保险单的签发时间一般（　　）提单日期。

A. 早于　　B. 晚于　　C. 相同　　D. 无法对照

5. 根据CIC保险条款，货物到达目的港卸离海轮后（　　）天，保险公司的承保责任终止。

A. 10　　B. 30　　C. 50　　D. 60

二、判断题

1. 我国PICC中的平安险承保范围最大，货物投保了平安险，即可平安运抵目的港/地。(　　)

2. 我国PICC中的平安险、水渍险和一切险，保险公司的承保责任起讫都是“仓至仓”，那么货物在仓库内发生的风险，保险公司也给予赔偿。(　　)

3. 因为一切险已包含了淡水雨淋险，所以出口货物时投保了一切险就不需要再加保淡水雨淋险。(　　)

4. 被保险货物遭遇推定全损，必须向保险公司发出委付通知。(　　)

5. 大保单和小保单的法律效力是不同的。(　　)

三、操作题

以下是张晓与金允浩签署的买卖合同中的保险条款：

（1）品名与规格 COMMODITY & SPECIFICATIONS	（2）数量 QUANTITY	（3）单价 UNIT	（4）单价 UNIT PRICE	（5）金额 AMOUNT
DESK LAMP　07001	2 000	PC	CIF PUSAN USD12. 50	USD25 000. 00
总 值 USD25 000. 00 TOTAL VALUE：Say US Dollars twenty-five thousand only.				

……

（10）保险：由卖方负责按发票金额的110 %投保一切险和战争险，以中国人民保险公司1981年1月1日的有关海洋运输货物保险条款为准。

假设在出口货物装船前，张晓已按发票金额的110%办理了货物投保手续，投保一切险加保战争险，一切险和战争险的保险费率合计为0. 8%，试计算该笔交易的保险金额和保险费各是多少？

四、思考题

1. 海上自然灾害，如洪水、地震、火山爆发等，必须发生在海上才属于保险公司的承保范围吗？

2. 某外贸公司在货物装船前投保了一切险，而货物运输途中因货轮船员罢工，货轮滞留中途港，致使玉米变质，保险公司是否应该赔偿？

五、案例分析题

1. “大庆”号船舶载满货物驶离广州黄埔港，开航不久，由于天气温度过高，导致货仓老化的电线自燃引发火灾，将装在第一货仓的1 000套皮质家具完全烧毁。船舶到达悉尼港卸货时发现，装在同一货仓内的茶叶和香烟由于火灾散发出来的皮质烧煳味导致不同的串味损失。其中香烟因包装较好，串味不是很严重，经过特殊处理仍保留香烟的特性，但质量受损严重，只能收回50%货价。而茶叶则丧失了其特有的芳香，不能食用，最终以低价做农田填充肥料处理。试根据案情分析上述货物的损失各属于什么性质的损失？

2. 我国某公司对澳大利亚达通贸易有限公司按FOB条件出口一批化工原料，货物装船后卖方向买方发出装船通知，买方已向保险公司投保“仓至仓条款”的一切险。但货物在从卖方仓库运往码头途中，曾因意外而使10%货物受损。事后我方以保险单含“仓至仓条款”为由，要求保险公司赔偿，但遭保险公司拒绝。后来我方又请求买方以买方的名义凭保险单向保险公司索赔，但同样遭保险公司拒绝。问保险公司两次拒赔是否有理？为什么？

六、操作题

请根据以下张晓与金允浩签署的贸易合同的投保单和保险单，解读保险单据的内容。

货物运输保险投保单 SAMPLE

APPLICATION FOR CARGO TRANSPORTATION INSURANCE

本投保单内容以中文为准。

The interpretation of this Application shall be subject to Chinese version.

投保单号：

Application NO.

投保人 Applicant	广州维达贸易有限公司 GUANGZHOU WEIDA TRADING CO. LTD.				
投保人地址 Applicant's Add	广州市天河区东风路165号			联系 人 Contact	
电话 Tel.		传真 Fax		电子邮箱 E-mail	
被保险人 Insured	广州维达贸易有限公司 GUANGZHOU WEIDA TRADING CO. LTD.				
合同号 Contract No.	WD20140520	信用证号 L/C No.	PS20140530	发票号 Invoice No.	GZ2014/06－015

标 记 Marks & Nos.	包装及数量 Packing & quantity	保险货物项目 Description of goods	1. 发票金额 Invoice value 22 727.28 美元 2. 加成 Value Plus About 10% 3. 保险金额 Insured Value 25 000 美元 4. 费率（%）Rate 0.5 5. 保险费 Premium 125 美元
见发票所示 AS PER INVOICE NO.	2 000 件	台灯 DESK LAMP 07001	

装载运输工具：顺风号轮 Name of the Carrier S. S SHUNFENG	业务编号： Business No. :	赔付地点：釜山 Claims Payable At PUSAN
起运日期： Departure Date	运输路线：自广州经 到达（目的地）釜山 Route From GUANGZHOU Via To (destination) PUSAN	

包装方式：1. 散装 2. 纸箱 3. 罐装 4. 木箱 5. 编织袋
6. 真空袋 7. 桶装 8. 裸装 9. 苫布 10. 其他方式：______

装载方式：1. 普通集装箱 2. 冷藏箱 3. 拼箱 4. 整船 5. 舱面 6. 其他方式：

货物项目：1. 精密仪器 是□ 否□ 2. 旧货物 是□ 否□（此二项如未注明，则以全新的非精密货物承保）
3. 船 龄：________年建

（续上表）

<table>
<tr><td>
承保条件：投保人可根据投保意向选择投保险别及条款，并划“√”确认，但保险人承保的险别及适用条款以保险人最终确定并在保险单上列明的险种、条款为准。
进出口海洋运输：□一切险 □水渍险 □平安险 （平安《海洋运输货物保险条款》）
□ICC（A） □ ICC（B） □ ICC（C） （《伦敦协会条款》）
进出口航空运输：□航空运输险□航空运输一切险 （平安《航空运输货物保险条款》）
进出口陆上运输：□陆运险 □陆运一切险 （平安《陆上运输货物保险条款》）
特殊附加险：□战争险 □罢工险 （□平安条款 □《伦敦协会条款》）
国内水陆运输：□基本险 □综合险 （平安《国内水路、陆路货物运输保险条款》）
国内航空运输：□航空运输险□航空运输一切险 （平安《航空运输货物保险条款》）
是否放弃或部分放弃向承运人的追偿权利 □是 □否 （如果是，请详细说明）
其他承保条件： 免赔额：＿＿＿＿
（免赔额的金额和比例以最终保险单为准）
</td></tr>
<tr><td>特别约定 Special Conditions：</td></tr>
<tr><td>
投保人声明：
1. 保险人已经就本投保单及所附的保险条款的内容，尤其是关于保险人免除责任的条款及投保人和被保险人义务的条款向投保人作了明确说明，投保人对该保险条款及保险条件已完全了解，并同意接受保险条款和保险条件的约束。
2. 本投保单所填各项内容均属实，同意以本投保单作为保险人签发保险单的依据。
3. 保险合同自保险单签发之日起成立。
投保人签字（盖章） 日期
</td></tr>
</table>

中国人民保险公司 SAMPLE

THE PEOPLE'S INSURANCE COMPANY OF CHINA

总公司设于北京　　一九四九年创立

Head Office: BEIJING　Established in 1949

发票号码　　保险单　　保险单号次

Invoice No. GZ2014/06 - 015　INSURANCE POLICY　No. PC014 - 062650

中国人民保险公司（以下简称本公司）

This Policy of Insurance witnesses that The People's Insurance Company of China (hereinafter called "The Company")

根据

at the request of GUANGZHOU WEIDA TRADING CO. LTD.

（以下简称被保险人）的要求，由被保险人

(hereinafter called the "Insured") and in consideration of the agreed premium

向本公司缴付约定的保险费，按照本保险单

paying to the Company by the Insured, Undertakes to insure the undermentioned

承保险别和背面所载条款与下列特款承保

Goods in transportation subject to the conditions of this Policy as per Clauses

下述货物运输保险，特立本保险单。

printed overleaf and other special clauses attached hereon.

标　记 Marks & Nos.	包装及数量 Quantity	保险货物项目 Description of Goods	保险金额 Amount Insured
AS PER INVOICE NO.	2 000PCS	DESK LAMP　07001	USD25 000. 00

总保险金额：

Total Amount Insured: SAY UNITED STATES DOLLARS TWENTY-FIVE THOUSAND ONLY.

保费　　费率　　装载运输工具

Premium as arranged　Rate as arranged　Per conveyance S. S SHUNFENG

开航日期　　自　　至

Sig on or abt *AS PER B/L*　From GUANGZHOU, CHINA　To PUSAN, KOREA

承保险别　投保一切险和战争险，按照中国人民保险公司 1981 年 1 月 1 日生效的有关海洋货物运输条款为准。

Conditions　ALL RISKS AND WAR RISK AS PER AND SUBJECT TO THE RELEVANT OCEAN MARINE CARGO CLOUSES OF THE PEOPLE'S INSURANCE COMPANY OF CHINA DATED 1/1, 1981.

所保货物，如遇出险，本公司凭本保险单及其他有关证件给予赔款。

Claims, if any, payable on, surrender of this policy together with other relevant documents.

所保货物，如发生本保险单项下负责赔偿的损失或事故，应立即通知本公司下述代理人查勘。

In the event of accident whereby loss or damage may result in a claim under this policy immediate notice applying for survey must be given to the company's Agent as mentioned hereunder.

中国人民保险公司

THE PEOPLE'S INSURANCE CO. OF CHINA

赔款偿付地点

Claim payable at PUSAN

日期

DATE　6/26, 2014

模块七

拟定国际货物买卖合同条款（五）——支付条款

学习目标设计

在磋商合同中的支付条款时，杨洋深感在国际结算中涵盖了许多的知识，其中包括国际结算方式和结算工具的选用、结算的风险、结算的流程等，而这些知识对杨洋来说还非常不熟悉，还有很大的探讨和学习的空间，于是杨洋就系统复习了合同中的支付条款，设计了以下学习目标：

【知识目标】

1. 熟悉汇票、支票和本票等支付工具的含义、种类和基本内容
2. 理解汇付、托收和信用证支付方式的含义、特点、基本内容，学会各支付方式的业务操作流程

【技能目标】

1. 会正确分析不同结算方式对各当事人的利弊，能根据实际业务的需要合理选择结算方式
2. 运用所学知识，能起草合同中的支付条款

国际支付是指在国际经济活动中的当事人以一定的支付工具和方式，清偿因各种经济活动而产生的国际间债权债务的行为。国际贸易中货款支付又称货款结算，主要方式有：汇付、托收及信用证。

项目 1　认识并学会拟定汇付条款

一、汇付的基本内容

汇付（Remittance）又称汇款，指汇款人主动通过银行或其他途径将款项汇交收款人的一种结算方式。在进出口业务中，进口商作为付款人，按合同条件主动通过银行将货款交付给收款人即出口商。

（一）汇付的当事人

（1）汇款人（Remitter）：支付货款的人，即付款人，国际贸易中通常为进口商。

（2）收款人（Payee）：收取货款的人，国际贸易中通常为出口商。

（3）汇出银行（Remitting Bank）：根据汇款人的申请汇出货款的银行，国际贸易中通常为进口地银行。

（4）汇入银行（Paying Bank）：根据汇出行的指示解付货款的银行，国际贸易中通常为出口地银行。

（二）汇付的种类

1. 电汇——T/T（Remittance by Telegraphic Transfer）

电汇是指汇出行应汇款人的申请，采用电报、电传或SWIFT等电讯方式向汇入行发出委托，指示解付一定金额给收款人的一种汇款方式。

2. 信汇——M/T（Remittance by Mail Transfer）

信汇是指汇出行应汇款人的申请，将信汇委托书寄给汇入行，授权解付一定金额给收款人的一种汇款方式。

3. 票汇——D/D（Remittance by Banker's Demand Draft）

票汇是汇出行应汇款人的申请，代汇款人开立以其分行或代理行为解付行的银行即期汇票（banker's demand draft），由汇款人自行寄交收款人，收款人持票收取货款的一种汇款方式。

小贴士

票汇、信汇与电汇的异同

相同点：

（1）汇款人在委托汇出行办理汇款时，均要出具汇款申请书，这就形成了汇款人和汇出行之间的一种契约关系。

（2）支付工具的传递方向与资金流向相同，均属顺汇。

（3）均属商业信用。

不同点：

（1）票汇是收款人主动持票索款，而信汇、电汇的收款人要等到汇入行通知才能收款；

（2）票汇使用的是银行汇票，其收款权经背书可以转让，而信汇或电汇由汇入行通知取款，收款人不能转让收款权。

（3）电汇费用较高，但速度快；信汇费用较低，但速度慢。

【知识链接】

支付工具

一、汇票（Bill of Exchange；Draft）

《中华人民共和国票据法》对汇票的定义：汇票是由出票人签发的、委托付款人在见票时或在指定日期无条件支付确定的金额给收款人或持票人的票据。

英国《票据法》对汇票的定义：汇票是由一个人向另一个人签发的，要求在见票时或在将来某一规定的时间，或可以确定的时间，无条件地对某人或其指定的人或持票人支付一定金额的书面支付命令。

由上述定义可见，汇票是债权人为收取款项而向债务人签发的无条件的支付命令。

（一）汇票的基本内容

汇票的内容主要包括票据名称（Bill of Exchange 字样）、无条件的支付命令、一定的金额、付款期限、付款地点、出票人（Drawer）、受票人/付款人（Drawee/Payer）、受款人/收款人（Payee）、出票日期、出票地点等。

汇票样单如下：

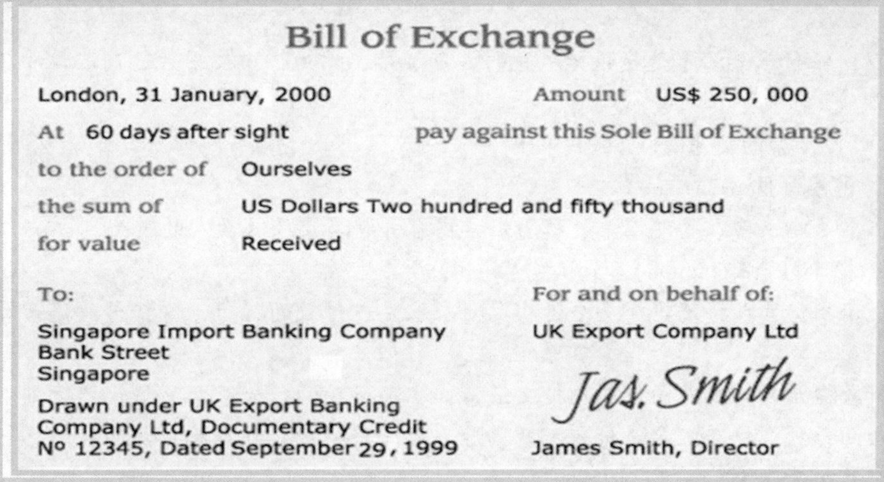

Bill of Exchange

London, 31 January, 2000 Amount US$ 250, 000

At 60 days after sight pay against this Sole Bill of Exchange

to the order of Ourselves

the sum of US Dollars Two hundred and fifty thousand

for value Received

To:
Singapore Import Banking Company
Bank Street
Singapore

Drawn under UK Export Banking
Company Ltd, Documentary Credit
Nº 12345, Dated September 29, 1999

For and on behalf of:
UK Export Company Ltd
Jas. Smith
James Smith, Director

（二）汇票的当事人

(1) 出票人（Drawer）：签发汇票的人。托收和信用证支付方式下，汇票的出票人通常是出口商；票汇方式下，汇票的出票人是银行。

(2) 受票人/付款人（Drawee/Payer）：出票人是指在汇票中指定的、在收到汇票提示时进行付款的当事人。托收方式下汇票的付款人通常是进口商；信用证支付方式下，汇票的付款人通常是开证行或其指定的银行。

(3) 受款人/收款人（Payee）：受领汇票款项的当事人。进出口业务中通常是出口商或其指定的银行。

（三）汇票的分类

1. 按出票人区分

（1）银行汇票（Banker's Draft）：指由银行签发的汇票。票汇方式中使用的汇票属于银行汇票。

（2）商业汇票（Commercial Draft）：指由企业或个人签发的汇票。信用证和托收方式中使用的汇票属于商业汇票。

2. 按付款期限区分

（1）即期汇票（Sight Draft）：指在提示或见票时立即付款的汇票。

（2）远期汇票（Time Draft）：指在一定期限或特定日期付款的汇票。

3. 按汇票是否附带商业单据区分

（1）光票（Clean Draft）：指不附带商业单据的汇票。银行汇票多是光票。

（2）跟单汇票（Documentary Draft）：指附带有商业单据的汇票。商业汇票多为跟单汇票。

4. 按承兑人区分

（1）商业承兑汇票是指企业或个人承兑的远期汇票，托收中使用的远期汇票即属于此种汇票。

（2）银行承兑汇票是指银行承兑的远期汇票，信用证中使用的远期汇票即属于此种汇票。

（四）汇票的使用

1. 出票（Draw；Issue）

出票是指出票人签发汇票、填写汇票内容并将其交给收款人的行为。

2. 提示（Presentation）与见票（Sight）

提示指持票人将汇票提交给付款人要求承兑或付款的行为，包括付款提示和承兑提示。

付款提示指持票人向付款人提交汇票，要求付款的行为；承兑提示指远期汇票的持票人向付款人提交汇票，付款人见票后办理承兑手续，到期时付款的行为。付款人见到汇票叫做见票。

3. 承兑（Acceptance）

承兑指付款人对远期汇票表示承担到期付款责任的行为。承兑的方法是在汇票上盖"承兑"戳记，注明承兑日期，经承兑人签字并交还持票人。汇票一经承兑意味着承兑人对汇票的付款作了进一步的保证。

4. 付款（Payment）

付款指付款人向持票人支付汇票金额的行为。即期汇票，在持票人提示汇票时，付款人即应付款；远期汇票，付款人经过承兑后，在汇票到期日付款。

5. 拒付（Dishonour）

持票人提示汇票要求承兑时，遭到拒绝承兑，或持票人提示汇票要求付款时，遭到拒绝付款，均称为拒付。拒付又称为退票，拒付情况包括付款人拒绝付款、付款人拒绝承兑、付款人拒而不见、付款人死亡或宣告破产等。

6. 背书（Endorsement）

在国际市场上，汇票是一种流通工具，汇票的抬头通常是指示式抬头，指示式抬头汇票可以通过背书在票据市场上流通转让。

（1）概念：背书是转让汇票的法定手续，是由汇票持有人在汇票背面签上自己的名字，或再加上受让人（被背书人）的名字，并把汇票交给受让人的行为。

（2）背书的方法：①记名背书。由汇票持有人在汇票背面签上自己的名字，再加上受让人（被背书人）的名字，并把汇票交给受让人的行为。②空白背书。由汇票持有人在汇票背面签上自己的名字，并把汇票交给受让人的行为。③指示背书。背书人在汇票背面写明“凭×××指示”的字样，同时由背书人签名的背书形式。经过指示背书的汇票还可以继续进行背书，但背书必须连续。具体背书方式可见模块五“知识链接”背书方式。

汇票经背书后，汇票的收款权力便转移给受让人。汇票可以经过背书不断转让下去，对受让人来说，所有在他以前的背书人以及原出票人都是他的“前手”；对出让人来说，所有在他让与以后的受让人都是他的“后手”。前手对后手负有担保汇票必然会被承兑或付款的责任。

二、本票

（一）本票的含义

本票是一个人向另一个人签发的、保证于见票时或定期或在可以确定的将来时间，对某人或其指定人或持票人支付一定金额的书面承诺，即本票是出票人对受款人承诺无条件支付一定金额的票据。

本票样单如下：

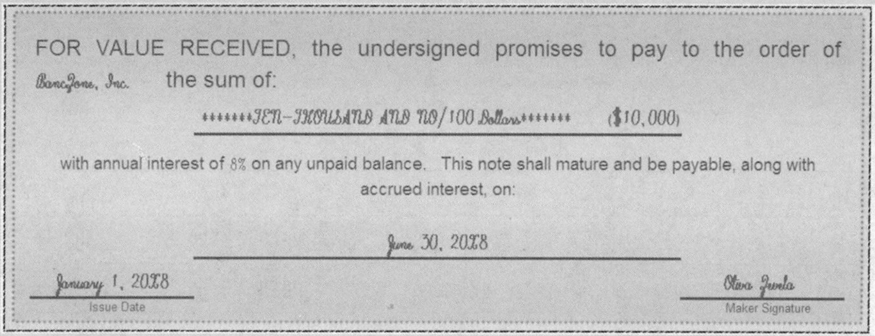

FOR VALUE RECEIVED, the undersigned promises to pay to the order of BancJone, Inc. the sum of:

*******TEN-THOUSAND AND NO/100 Dollars******* ($10,000)

with annual interest of 8% on any unpaid balance. This note shall mature and be payable, along with accrued interest, on:

June 30, 20X8

January 1, 20X8
Issue Date

Maker Signature

（二）本票的种类

本票根据出票人可分为银行本票和商业本票，银行本票属于即期本票，商业本票可以分为即期本票和远期本票，远期本票无须承兑。国际贸易结算中使用的本票一般都是银行本票。

三、支票

（一）支票的含义

支票是以银行为付款人的即期汇票，即存款人签发给银行的无条件支付一定金额的委托或命令。出票人在支票上签发一定的金额，要求受票银行于见票时立即支付一定的金额给特定人或持票人。

如果出票人签发支票时，在付款银行的存款低于票面金额，支票持有人在向银行提示支票要求付款时，就会遭到银行的拒付，这种支票称为空头支票。支票的出票人在签发支票后，应负票据上的责任和法律上的责任。票据上的责任指出票人对收款人担保支票的付款；法律上的责任指出票人签发支票时，应在付款银行存有不低于票面金额的存款。

（二）支票的种类

实务中使用的支票可以分为现金支票和转账支票。现金支票是开户单位用于向开户银行提取现金的凭证。转账支票是用于单位之间的商品交易、劳务供应或其他款项往来的结算凭证。它只能用于转账结算，不能提取现金。

支票样单如下：

CODY SAMPSON
14 Beacon Lane
Larchmont, WA 54211
0102
DATE 9/2/07
PAY TO THE ORDER OF Music Megastore
$ 14.98
Fourteen and 98 cents DOLLARS
TRUST CREDIT UNION
FOR CD
Cody Sampson
|:12428896|:6545898434||'3266

小贴士

汇票、本票、支票的比较

票据类型	性质	当事人	期限类型	是否需要承兑
汇票	付款命令	出票人、受票人、收款人	即期、远期	远期要承兑
本票	付款承诺	出票人、收款人	即期、远期	均不需承兑
支票	付款命令	出票人、付款人（银行）、收款人	即期	不需承兑

（三）汇付的业务流程

1. 电/信汇业务流程图

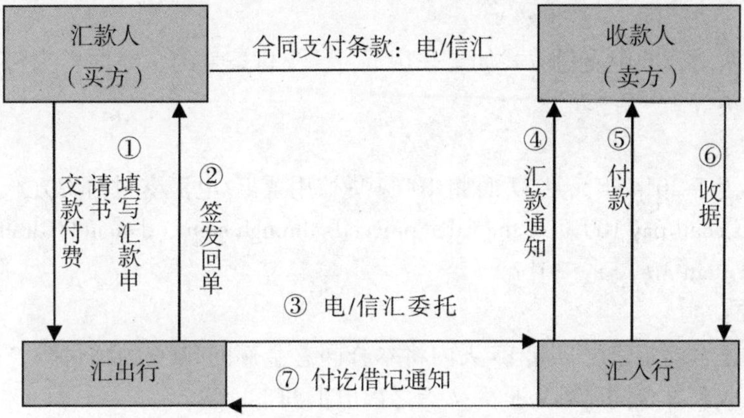

图 7－1　电/信汇流程

2. 票汇业务流程图

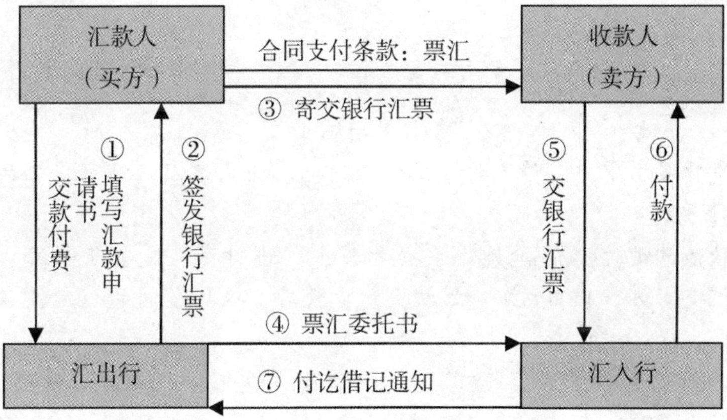

图 7－2　票汇流程

（四）汇付的特点

1. 汇付属于商业信用

汇付用于货款结算时，通常采用货到付款和预付货款两种方式。无论货到付款还是预付货款，买卖双方相互提供信用，银行只提供服务，不能实现钱货的当面两清，所以汇付属于商业信用。

2. 汇付属于顺汇

顺汇是指在国际贸易支付中，资金的流动方向与结算工具的传递方向相同，逆汇是指在国际贸易支付中，资金的流动方向与结算工具的传递方向相反。汇付方式属于顺汇。

二、合同中汇付条款的内容及拟定

国际货物买卖合同中支付方式如果采用汇付，支付条款的主要内容为付款时间、支付金额、汇款种类等。

示例7－1：

买方应不迟于2014年5月31日将100%货款用票汇/电汇支付给卖方。

The buyers shall pay 100% of the sales proceeds through sight (demand) draft/by T/T to the sellers not later than May 31, 2014.

示例7－2：

买方应在本合同签字之日起15天内将本合同总金额的30%的预付款，以电汇方式汇交卖方，并在收到本合同所列单据后7天之内电汇其余货款。

30% of the total contract value as advance payment shall be remitted to the seller through T/T within 15 days after signing this contract by the buyer. Payment to be effected by the buyer shall not be later than 7 days after receipt of the documents listed in the contract by T/T.

【知识链接】

前T/T与后T/T

在国际货物买卖中，汇付不论采用信汇、电汇还是票汇，都可以分为预付货款和货到付款两种方式。

预付货款通常被称作"前T/T"，是指买方（进口商）先将货款的全部或者一部分通过银行汇交卖方（出口方），卖方收到货款后，根据合同的规定，在一定时间内或立即将货物发运给进口商。

货到付款通常被称作"后T/T"，是出口商先发货，进口商后付款的结算方式。这种方式实际上是赊账交易或者延期付款性质。

预付货款对出口商有利，货到付款对进口商有利，在实际操作中，采用哪一种方式是由市场形势等造就的买卖双方力量对比决定的。为了避开这种明显不利于一方的结果，贸易结算方式向托收演变。

项目2　认识并学会拟定托收条款

一、托收的基本内容

进出口业务中，托收是指出口商在货物装运后，开具以进口商为付款人的汇票，委托当地银行通过它在进口地的分行或代理行代出口商收取货款的一种结算方式，即托收(Collection)就是出口商委托银行收取货款的行为。

（一）当事人

（1）委托人（Principal）：通常为进出口业务中的出口人。

（2）托收行（Remitting Bank）：接受委托人的委托向付款人收款的银行，通常为出口地银行。

（3）代收行（Collecting Bank）：接受托收行的委托向付款人收款的银行，通常为进口地银行。

（4）付款人（Drawee）：通常为进出口业务中的进口方。

（二）托收的业务流程

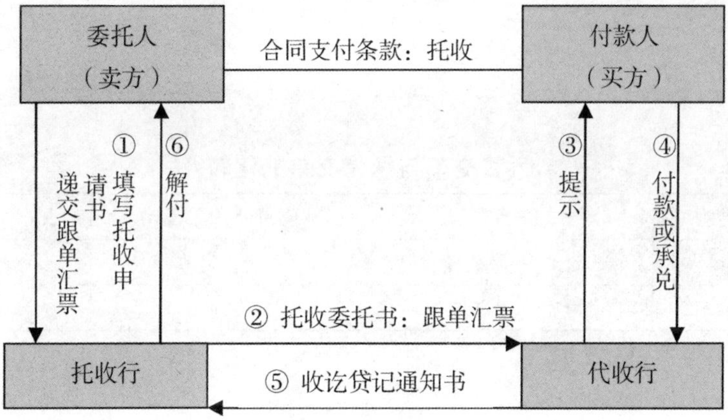

图7－3　托收流程

（三）托收的种类

（1）根据托收项下汇票是否附有商业单据，可将托收分为光票托收和跟单托收。

光票托收（Clean Collection）指汇票不附带商业单据的一种托收方式。主要用于货款的尾数、样品费用、佣金、代垫费用、贸易从属费用、索赔以及非贸易的款项。

跟单托收（Documentary Collection）指出口商签发汇票，并随附商业单据向进口行收取款项的一种托收方式。国际贸易中大多使用跟单托收。

（2）跟单托收根据交单条件的不同，又可分为付款交单和承兑交单。

①付款交单 D/P（Documents Against Payment）。付款交单指出口人的交单是以进口人的付款为条件。即只有在进口人付清货款后，代收行才能把装运单据交给进口人。按付款时间的不同，付款交单又可分为即期付款交单和远期付款交单。

即期付款交单（D/P at sight）指出口人发货后开具即期汇票连同货运单据，通过银行向进口人提示，进口人见票后立即付款，进口人在付清货款后向银行领取货运单据。

远期付款交单（D/P after sight）指出口人发货后开具远期汇票连同货运单据，通过银行向进口人提示，进口人审核无误后即在汇票上进行承兑，于汇票到期日付清货款后再领取货运单据。

【任务互动】

在远期付款交单情况下，货物已经到达了目的港，且单据也已经到达了代收银行，但汇票的付款时间未到，若买方欲抓住有利行市提前提货，应如何操作？

②承兑交单 D/A（Documents Against Acceptance）。承兑交单指出口人的交单以进口人在汇票上承兑为条件。与付款交单相比，承兑交单方式下，出口人在付款人对汇票作出承兑后已交出了物权凭证及有关的单据，其收款的保障依赖于进口人的信用，一旦进口人到期不付款，出口人便会遭到货物与货款全部落空的损失。因此，承兑交单的风险比付款交单的风险大。

小贴士

付款交单与承兑交单的比较

跟单托收类型	交单条件	所使用的汇票类型	出口商收汇风险
付款交单	进口商付款后	即期、远期	小
承兑交单	进口商承兑汇票后	远期	大

（四）托收的特点

（1）托收属于商业信用。

与汇付相比，托收在一定程度上实现了钱货的当面两清，进口方在未履行付款或承兑前，无法取得货运单据，提取货物；出口方通过单据控制货物，但托收依然属于商业信用，出口商收汇存在较大风险。

（2）托收属于逆汇。

托收支付方式下，资金流向与支付工具的传递方向相反，属于逆汇。

二、合同中托收条款的内容及拟定

国际货物买卖合同中如果支付方式采用托收，支付条款的主要内容为付款时间、支付金额、托收种类等。

示例7－3：付款交单（Documents against payment，D/P）

买方应凭卖方开立给买方的即期跟单汇票付款，付款时交单。

The buyers shall dully make the payment against documentary draft made out to the buyers at sight by the sellers.

示例7－4：承兑交单（Documents against acceptance ，D/A）

买方应凭卖方开立给买方的跟单汇票，在承兑后交单，并于见票后30天付款。

The buyers shall dully accept the documentary draft made out to the buyers at presentation and pay at 30 days after sight by the sellers.

【任务互动】

（1）请思考使用托收方式应注意的事项。

（2）汇付、托收都是商业信用，在货款支付中对买卖双方都存在不同程度的风险，请思考有没有更好的支付方式。

【案例】

我国某外贸公司与日本某商达成一笔出口合同，付款条件为见票后45天付款交单，当汇票及所附单据通过托收行寄抵进口地代收行后，日本某商在汇票上履行了承兑手续，货物已到达目的港，且行情看好，但付款期限未到。为及时提货销售取得资金的周转，买方出具信托收据向代收行借得单据，先行提货转售。汇票到期时，由于日商经营不善，失去偿付能力。代收行以汇票付款人拒付为由通知托收行，并建议我国外贸公司直接向日商索取款项。对此，外贸公司应如何处理？

分析要点：我国外贸公司应通过托收行要求代收行承担付款责任。因为在本案中，出口商是以D/P 45天方式成交，代收行凭信托收据将单据借给进口人，未经出口人（委托人）授权，到期进口人失去偿付能力应由代收行负责。因此，我国外贸公司不能接受代收行要我方直接向日商索取货款的建议，而应通过托收行责成代收行付款。

【案例】

我国某贸易发展进出口贸易有限公司向非洲地区某贸易公司出口一批冻野味食品。合同规定8月份装船，付款条件为D/A见票后30天付款。卖方8月6日装船完毕，8月12日向托收银行办理D/A 30天托收手续。8月17日买方在汇票上履行了承兑手续。货抵目的港后，买方提取货物并售出，但亏损严重。9月17日汇票到期，买方因此借故提出拒付。我方只好委托我方驻外机构直接与买方谈判，最终该批货物以折价30%的货款在第二年分三次偿还而结案，我公司损失严重。问我方应从此事件中吸取什么教训？

分析要点：本案中，付款方式为D/A。D/A托收方式下，出口人在付款人对汇票作出承兑后就交出了有关单据，其收款的保障依赖于进口人的信用，一旦进口人到期不付款，出口人便会遭到货物与货款全部落空的损失。可见，采有D/A方式付款，一定要调查买方的资信，在不了解买方资信的情况下不要轻易接受D/A结算方式。

项目3 熟悉并学会拟定信用证条款

在国际贸易活动中，买卖双方可能互不信任，买方担心预付款后，卖方不按合同要求发货；卖方也担心在发货或提交货运单据后买方不付款。因此需要两家银行作为买卖双方的保证人，代为收款交单，以银行信用代替商业信用，信用证就应运而生。

一、信用证的含义

信用证是开证行根据开证申请人的要求和指示或为满足其自身业务需要，向受益人开立的一定条件下保证付款的凭证，即信用证是银行开立的有条件的付款承诺。进出口业务中，银行付款的条件是受益人做到相符交单，即单证相符、单单相符、单据与有关贸易惯例相符。

小贴士

信用证与合同的关系：

（1）信用证是根据合同开立的，审证的依据也是合同。

（2）信用证体现了受益人和开证行之间的一种契约关系。

小贴士

汇付、托收与信用证中使用的汇票的比较

进出口业务中，托收方式下汇票的付款人通常是进口商；信用证支付方式下，汇票的付款人通常是开证行或其指定的银行；托收和信用证支付方式下，汇票的出票人通常是出口商，属于商业汇票；票汇方式下，汇票的出票人是银行，属于银行汇票。具体如下：

	票汇	托收	信用证
汇票的出票人	银行	出口商	出口商
汇票的付款人	进口商	进口商	开证行或其指定的银行
汇票类型	银行汇票	商业汇票	商业汇票

二、信用证的当事人

（1）开证申请人（Applicant）是指向银行申请开立信用证的人，即进口商或实际买主，在信用证中又称开证人。

（2）开证行（Opening Bank；Issuing Bank）是指接受开证申请人的委托、开立信用证的银行，它承担保证付款的责任，一般为进口商所在地的银行。

（3）通知行（Advising Bank）是指受开证行的委托，将信用证转交出口商的银行，一般是出口商所在地的银行。

（4）受益人（Beneficiary）是指信用证上指定的有权使用该证的人，即出口商或实际供货商。

（5）议付行（Negotiating Bank）是指愿意买入受益人提交的跟单汇票的银行，可以指定，也可以非指定，由信用证的条款规定。

（6）付款行（Paying Bank）是指信用证上指定的付款银行。一般是开证行，由信用证的条款规定。

由于信用证类型不同及银行业务关系不同，有时还会涉及保兑行和偿付行等。

保兑行（Confirming Bank）是应开证行或受益人的请求在信用证上加批保证兑付的银行。

偿付行（Reimbursement Bank）是根据开证行的授权向议付行或付款行偿付货款的银行。

小贴士

各类银行承担的责任与义务：

（1）通知行只证明信用证的表面真实性，不承担其他责任。

（2）议付行在议付后若开证行倒闭或借口拒付，可向受益人追回垫款，因此，议付行具有追索权。

（3）保兑行和开证行处于相同的地位，即承担不可撤销的付款责任。付款后只能向开证行索偿；若开证行拒付或倒闭，则无权向受益人和议付行追索。

【案例】

我国某公司向国外A商出口货物一批。A商按时开来不可撤销即期信用证，该证由设在我国境内的外资B银行通知并加具保兑。我方公司在货物装运后，将全套的合格单据交B银行议付，收妥货款。但B银行向开证行索偿时，得知开证行因经营不善已宣布破产。于是，银行要求我公司将议付款退还，并建议我方直接向买方索款。问：我方应如何处理？

分析要点：我方无须退还货款。因为本案中B行既是通知行又是保兑行，根据《UCP600》，信用证一经保兑，保兑行与开证行同样承担第一性付款责任，对受益人履行保证付款的责任。

【知识链接】

世界50大银行

国籍（或地区）	中文名称	英文名称
澳大利亚	西太平洋银行公司	Westpac Banking Corp.
美国	大通曼哈顿银行	Chase Manhattan Bank
	第一洲际银行	First Interstate Bancorp
	花旗银行	Citibank
	汉华实业银行	Manufacturers Hanover Corp.
	梅隆国民银行	Mellon National Corp.
	美洲银行（全称“美洲银行国民信托储蓄会”）	Bank America Corp. （Bank of America National Trust and Savings Associations）
	摩根保证信托银行	Morgan Guaranty Trust Corp. of New York
	纽约化学银行	Chemical New York Corp.
	纽约银行家信托公司	Bankers Trust New York Corp.
	太平洋安全银行	Security Pacific Corp.
	芝加哥第一国民银行	First Chicago Corp.
巴西	巴西银行	Bancorp Do Brasil
中国	中国银行	Bank of China
加拿大	多伦多自治领银行	Toronto - Dominion Bank
	加拿大帝国商业银行	Canadian Imperial Bank of Commerce
	加拿大皇家银行	Royal Bank of Canada

（续上表）

国籍（或地区）	中文名称	英文名称
英国	阿比国民银行	Abbey National
	巴克莱银行	Barclays Bank PLC.
	国民西敏寺银行	National Westminster Bank PLC.
	劳埃德银行	Lloyds Bank PLC.
	米兰银行	Midland Bank
法国	巴黎国民银行	Banque Nationale de Paris
	里昂信贷银行	Credit Lyonnais
	农业信贷国民银行	de Caisse Nationale Credit Agricole
德国	德累斯顿银行	Dresdner Bank
	德意志银行	Deutsche Bank
	西德意志地方银行	Westdeutsche Landesbank Girozentrale
荷兰	荷兰农业合作社中央银行	Cooperatieve Centrale Aifferssen – Boerenleen bank
	荷兰通用银行	Algemene BankNederland
香港	汇丰银行	Hongkong and Shanghai Banking Corp.
意大利	都灵圣保罗银行	Istituto Bancario SanPaolo Di Torino
	国民劳动银行	Banca Nazionale del Lavoro
	伦巴省储蓄银行	Cassa Di Risparmio Delle Provincie Lombarde
	西亚那银行	Monte Dei Paschi Di Siena
	意大利商业银行	Banca Commerciale Italiana
	意大利信贷银行	Credito Italiano
日本	大和银行	Daiwa Bank
	第一劝业银行	Dai – Ichi Kangyo Bank
	东海银行	Tokai Bank
	东京银行	Bank of Tokyo
	富士银行	Fuji Bank
	日本兴业银行	Industrial Bank of Japan
	三和银行	Sanwa Bank
	三井银行	Mitsui Bank
	三菱银行	Mitsubishi Bank
	住友信托银行	Sumitomo Trust & Banking
瑞士	瑞士联合银行	Union Bank of Switzerland
	瑞士信贷银行	Credit Suisse
	瑞士银行公司	Swiss Bank Corp.

三、信用证的开立方式及其基本内容

（一）信用证的开立方式

信用证的开立可以用信函的方式，也可以用电文方式，因此信用证可以分为信开和电开两种形式。

1. 信开

信开是指以信函格式开立、并用航空挂号等方式寄给受益人或通知行的信用证。信开信用证是早期信用证的主要形式。

2. 电开

电开是指采用电文格式开立并以电讯方式传递的信用证。通常采用的电讯方式主要有电报、电传和SWIFT。电开信用证按照电文内容的详细与否，又可以分为简电本和全电本。全电本是指电文内容较完整的信用证。目前，全电本信用证大多采取Telex（电传）、SWIFT两种形式开具。Telex开具的信用证因费用较高，手续烦琐，条款文句缺乏统一性容易造成误解等原因，在实务中已被方便、迅速、安全、格式统一、条款明确的SWIFT信用证取代。

（二）信用证的基本内容

《UCP600》规定，信用证的内容必须完整、明确和简洁。信用证的基本内容一般包括：

（1）对信用证本身的说明，包括信用证的种类、性质、金额、有效期、到期地点等。

（2）货物描述，包括品名、品质、数量、包装、价格等。

（3）运输说明，包括运输方式、装运期限、装运港、目的港、是否允许分批装运、转运等。

（4）单据要求，包括单据的种类、份数等。

（5）特殊条款，根据进口国政治、经济、贸易情况的变化或每一笔具体业务的需要，可能作出不同的规定。

（6）责任文句。开证行对受益人及汇票持有人保证付款的责任文句。

信用证的主要条款内容如下：

（1）27：SEQUENCE OF TOTAL（合计页序）。如果该跟单信用证条款能够全部容纳在该MT700报文中，那么该项目内就填入“1/1”。如果该证由一份MT700报文和一份MT701报文组成，那么在MT700报文的项目“27”中填入“1/2”，在MT701报文的项目“27”中填入“2/2”。以此类推。

（2）40A：FORM OF DOCUMENTARY CREDIT（跟单信用证类别）。信用证中必须明确注明是“可撤销信用证”还是“不可撤销信用证”。若没有明示此点，则视该证为“不可撤销信用证”。该项目内容通常有以下几种情况：

①IRREVOCABLE：不可撤销跟单信用证

②IRREVOCABLE TRANSFERABLE：不可撤销可转让跟单信用证

③IRREVOCABLE STANDBY：不可撤销备用信用证

④IRREVOCABLE CONFIRMED：不可撤销保兑信用证

（3）20：DOCUMENTARY CREDIT NUMBER（信用证号码）。该项目列明开证行开立跟单信用证的号码。

（4）31C：DATE OF ISSUE（开证日期）。该项目列明开证行开立跟单信用证的日期。如：120618。如果报文无此项目，那么开证日期就是该报文的发送日期。

（5）31D：DATE AND PLACE OF EXPIRY（到期日及地点）。该项目列明跟单信用证最迟交单日期和交单地点。如：120615 IN THE BENEFICIARY'S COUNTRY.

（6）51A：APPLICANT BANK（开证银行）。列明开证行即进口地银行。

（7）50：APPLICANT（申请人）。列明申请人名称及地址。开证申请人为信用证交易的发起人。

（8）59：BENEFICIARY（受益人）。列明受益人名称及地址。

（9）32B：CURRENCY CODE，AMOUNT（币别代号、金额）。

（10）41D：AVAILABLE WITH… BY…（向……银行押汇，押汇方式为……）。该项目列明被授权对该证付款、承兑或议付的银行及该信用证的兑付方式。如：ANY BANK IN CHINA BY NEGOTIATION（可在中国任何银行押汇）。

（11）42C：DRAFTS AT（汇票付款期限）。

（12）42A：DRAWEE（付款人）。该项目列明跟单信用证项下汇票的付款人，付款人通常是开证银行或开证银行指定的第三者。

（13）43P：PARTIAL SHIPMENTS（分批装运）。该项目列明跟单信用证项下货物分批装运是否允许。填“ALLOWED”或“NOT ALLOWED”。

（14）43T：TRANSSHIPMENT（转运）。该项目列明跟单信用证项下货物转运是否允许。填“ALLOWED”或“NOT ALLOWED”。

（15）44E：PORT OF LOADING/AIRPORT OF DEPARTURE（装货港/始发航空港）。该项目描述了货运单据中列明的装货港口或始发航空港的名称。

（16）44F：PORT OF DISCHARGE/AIRPORT OF DESTINATION（卸货港口/航空港目的地）。该项目描述了货运单据中列明的卸货港口或航空港目的地的名称。

（17）44C：LATEST DATE OF SHIPMENT（最迟装运日）。该项目列明最迟装船、发运和接受监管的日期，照申请书填写。

（18）45A：DESCRIPTION OF GOODS（货物描述）。该项目列明货物名称、规格、型号、数量、包装与价格等。

（19）46A：DOCUMENTS REQUIRED（单据要求）。该项目要求出口商提交的结汇单据。主要有出口商签发的单证，包括汇票、商业发票、包装单据（装箱单和重量单等）、受益人证明书、装运通知等；官方机构签发的单证，包括原产地证书、检验证书等；其他机构签发的单据，包括提单、保险单等。

（20）47A：ADDITIONAL CONDITIONS（附加条款）。

（21）71B：CHARGES（费用）。该项目只表示由受益人负担的费用。若报文无此项目，则表示除议付费、转让费外，其他费用均由开证申请人负担。如：ALL BANKING CHARGES OUTSIDE THE OPENING BANK ARE FOR BENEFICIARY'S ACCOUNT.

（22）48：PERIOD FOR PRESENTATION（交单期间）。该项目规定受益人向银行交单的期限。

（23）49：CONFIRMATION INSTRUCTIONS（保兑指示）。该项目列明给收报行的保兑指示。

四、跟单信用证的业务流程

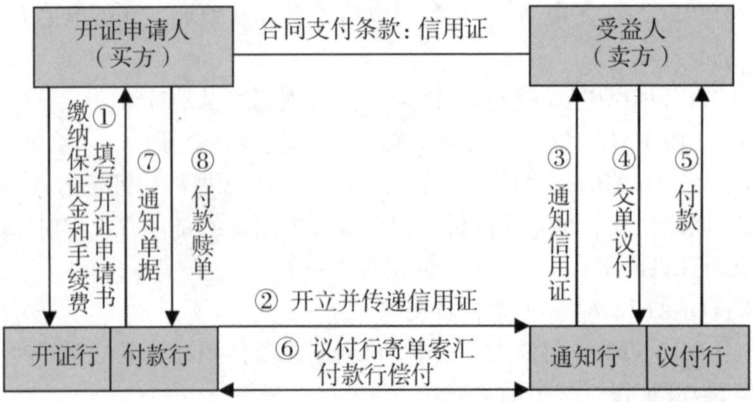

图 7－4　信用证支付流程

五、信用证的特点

根据《UCP600》第二条，信用证意指一项约定，无论其如何命名或描述，该约定不可撤销并因此构成开证行对相符提示予以兑付的确定承诺；第四条 a 款，就性质而言，信用证与可能作为其依据的销售合同或其他合同，是相互独立的交易，即使信用证中提及该合同，银行亦与该合同完全无关，且不受其约束。因此，一家银行作出兑付、议付或履行信用证项下其他义务的承诺，并不受申请人与开证行之间或与受益人之间在已有关系下产生的索偿或抗辩的制约。以及第五条，银行处理的是单据，而不是单据所涉及的货物、服务或其他行为的规定，我们可以将信用证的特点归纳如下：

（1）信用证是一种银行信用，开证行承担第一性付款责任。信用证是银行开立的有条件的付款承诺，受益人只要做到相符交单，开证行就要履行付款责任，即使开证申请人破产倒闭，开证行也要付款。

（2）信用证是一种自足文件。信用证是开证行根据开证申请人的申请开立的付款承诺，而开证申请人的申请书又是根据贸易合同填写的，因此，信用证的开立是以合同为依据的，但信用证一经开立，便独立于合同，信用证各有关当事人间的权利与义务均以信用证为依据。

（3）信用证是一种单据买卖。信用证是一项纯粹的单据业务，银行处理单据遵循“表面一致”原则，并不过问货物的实际情况，如果实际所交货物与合同规定不符，进口商可凭单据向有关责任方索赔。

【案例】

信用证是一种银行信用

我国某贸易公司在广交会上与韩国某贸易公司签订了一份出口银耳的贸易合同，合同规定7月份装运，凭不可撤销即期信用证付款。6月18日，我方公司收到中国银行转来的由日本东京银行开立的不可撤销即期信用证，证中规定的付款银行为纽约花旗银行。7月9日，我方装运完毕，此时收到韩国贸易公司倒闭的消息。问：我方能否凭单从付款银行得到偿付？

分析要点：我方能凭单从付款银行得到偿付。原因：信用证是银行开立的有条件的付款承诺，受益人只要做到相符交单，开证行就要履行付款责任。

【案例】

信用证是一种自足文件

我某进出口公司向国外某公司出口一批大麻籽。对方开来信用证规定：150公吨大麻籽，杂质及水分与第GDZZ9935号合同规定一致。我方公司完成装运后随即向议付银行交单议付。不久，开证银行称：我方信用证规定货物的杂质和水分必须与第GDZZ9935号合同规定一致，从你方发票和其他有关单据上都无法确定杂质和水分的含量已符合上述合同规定，因而拒付。我方即去电反驳。开证银行回电仍然拒付，称：“虽然你解释发票上所表明的杂质含量最高3%，水分最高12%，实际与合同规定相符。但我行处理的是单据，单据上表现不出与合同相符的记载文字，就是单证不符。我行不管你方货物的实际情况或合同如何规定。”问：本案中，银行的拒付是否有理，为什么？

分析要点：银行的拒付有理。信用证一经开立，便独立于合同，信用证各有关当事人间的权利与义务均以信用证为依据。

【案例】

信用证是一种单据买卖

我国A公司从国外B公司进口某种商品。合同规定：分两批交货，分批开证，买方应于货到目的港后60天内进行复验，若与合同规定不符，A公司凭所在国的商检证书向B公司索赔。A公司按照合同规定，申请开证银行开具首批货物的信用证。B

公司履行装船义务并凭合格单据向议付银行议付，开证银行也在单证相符的情况下，对议付行偿付了货款。在第一批货物尚未到达目的港之前，第二批货物的开证日期临近，A公司又申请银行开出信用证。此时，首批货物到达了目的港，经检验发现货物与合同规定不符，A公司当即通知开证银行：拒付第二份信用证项下的货款，并请听候指示。但开证银行收到议付银行寄来的第二批单据后审核无误，再次偿付议付行。当开证银行要求A公司付款赎单时，该公司拒绝付款赎单。问：开证银行和A公司的处理是否合理？A公司应如何处理此事？

分析要点：

（1）开证行要求A公司付款赎单完全有理。因为信用证是一种单据买卖，开证行处理信用证业务的前提是单证一致、单单一致。

（2）A公司拒绝付款赎单无理。因为根据《UCP600》规定，开证行在受益人提供的单据与信用证规定表面相符的情况下，必须承担付款责任。在B公司提交的货物与合同规定严重不符的情况下，A公司应根据合同规定，向B公司提出索赔。A公司无权指令开证行拒付。

六、信用证的种类

（1）按信用证项下的汇票是否附有货运单据划分，信用证分为跟单信用证和光票信用证。

跟单信用证（Documentary Credit）是开证行凭跟单汇票或仅凭单据付款的信用证。此处的单据指代表货物所有权的单据（如海运提单等），或证明货物已交运的单据（如铁路运单、航空运单、邮包收据）和信用证中提到的其他单据。根据《UCP600》第三条的规定，信用证是不可撤销的，即使信用证中对此未作指示也是如此。因此，在业务中，我们一般使用的信用证为不可撤销跟单信用证。

光票信用证是指开证行仅凭受益人出具的汇票付款的信用证。

（2）根据付款时间不同，信用证可分为即期信用证和远期信用证。

即期信用证（Sight Credit）是指开证行或付款行收到符合信用证条款的跟单汇票或装运单据后，立即履行付款义务的信用证。

远期信用证（Usance Credit）指开证行或付款行收到信用证的单据后，在规定期限内履行付款义务的信用证。远期信用证又可分为承兑信用证和延期付款信用证。承兑信用证（Acceptance Credit）是指要使用汇票的远期信用证，汇票的付款人在收到符合信用证规定的汇票和单据时，先在汇票上履行承兑手续，待汇票到期日再行付款。按《UCP600》规定，开立信用证时不应以申请人作为汇票的付款人。承兑信用证的汇票付款人可以是开证行或其他指定的银行，不论由谁承兑，开证行均负责该汇票的承兑及到期付款。因规定以开证行或其他银行为汇票的付款人，故这种信用证又称为银行承兑信用证（Bankers Acceptance Credit）。这种信用证的汇票，由于承兑人是银行，较易到贴现市场去转让，因此对受益人就比较有利。延期付款信用证（Deferred Payment Credit）是指开证行在信用证中规定货物装船后若干天付款，或开证行收单后若干天付款的信用证。延期付款信用证无须出具汇票。

在实际业务中，有时会使用到即期付款的远期信用证，即假远期信用证。假远期信用证（Usance Credit payable at sight）是指开证银行应进口企业请求，规定受益人开立远期汇票，由付款行进行贴现，并规定一切利息和费用由进口企业承担的信用证，即远期汇票即期付款，并由进口企业向融资银行支付贴现费用。

【知识链接】

1. 使用假远期信用证的原因

（1）进口商利用银行信用和较低的贴现息来融通资金，减轻费用负担，降低进口成本。

（2）有的国家由于外汇紧张，法令规定进口交易必须一律采用远期付款，银行只能开立远期信用证，或对银行开立即期信用证有严格限制。

2. 假远期信用证与一般远期信用证的区别

（1）买卖合同规定的支付条件不同。假远期信用证项下的买卖合同规定的支付条件一般为即期信用证付款，远期信用证项下的买卖合同的支付条件则明确规定以远期信用证方式付款。

（2）都开立远期汇票。远期信用证规定开立远期汇票，假远期信用证也要求开立远期汇票。

（3）贴现息及费用负担者不同。假远期信用证规定远期汇票的贴现息及承兑手续费等费用概由开证人负担；而远期信用证的远期汇票由于远期收汇而发生的利息、贴现息，一般由受益人负担。

（4）收汇时间不同。假远期信用证能即期收汇，而远期信用证不能即期收汇。

（3）按使用方式不同，信用证可分为付款信用证、承兑信用证和议付信用证。

付款信用证（Payment Credit）指受益人只能直接向开证行或其指定的付款行交单索款的信用证。付款信用证一般不要求受益人出具汇票，仅凭受益人提交的单据付款。

承兑信用证（Acceptance Credit）是指要使用汇票的远期信用证，汇票的付款人在收到符合信用证规定的汇票和单据时，先在汇票上履行承兑手续，待汇票到期日再行付款。

议付信用证（Negotiation Credit）是指开证行允许受益人向某一指定银行或任何银行交单议付的信用证。根据《UCP600》第二款的规定，议付意指被指定银行在其应获得偿付的银行日或在此之前，通过向受益人预付或者同意以向受益人预付款项的方式购买相符提示项下的汇票（汇票付款人为被指定银行以外的银行）及/或单据。因此，议付是由议付行对汇票和（或）单据付出对价，只审单据而不支付对价，不能构成议付。

小贴士

区分付款信用证、承兑信用证和议付信用证的方法：

在信用证中看 AVAILABLE WITH…BY…，如果该项表述为 AVAILABLE WITH…BY PAYMENT，即为付款信用证；如果该项表述为 AVAILABLE WITH…BY ACCEPTANCE，即为承兑信用证；如果该项表述为 AVAILABLE WITH…BY NEGOTIATION，即为议付信用证。

（4）按信用证有没有另一家银行加以保兑，信用证可分为保兑信用证和不保兑信用证。

保兑信用证（Confirmed Credit）指开证行开出的信用证，由另一银行保证对符合信用证条款规定的单据履行付款义务。对信用证加以保兑的银行，称为保兑行。保兑行通常由通知行担任，保兑行和开证行一样，承担第一性付款责任，保兑行付款后，即使开证行倒闭或拒付，也不能向受益人追索。

不保兑信用证（Unconfirmed Credit）指开证行开出的信用证没有经另一家银行保兑。

（5）按信用证能否转让，信用证可分为可转让信用证和不可转让信用证。

可转让信用证（Transferable Credit）指信用证的受益人（第一受益人）可以将信用证全部或部分转让给一个或数个受益人（第二受益人）使用的信用证。可转让信用证只能转让一次，即只能由第一受益人转让给第二受益人，第二受益人不能将信用证转让给其后的第三受益人。但是，再转让给第一受益人，不属于被禁止转让的范畴。在实际业务中，要求开立可转让信用证的第一受益人，通常是中间商。为了赚取差额利润，中间商可将信用证转让给实际供货商，由供货商办理出运手续。但信用证的转让并不等于买卖合同的转让，如第二受益人不能按时交货或单据有问题，第一受益人（即原出口人）仍要负买卖合同上的卖方责任。

不可转让信用证（Non-transferable Credit）指受益人不能将信用证的权利转让给他人的信用证。凡信用证中未注明“可转让”，即是不可转让信用证。

（6）循环信用证（Revolving Credit）。

循环信用证是指信用证被全部或部分使用后，其金额又恢复到原金额，可再次使用，直至达到规定的次数或规定的总金额为止。

循环信用证又分为按时间循环信用证和按金额循环信用证。按时间循环的信用证，受益人在一定的时间内可多次支取信用证规定的金额。按金额循环的信用证，在信用证金额议付后，仍恢复到原金额可再次使用，直至用完规定的总额为止。如果每期用完一定金额，不需要等待开证行的通知，即可自动恢复到原金额，称作自动循环信用证；如果每期用完一定金额后，必须等待开证行通知到达，信用证才恢复到原金额继续使用，称作非自动循环信用证；如果每次支款后若干天内，开证行未提出停止循环使用的通知，自第几天起即可自动恢复到原金额，称作半自动循环信用证。

循环信用证一般用于长期分批交货的贸易合同。使用循环信用证的优点在于：首先，进口方可不必多次开证而节省开证费用；其次，简化出口方的审证、改证等手续，有利于合同的履行。

（7）对开信用证（Reciprocal Credit）。

对开信用证是指两张信用证的开证申请人互以对方为受益人而开立的信用证。多用于易货贸易或来料加工和补偿贸易业务。

（8）对背信用证（Back to Back Credit）。

对背信用证又称转开信用证，指受益人要求原证的通知行或其他银行以原证为基础，另开一张内容相似的新信用证。对背信用证的开立通常是中间商转售他人货物，或两国不能直接办理进出口贸易时，通过第三者以此办法来进行贸易。原信用证的金额（单价）应高于对背信用证的金额（单价），对背信用证的装运期应早于原信用证规定的装运期。

（9）预支信用证（Anticipatory Credit）。

预支信用证是指开证行授权议付行（通常是通知行）向受益人预付信用证金额的全部或一部分，由开证行保证偿还并负担利息的信用证。其特点是开证行付款在先，受益人交单在后。预支信用证又称“红条款信用证”。

（10）备用信用证（Standby Credit）。

备用信用证又称商业票据信用证（Commercial Paper Letter of Credit）、担保信用证或保证信用证（Guarantee Letter of Credit），是指开证行根据开证申请人的请求对受益人开立的承诺承担某项义务的凭证。即开证行保证在开证申请人未履行其应履行的义务时，受益人只要凭备用信用证的规定向开证行开具汇票（或不开汇票），并提交开证申请人未履行义务的声明或证明文件，即可取得开证行的偿付。

备用信用证属于银行信用，备用信用证一般用在投标、还款或履约保证、预付货款和赊销等业务中。开证银行保证在开证申请人未履行其义务时，即由开证银行付款。因此，备用信用证对受益人来说是备用于开证申请人发生毁约时，取得补偿的一种方式。

备用信用证与跟单信用证有相同之处，但又有不同，其不同之处主要是：

①付款的条件不同。在跟单信用证下，受益人只要履行信用证所规定的条件，即可向开证银行要求付款。在备用信用证下，受益人只有在开证申请人未履行义务时，才能行使信用证规定的权利。如开证申请人履行了约定的义务，则备用信用证就成为备而不用的文件。

②适用的交易不同。跟单信用证一般只适用于货物的买卖；而备用信用证可适用于货物以外的多方面的交易。例如，在投标业务中，可保证投标人履行其职责；在借款、垫款业务中，可保证借款人到期还款；在赊销交易中，可保证赊购人到期付款等。

③所需要的单据不同。跟单信用证一般以符合信用证规定的代表货物所有权的货运单据为付款依据；而备用信用证一般只凭受益人出具的说明开证申请人未能履约的证明文件，开证银行即保证付款。

小贴士

结算方式的合理选用

1. 信用证与汇付相结合

这种方式通常的做法是部分货款用信用证支付，余数用汇付方式结算。通常的做法是信用证凭货运单据先付发票金额若干成，余数待货到目的地后，根据检验的结果，按实际品质或重量计算出确切的金额，另用汇付方式支付。

2. 信用证与托收相结合

这种方式通常的做法是部分货款用信用证支付，余数用托收方式结算。通常做法是信用证规定出口人开立两张汇票，属于信用证项下的货款凭光票付款，而全套单据随付在托收部分汇票项下，按即期或远期付款交单的方式托收。

3. 托收与备用信用证相结合

这种方式通常的做法是出口人在收到符合合同规定的备用信用证或银行保证书后，就可凭光票与声明书向银行收回货款。

4. 汇付、托收和信用证相结合

在成套设备、大型机械产品和交通工具的交易中，因为成交金额较大，产品生产周期较长，一般采用按工程进度和交货进度分若干期付清货款，即分期付款和延期付款方式。采用此类付款方式时，往往将汇付、托收和信用证付款方式结合使用。

【知识链接】

分期付款与延期付款

1. 分期付款

买卖双方在合同中规定，在产品投产前，买方可采用汇付方式，先交部分货款作为订金，卖方在买方付出订金前，应向买方提供出口许可证复印件和银行开具的保函。除订金外，其余货款可按不同阶段分期支付，买方开来不可撤销信用证，即期付款。但最后一笔货款，一般是在交货或卖方承担质量保证期满时付清。货物所有权则在付清最后一笔货款时转移。在分期付款的条件下，货款在交货时付清或基本付清。因此，按分期付款条件所签订的合同是一种即期合同。

2. 延期付款

在成套设备和大宗商品的交易中，由于成交金额较大，买方一时难以付清全部货款，这时可采用延期付款的办法。通常做法是买卖双方签订合同后，买方一般要预付一小部分货款作为订金。大部分货款是在交货后若干年内分期摊还，即采用远期信用证支付。

3. 分期付款和延期付款的区别

第一，货款清偿程度不同。采用分期付款，其货款是在交货时付清或基本付清；而采用延期付款时，大部分货款是在交货后一个相当长的时间内分期摊还。

第二，所有权转移的时间不同。采用分期付款时，只要付清最后一笔货款，货物所有权即行转移；而采用延期付款时，货物所有权一般在交货时转移。

第三，支付利息费用不同。采用分期付款时，买方没有利用卖方资金，因而不存在利息问题；而采用延期付款时，由于买方利用卖方的资金，所以买方需向卖方支付利息。

延期付款是买方利用外资的一种形式，一般货价较高。因此，在延期付款条件下签订合同时，应结合利息、费用和价格等因素进行考虑，权衡得失，然后作出选择。

七、国际商会《跟单信用证统一惯例》

《跟单信用证统一惯例》（国际商会第600号出版物，简称UCP600）于2007年7月1日修订生效，是国际商会为明确信用证有关当事人的权利、责任和义务，减少因解释不同而引起各有关当事人之间的争议和纠纷，调和各有关当事人之间的矛盾而制定的文件，内容共39条，其中，第1－5条为总则部分，包括UCP的适用范围、定义条款、解释规则、信用证的独立性等；第6－13条明确了有关信用证的开立、修改、各当事人的关系与责任等问题；第14－16条是关于单据的审核标准、单证相符或不符的处理的规定；第17－28条属单据条款，包括商业发票、运输单据、保险单据等；第29－32条规定了有关款项支取的问题；第33－37条属银行的免责条款；第38条是关于可转让信用证的规定；第39条是关于款项让渡的规定。

八、合同中信用证支付条款的内容及拟定

（一）合同中信用证支付条款的内容

国际货物买卖合同中的支付方式如果采用信用证，支付条款的主要内容为信用证开立日期及送达受益人的时间、信用证的有效期、开证银行、支付金额、信用证种类等。

示例7－5：远期议付信用证

买方应于2014年6月18日前通过卖方可接受的银行开立以卖方为受益人的见票后30天付款的不可撤销信用证，有效期至装运后20天在中国议付，并注明合同号。

The buyers shall issue an irrevocable L/C at 30 days after sight through a bank acceptable to the seller and in favour of the seller before June 28, 2014. The L/C shall be valid in China by negotiation within 20 days after the shipment effected and must mention the Contract Number.

示例7－6：即期付款信用证

买方应通过双方都可接受的银行向卖方开出以卖方为受益人的不可撤销、可转让的即期付款信用证并允许分批装运、转船。信用证必须在装船前30天开到卖方，信用证有效期延至装运日期后21天在中国到期。

The buyers shall open with a bank to be accepted by both the buyers and sellers an irrevocable transferable letter of credit, allowing partial shipment, transshipment and in favor of the sellers and addressed to the sellers payable at sight against first presentation of the shipping document to Opening Bank. The covering letter of credit must reach the sellers 30 days before shipment and remain valid in China until the 21st day (inclusive) from the date of shipment.

（二）杨洋与 Jensen 签订的合同中的支付条款

买方须于 2014 年 6 月 15 日前将不可撤销的即期付款信用证开到卖方。该信用证于装运日后 21 天在中国议付有效。买方未在规定的时间内开出信用证，卖方有权发出通知取消本合同，或对因此遭受的损失提出索赔。

By irrevocable sight L/C to reach the seller before June 15, 2014, and to remain valid for negotiation in China until 21 days after the time of shipment. The buyer shall establish a letter of credit before the above - stipulated time. Failing which, the seller shall have the right to rescind this contract upon the arrival of the notice at the buyer, or to lodge a claim for the direct losses sustained, if any.

【任务互动】

读懂以下张晓与金允浩签订的合同中的支付条款，并用角色扮演法模拟即期跟单信用证的业务操作流程。

(11) TERMS OF PAYMENT: By irrevocable sight L/C to reach the seller before July 10, 2014, and to remain valid for negotiation in China until 21 days after the time of shipment. The buyer shall establish a letter of credit before the above - stipulated time. Failing which, the seller shall have the right to rescind this contract upon the arrival of the notice at the buyer, or to lodge a claim for the direct losses sustained, if any.

【课后拓展】

一、单选题

1. 使用 D/P、D/A 和 L/C 三种结算方式，对于卖方而言，收汇风险由大到小依次为（　　）。

A. D/A、D/P 和 L/C　　B. L/C、D/P 和 D/A

C. D/P、D/A 和 L/C　　D. D/A、L/C 和 D/P

2. 属于银行信用的国际贸易支付方式是（　　）。

A. 汇付　　B. 托收　　C. 信用证　　D. 票汇

3. 一张有效的信用证，必须规定一个（　　）。

A. 装运期　　B. 有效期　　C. 交单期　　D. 议付期

4. 按照《跟单信用证统一惯例》的规定，受益人最后向银行交单议付的期限是不迟于提单签发日的（　　）天。

A. 11　　B. 15　　C. 21　　D. 25

5. 保兑行对保兑信用证承担的付款责任是（　　）。

A. 第一性的　　B. 第二性的　　C. 第三性的　　D. 第四性的

6. 支票是以银行为付款人的（　　）。

A. 即期汇票　　B. 远期汇票　　C. 即期本票　　D. 远期本票

7. T/T 指的是（　　）。

A. 信汇　　B. 电汇　　C. 票汇　　D. 信用证

8. 下列几种结算方式中，对卖方而言风险最大的是（　　）。

A. 票汇　　B. 承兑交单　　C. 即期付款交单　　D. 远期付款交单

9. 根据《UCP600》的规定，可转让信用证只能转让（　　）。

A. 1 次　　B. 2 次　　C. 3 次　　D. 4 次

10. 某支票签发人在银行的存款总额低于他所签发的支票票面金额，他签发的这种支票称（　　）。

A. 现金支票　　B. 转收支票　　C. 旅行支票　　D. 空头支票

11. 对卖方而言，具有双重付款保证的信用证指的是（　　）。

A. 循环信用证　　B. 跟单信用证　　C. 保兑信用证　　D. 可转让信用证

12. 在信用证方式下，银行处理的是（　　）。

A. 单据　　B. 与单据有关的货物

C. 与单据有关的服务　　D. 与单据有关的其他行为

13. 使用循环信用证的目的在于简化单证和减少开证押金。这种信用证一般使用于（　　）。

A. 金额巨大、需分期付款的成套机器设备进口的合同

B. 中间商用于转运他人货物的合同

C. 母公司与子公司之间的贸易合同

D. 分批均匀交货的长期供货合同

14. 如果信用证的有效期规定为 3 个月或 6 个月，但未列明从何时起算，按照《跟单信用证统一惯例》（国际商会第 600 号出版物）的规定，其有效期应从（　　）起算。

A. 合同签订日　　B. 货物装船之日

C. 信用证的开证日　　D. 货物到达目的地之日

15. 在信用证项下，出票人开具的汇票，如遭到付款人拒付时（　　）。

A. 开证行有权行使追索权　　B. 保兑行有权行使追索权

C. 议付行有权行使追索权　　D. 通知行有权行使追索权

二、多选题

1. 按照有无随附单据，汇票可分为（　　）。

A. 即期汇票　　B. 远期汇票　　C. 光票　　D. 跟单汇票

2. 在国际贸易货款的收付中，使用的票据主要有（　　）。

A. 汇票　　B. 本票　　C. 支票　　D. 发票

3. 在跟单托收业务中，根据交单条件的不同可以分为（　　）。

A. 提示交单　　B. 见票交单　　C. 付款交单　　D. 承兑交单

4. 远期信用证和假远期信用证的区别在于（　　）。

A. 信用证条款不同　　B. 利息的承担者不同

C. 开证基础不同　　D. 收汇的时间不同

5. 备用信用证与一般的跟单信用证的区别主要在于（　　）。

A. 适用的范围不同

B. 银行付款的条件不同

C. 收款人要求银行付款时所需要提交的单据不同

D. 备用信用证属于商业信用，而跟单信用证属于银行信用

6. 常见的银行保函按照其用途不同，可分为（　　）。

A. 履约保证书　　B. 还款保证书　　C. 投标保证书　　D. 付款保证书

7. 电开信用证的种类主要有（　　）。

A. 简电本　　B. 全电本　　C. SWIFT 信用证　　D. SWFIT 信用证

8. 信用证支付方式的特点是（　　）。

A. 信用证是一种商业信用　　B. 信用证是一种银行信用

C. 信用证是一种单据的买卖　　D. 信用证是一种自足的文件

9. 下列叙述中属于托收的特点是（　　）。

A. 它属于一种商业信用　　B. 它是一种单证的买卖

C. 它有利于调动买方订货的积极性　　D. 存在着难以收回货款的风险

10. 下列说法中正确的是（　　）。

A. 商业本票有即期和远期之分

B. 远期本票无须承兑

C. 本票的付款人是出票人

D. 远期本票的当事人有三个：出票人、付款人和收款人

三、判断题

1. 根据《UCP600》的规定，凡信用证上未注明可否转让字样，即视为可转让信用证。（　　）

2. 在承兑交单情况下，是由代收行对汇票进行承兑后，向进口商交单。（　　）

3. 在票汇情况下，买方购买银行汇票直接寄给卖方，因采用的是银行汇票，故这种付款方式属于银行信用。（　　）

4. 对卖方而言，D/A60 比 D/P60 风险要大。（　　）

5. 信用证是一种银行开立的无条件的付款承诺的书面文件。（　　）

6. 《UCP600》的条款不适用于备用信用证。（　　）

7. 某信用证规定适用《UCP600》，信用证中对转船及分批装运都未作明确规定，因此，我们不能分批装运。（　　）

8. 汇票经背书后，是汇票的收款权利转让给背书人，背书人若日后遭到拒付，可以向前手行使追索权。(　　)

9. 若错过了信用证有效期到银行议付，只要征得开证人的同意，即可要求银行付款。(　　)

10. 托收是商业信用，所使用汇票是商业汇票；信用证是银行信用，所使用汇票是银行汇票。(　　)

四、技能实训

请根据模块三“课后拓展”中孙俊永和David签订的合同中的支付条款，以深圳元丰贸易有限公司孙俊永的身份解读合同中的支付条款，指出所运用的支付方式，并分析采用该支付方式的原因及利弊。

销售合同

SALES CONTRACT

S/C NO.：YJ2014923

DATE：Sep. 23，2014

THE SELLERS（卖方）：SHENZHEN YUANFENG TRADING CO. LTD.

Room 158. Henan Road，Shenzhen，China

TEL：86－55－86442971 FAX：86－55－86442988

THE BUYERS（买方）：NEW STAR APPLIANCE TRADING CO.

Room 502，Building 50，Grass Road，New York，America

TEL：001－212－35566090 FIAX：001－212－35566098

买卖双方经协商同意按下列条款成交：

The undersigned seller and buyer have agreed to close the following transactions according to the terms and conditions stipulated below：

（1）品名与规格 COMMODITY & SPECIFICATIONS	（2）数量 QUANTITY	（3）单位 UNIT	（4）单价 UNIT PRICE	（5）金额 AMOUNT
MEN'S T－SHIRT 02002 COLOR：NAVY BLUE FABRIC CONTENT：100% COTTON	3 000	PC	FOB SHENZHEN USD7. 00	USD2 1 000. 00
总值：USD21 000. 00 TOTAL VALUE： Say U. S. Dollars twenty-one thousand only.				

（6）溢短装：数量和总值均有5%的增减，凭卖方决定。

MORE OR LESS：With 5% more or less both in amount and quantity allowed at the seller's option.

（7）包装：每箱装20件，共150箱。

PACKING：20 PCS PER CARTON，TOTAL 150 CARTONS.

（8）唛头：

SHIPPING MARKS：

NEW STAR

YJ2014923

NEW YORK

C/NO. 1－150

（9）装运条件：收到信用证30天内装运。买方必须在装运月份开始前将信用证开抵卖方。装运港：深圳。目的港：纽约。

TERMS OF SHIPMENT：Within 30 days after receipt of L/C. The Buyers must open the relative L/C to reach the Sellers before shipment. Loading Port：Guangzhou. Destination Port：New York.

（10）保险：保险由买方办理。

INSURANCE：To be covered by the Buyer.

（11）支付条件：买方须于2014年10月10日前将不可撤销的即期付款信用证开到卖方。

TERMS OF PAYMENT：By irrevocable sight L/C to reach the seller before Oct. 10，2014.

卖方 The Seller：孙俊永　　　　买方 The Buyer：David

SHENZHEN YUANFENG TRADING CO. LTD.　　　　NEW STAR APPLIANCE TRADING CO.

《模块八》

拟定国际货物买卖合同条款（六）
——纠纷预防与处理条款

■ 学习目标设计

在向有经验的业务员学习的过程中，杨洋意识到选择好解决争端的方式、利用好免责条款，对妥善处理交易双方的纠纷、促进双方交易长远发展有着重要的意义。各种解决争议的方式有着不同的特点和作用，只有在熟悉异议与索赔、不可抗力以及各种解决争端的方式的情况下，才能实现有效使用的预期效果。杨洋就纠纷预防与处理方面的知识设计了以下学习目标：

【知识目标】

1. 了解国际贸易商品检验的机构及证书的作用
2. 了解国际贸易异议与索赔的基本内容
3. 理解不可抗力的含义及其构成条件
4. 理解仲裁的含义

【技能目标】

1. 能根据出口商品检验的流程，熟练办理出口商品检验手续
2. 掌握索赔与理赔的流程，学会收集索赔资料办理索赔手续
3. 学会根据不可抗力的构成条件，对不可抗力案情进行判断和分析
4. 学会订立合同中的商品检验、索赔与理赔、不可抗力和仲裁条款

国际贸易中，商品检验是交易双方处理争议的重要依据。出口货物是否符合合同规定，到货情况是否与交货时一致，货物是否在运输过程中发生残损、短少甚至灭失等问题，都可能引起争议与纠纷。交易双方应利用权威、公正的检验机构，对货物进行检验或鉴定并出具检验证书，以查明货况、确定责任归属。

项目 1　了解商品检验检疫

一、商品检验的概念

商品检验是一国对外贸易活动的重要组成部分，是买卖合同中的重要内容之一，是买

卖双方办理结算及提出索赔或理赔的依据，是国家实施对进出口商品品质管理的重要手段。由于国际贸易线长、面广的特点，买卖双方往往不能面对面交验货物，一般需通过双方认可的第三方对货物进行检验检疫和公证鉴定。

检验检疫即我国通常所说的法检，是指依照国家法律，由授权的检验检疫机构对进出口商品的品质、数量、重量、包装、标识、产地、卫生、安全、残损、装运条件等进行检验，对涉及人、动物、植物的传染病、病虫害、疫情等进行检疫，经商检合格并签发证明书后，才允许商品进出口。

公证鉴定则是根据进出口贸易关系人（进口商、出口商、承运人、保险人等）的申请或国外检验机构的委托，由商检机构对商品进行鉴定工作，鉴定范围包括商品的品质、数量、重量、包装、残损、装运条件、价值、产地证明等。

【案例】

对商品检验条款理解不同引发争议案

广州某贸易有限公司以CIF价格向英国利物浦商人出口山地变速自行车5 000辆，以信用证方式付款，合同约定："以中国质量监督检验检疫总局（即商检总局AQSIQ）出具的检验证书作为卖方议付的依据，货到目的港后，买方有权对商品进行复验，复验结果作为买方索赔的依据。"我方完成交货义务并制单结汇后，买方发来因货物与合同不符而向我方索赔的通知和目的港检验机构出具的检验证明，我方业务员认为交易已结束，我方不需负相关责任，这种看法是否正确？

分析要点：我方的看法不正确。本案中，商品检验条款规定为"复验结果作为买方索赔的依据"，说明出口商品检验局出具的检验证明并不是确定交货品质和重量的最后依据，而仅是议付的依据。若收到货物后，经复验发现货物的质量与合同规定的不符，买方有权向我方提出索赔，我方则应该承担合同中的卖方责任，所以，我方的看法是不正确的。

二、商品检验的流程

进出口商品检验检疫的流程一般为报检、施检和签证。

（一）报检

根据法律法规或进出口货物收发货人的要求，需进行检验检疫的商品必须报检并经商检合格后，才能通关放行进入装运或提取的工作环节。因此进出口货物的收发货人或其代理人应及时填制"出/入境货物报检单"，备齐相关单据向商检机构提出申请。

【知识链接】

我国通关实务的做法是“先报检，后报关”。凡进出境货物须先向商检局申报，实施必要的检验检疫并合格后，才能向海关申报报关，完成通关清关的工作。

（二）施检

商检机构根据进出口商的申请，结合法律法规、强制性标准或其他检验标准对商品实施抽样检验或彻底检验，检验合格的签发合格证书，不合格的一般除酌情同意复验一次外，禁止进出口。

（三）签证

商检机构对商品完成检验后，根据检验的结果合格与否，向有关当事人签发必要的证明书。

三、商品检验时间和地点的规定办法

进出口贸易中，关于商品检验时间和地点的规定，一般有三种做法：

（一）在出口国检验

在出口国检验可分为产地检验和装运港检验两种。商品离境前由双方约定的商检机构施检并出具检验证明，卖方只对商品离开产地前的品质负责，称为“以离岸品质和重量（或数量）为准”。货物运抵目的港（地）后，买方无复验权，这种做法对卖方有利。

（二）在进口国检验

在进口国检验可分为目的港检验和买方营业处所（最终用户所在地）检验两种。这是“以到岸品质和重量（或数量）为准”的做法，对卖方不利。

（三）出口国检验，进口国复验

货物出口装运前进行检验，出具的商检证书作为卖方结算收汇的单据之一，但货物到达目的地后，若经双方认可的商检机构复验后，发现货物与合同规定不符，且断定是卖方责任，则买方可在规定时间内向卖方提出异议和索赔，甚至拒收货物。这种方法对买卖双方都比较公平合理，目前在国际贸易中较为常用。

四、我国商品检验的机构和检验检疫证书

在国际贸易中，商品检验检疫机构有官方检验机构、产品的生产或使用部门设立的检验机构、私人或同业协会开设的公正或鉴定行等，例如美国食品药品管理局（FDA）、美

国粮谷检验署（FGES）、瑞士日内瓦通用鉴定公司（SGS）和日本海事鉴定协会（NKKK）等。

我国的商检机构主要为中国质量监督检验检疫总局（即商检总局，AQSIQ）、中国进出口商品检验总公司（CCIC）、中国国家认证认可监督管理委员会和中国国家标准化管理委员会等。

在贸易实务中，除非信用证另有规定，检验检疫证书的名称与种类应与合同或信用证的规定一致。根据不同的检验目的和检验结果，检验证书的种类一般如下：

①品质检验证书（Inspection Certificate of Quality）。

②重量检验证书（Inspection Certificate of Weight）。

③数量检验证书（Inspection Certificate of Quantity）。

④兽医检验证书（Veterinary Inspection Certificate）。

⑤卫生（健康）检验证书（Sanitary Inspection Certificate、Inspection Certificate of Health）。

⑥消毒检验证书（Disinfection Inspection Certificate）。

⑦产地检验证书（Inspection Certificate of Origin）。

⑧价值检验证书（Inspection Certificate of Value）。

⑨残损检验证书（Inspection Certificate on Damaged Cargo）。

⑩包装检验证书（Inspection Certificate of Packing）。

五、合同中的检验检疫条款的基本内容及规定

在国际货物买卖合同中，检验检疫条款主要包括：检验检疫机构；检验检疫权；检验检疫的时间、地点；检验检疫的内容和方法；检验检疫证书以及复验的时间、地点等。其中检验检疫的时间和地点最为重要，它不仅关系到买卖双方的权利和义务，而且还涉及有关的法律和国际惯例。实际业务中一般采用在出口国检验、进口国复验的规定。由于检验检疫条款通常是合同中的一般交易条件，在合同中的规定大同小异，因此，其规定可参见模块二“签订国际货物买卖合同”项目3中杨洋与Jensen签署的贸易合同中有关商品检验检疫的规定。

【案例】

货物转运后发现货物存在质量问题赔偿案

我国某进出口公司将一批货物出售给新西兰的甲商。我方在与甲商洽谈合同条款时得知，甲商从我方进口货物后，计划将货物转手出售给德国的乙商。合同签署后，我方在合同规定的装运时间内完成装运。但由于双方约定的装运期较短，且我方发运货物的时间也比较迟，故在货抵新西兰后，甲方在没有对货物进行检验的情况下就将货物转运给德国的乙商。乙商收到货物后，除发现货物质量问题外，还发现有80箱货物包装破损，货物短少严重，因而向甲商索赔，据此，甲商又向我方提出索赔。问：我方是否应负责赔偿？为什么？

分析要点：我方应赔偿甲商的损失。根据《公约》第38条第3款的规定，如果货物在运输途中改运或买方需再发运货物，没有合理机会加以检验，而卖方在订立合同时已知道或理应知道这种改运或再发运的可能性，检验可推迟到货物到达新目的地后进行。第39条第1款还规定，买方对货物与合同规定不符的情况，必须在发现或理应发现不符情况后一段合理时间内通知卖方，说明不符合同情况的性质，否则就丧失声称货物不符合同的权利。本案中，甲商收到我方的货物后，因时间较紧没有合理的机会对货物进行检验，根据《公约》的规定，货物检验可推迟到新的目的地也就是德国进行。现在德国乙商收货后发现了货物的损失，向甲方提出索赔，甲方又转向我方索赔，我方应赔偿甲方的损失。

项目2　了解贸易中的索赔与理赔

进出口贸易线长、面广，情况复杂多变，发生争议、索赔的事例很多，任何一方当事人如不履约，或者履约有违合同契约精神的，就在法律上构成了违约行为。根据承担责任的不同，违约行为按其性质可分为两种：①重大违约（Material Breach），是指一方违约，使另一方不能取得该交易的主要利益，则受损方有权解除合同并要求损害赔偿；②轻微违约（Minor Breach），是指一方的违约情况较为轻微，并未影响另一方取得该交易的主要利益，受损方只能要求损害赔偿，而无权解除合同。

一、索赔与理赔的含义

索赔（Claim）是指受损方要求违约方赔偿的行为，违约方对此作出处理则称为理赔（Settlement of Claim）。可见，索赔与理赔是一个问题的两个方面，即在受损方是索赔，在违约方是理赔。

国际贸易商品常因品质、数量或包装等不符合同的规定而发生索赔或争议，根据造成损失原因的不同，进出口索赔的对象分为三类：一是买卖双方之间的贸易索赔；二是向承运人的运输索赔；三是向保险公司的保险索赔。

二、索赔与理赔的依据及单证

买卖合同适用的法律规定、违约事实和情节的书面证明是索赔和理赔的主要依据。

决定对外索赔，应准备好各项必要的索赔单证。首先应制备索赔清单，随附商检局签发的检验证书、发票、装箱单和提单副本；其次，对不同的索赔对象还要另附有关证件。向贸易对方索赔时，应在索赔证件中提出确切的根据和理由，如果以FOB或CFR条件进口货物，向卖方索赔还须附保险单一份；向运输公司索赔时，须另附由船长或港务局理货员签证的理货报告和船长签证的短卸或残损证明；向保险公司索赔时，须另附保险公司与买方的联合检验报告等。

三、合同中索赔与理赔条款的基本内容及规定

涉及进出口商品索赔的条款主要有两种：一种是罚金条款，另一种是异议与索赔条款。

（一）罚金条款

罚金条款（Penalty Clause）又称违约金条款（Liquidated Damage Clause），是指交易双方在合同中预先约定，由违约的一方向另一方支付约定金额以赔偿对方的损失的条款。罚金的大小一般与违约时间的长短相对应。例如，"若卖方延期交货，每延期一周，须支付货价的0.5%的罚金；但罚金最高金额不得超过全部货价的5%"。

小贴士

除非合同另有规定，否则违约方支付罚金后，必须继续履行合同义务。

不同国家的法律对于罚金条款的规定不同。在我国出口实务中，除少数特殊情况外，一般不应订罚金条款。

示例8-1：

合同中的罚金条款："若卖方不能如期交货，在卖方同意由付款行从议付货款中扣除罚金的条件下，买方可以同意延期交货。但卖方因延期交货必须向买方支付合同金额5%的罚金。罚金按照7天收取，不足7天按7天计算。如卖方未按合同规定的装运期交货，延期10周后，买方有权撤销合同，并要求卖方支付上述延期罚金。"

（二）异议与索赔条款

异议与索赔条款（discrepancy and claim clause）是买卖合同中关于处理和索赔违约责任的规定。

异议与索赔条款一般规定的内容是：当一方违约时，另一方提出索赔的依据、索赔的期限、索赔方法和索赔金额等。索赔的依据，主要规定提出索赔必须具备的证据以及出证的机构。提赔时必须按规定提供齐全、有效的证据，否则可能遭到拒赔。索赔的期限，主要是根据货物的不同特性，规定长短不同的期限。一般货物规定为货物到达目的地后30天或45天；对于机、电、仪一般定为货物到达目的港或目的地后60天或90天，一般不超过180天。但对有质量保证期的机械设备的索赔期，可长达1年或1年以上。索赔期的规定在我方进口合同中不宜太短，防止超过索赔期而被拒绝，可以在合同中规定："如在有效期内，因检查手续和发证手续办理不及，可先电告对方延长索赔期若干天。"对损害赔偿金额，一般不作详细规定，因为签约的当时难以预料发生违约造成的损害程度。由于

异议与索赔条款是合同中的一般交易条件，在合同中的规定大同小异，因此，其规定可参见模块二“签订国际货物买卖合同”项目3中杨洋与Jensen签署的贸易合同中的异议与索赔条款。

【任务互动】

请在网上查找定金罚则的介绍，并说说你对定金罚则的认识。

项目3 认识国际贸易中的不可抗力

一、不可抗力的含义

在国际贸易业务中，客观情况有时会发生非当事人所能控制的重大变化，使之失去原有履行合同的基础。对此，法律可以免除未履行或未完全履行合同一方对另一方的责任，这就是免责。

在实际业务中，要判断哪些事件可以构成当事人有权免责有时是很困难的，各国法律的解释也不一致。因此，为了防止不必要的纠纷，维护当事人各自的权益，通常在买卖合同中订立不可抗力条款。

不可抗力（Force Majeure）是指买卖合同签订后，非因合同当事人的过失或疏忽，而是由于发生了当事人无法预见、无法预防、无法避免和无法控制的事件，以致不能履行或不能如期履行合同，发生意外事故的一方可以免除履行合同的责任或推迟履行合同。因此，不可抗力是一项免责条款。导致不可抗力事件发生的原因较广，归纳而言主要有两大类：

（1）由于自然原因引起的，如地震、洪水、飓风、寒流、火山爆发、大雪、火灾、冰灾、暴风雨等。

（2）由于社会原因引起的，如战争、罢工、政府禁令、封锁等。

【任务互动】

请说说不可抗力事件的构成条件有哪些？

二、不可抗力的认定

尽管国际贸易公约和各国的法律、法规对不可抗力的名称和解释各不相同，但其认定的基本条件是大致相同的，主要包括以下几点：

（1）时间性。意外事件必须发生在合同签订以后。

（2）无过失或无故意性。意外事件的发生不是由于合同当事人自身的过失或疏忽而导致的。

（3）不可抗拒性。意外事件是当事人不能控制、无能为力的。

三、合同中的不可抗力条款的基本内容及规定

不可抗力条款的内容，主要包括不可抗力事件的范围、处理原则与办法、事件发生后通知对方的期限和通知方式，以及出具事件证明的机构等。

（一）不可抗力事件的范围

关于不可抗力事件的范围，应在合同中订明，通常有下列三种规定办法：

（1）概括规定。即在合同中不具体规定相关范围，只做概括性规定，如“由于不可抗力事件使合同不能履行，发生事件的一方可据此免除责任”。

（2）具体规定。即在合同中明确规定不可抗力事件的范围，如“由于地震、洪水、飓风、寒流、火山爆发、大雪、战争、罢工、政府禁令、封锁事件使合同不能履行，发生事件的一方可据此免除责任”。凡在合同中没有订明的，均不能作为不可抗力事件加以援引。

（3）综合规定。即采用概括和列举并用的方式，如“由于地震、洪水、飓风、寒流、火山爆发、大雪、战争、政府禁令或其他不可抗力事件使合同不能履行，发生事件的一方可据此免除责任”。综合规定不可抗力事件范围的方法既具体明确，又具有一定的灵活性，故在我国进出口合同中，一般都采用这种规定办法。

（二）不可抗力事件的处理

发生不可抗力事件后，合同双方应按合同约定的处理原则和办法及时进行处理。不可抗力的后果有两种：一是解除合同；二是延期履行合同。究竟如何处理，应视事件的原因、性质、规模及其对履行合同所产生的实际影响程度而定。

（三）不可抗力事件的通知和证明

不可抗力事件发生后如影响合同履行，发生事件的一方当事人，应按规定的通知期限和方式，将不可抗力事件如实通知对方，对方在接到通知后，应及时答复，如有异议也应及时提出。

发生不可抗力事件的一方当事人应按约定办法出具证明文件，作为发生不可抗力事件的证明。在国外，证明文件一般由当地的商会或合法的公证机构出具。在我国，由中国国际贸易促进委员会（China Council for the Promotion of International Trade，简称 CCPIT）或其设在口岸的贸促分会出具。由于不可抗力条款通常是合同中的一般交易条件，在合同中的规定大同小异，因此，其规定可参见模块二“签订国际货物买卖合同”项目 3 中杨洋与

Jensen 签署的贸易合同中的不可抗力条款。

【案例】

不可抗力认定案

我国某出口企业以 CIF 纽约条件与美国某公司订立了 15 000 套特制男士西装的出口合同。合同规定 2010 年 7 月交货。6 月底，我方企业出口商品仓库发生雷击火灾，致使大半的出口西装被烧毁。我方企业以发生不可抗力事件为由，要求免除交货责任，美方不同意，坚持要求我方按时交货。我方无奈经多方努力，于 2011 年 1 月初交货，美方却以延期交货为由向我方提出索赔。试问：①我方可主张何种权利？为什么？②美方的索赔要求是否合理？为什么？

分析要点：我方可主张不可抗力，并以不可抗力为由要求免除延期交货的责任。本案中，我方在合同签署后，遭遇出口商品仓库发生雷击火灾事件，致使大半的出口西装被烧毁。此事件非因合同当事人的过失或疏忽，而是由于发生了当事人无法预见、无法预防、无法避免和无法控制的事件，以致合同不能如期履行。该事件发生后，卖方可主张不可抗力，并以不可抗力为由要求免除延期交货的责任。

项目 4　认识国际贸易中的仲裁

一、解决争议的方式

争议（Disputes）是指交易的一方认为另一方未能全部或部分履约而引起的业务纠纷。引起争议的原因一般包括当事人行为是否构成违约、双方对违约的事实有分歧、双方对违约的责任及其后果的认识相悖等。解决争议的途径主要有：友好协商（Amicable Negotiation）、调解（Conciliation）、仲裁（Arbitration）、诉讼（Litigation）。

在进出口贸易的争议中，由于友好协商、调解未能成功又不愿意诉诸法院解决，双方一般采用仲裁办法。

仲裁是指买卖双方达成协议，自愿将有关争议交给双方同意的仲裁机构裁决，裁决结果一旦作出，其效力就是最终的，对双方都具有约束力。仲裁具有程序简便、结案快捷、费用较少且具有灵活性、保密性和终局性的特点，是目前解决国际贸易争议的有效办法并得到广泛使用。

二、仲裁协议的形式与作用

仲裁协议是双方当事人自愿将他们之间的争议提交仲裁机构解决的一种协议。

(一) 仲裁协议的形式

仲裁协议必须是书面的，一般有两种形式：

1. 在外贸合同中预先订明

这是指在争议发生前，合同双方在买卖合同中订立仲裁条款。

2. 事后提交仲裁协议

这是指由双方当事人在争议发生后订立的同意将争议提交仲裁的协议。

仲裁协议的形式虽有不同，但法律作用和效力是相同的。

(二) 仲裁协议的作用

按照我国和多数国家仲裁法的规定，仲裁协议的作用主要表现为以下三方面：

(1) 表明当事人在发生争议时自愿提交仲裁机构解决。

(2) 使仲裁机构取得对争议案件的管辖权。

(3) 排除了法院对争议案件的管辖权。

上述三个方面的作用互相联系、不可分割。

三、仲裁的程序

各国仲裁机构的仲裁规则对仲裁程序都有明确规定。按我国仲裁规则规定，基本程序如下：

(一) 申请仲裁

申请人应提交仲裁协议和仲裁申请书，并附交有关证明文件和预交仲裁费。仲裁机构立案后应向被诉人发出仲裁通知和申请书及附件。被诉人可以提交答辩书或反请求书。

(二) 指定仲裁员组成仲裁庭

当事人双方均可在仲裁机构所提供的仲裁员名册中指定或委托仲裁机构指定一名仲裁员，并由仲裁机构指定第三名仲裁员作为首席仲裁员，共同组成仲裁庭。如果用独任仲裁员方式，可由双方当事人共同指定或委托仲裁机构指定。

(三) 仲裁审理

仲裁审理案件有两种形式：一种是书面审理，也称不开庭审理，是根据有关书面材料对案件进行审理并作出裁决，海事仲裁常采用书面仲裁形式；另一种是开庭审理，这是普遍采用的一种方式。仲裁庭审不向社会公开，以保护当事人的商业机密。

(四) 选择适用的实体法

合同当事人可以选择适用的法律。当事人没有选择的，适用与合同有最密切联系的国家的法律，通常是指仲裁所在地法，也可以根据具体情况适用合同签订地或履行地所在国的法律。

【知识链接】

国际商事仲裁机构：世界上许多国家和一些国际组织都设有专门从事国际商事仲裁的常设机构，如国际商会仲裁院、英国伦敦仲裁院、英国仲裁协会、美国仲裁协会、瑞典斯德哥尔摩商会仲裁院、瑞士苏黎世商会仲裁院、日本国际商事仲裁协会以及香港国际仲裁中心等。我国的涉外仲裁机构为中国国际经济贸易仲裁委员会，总部设在北京，在上海和深圳设有分会。

仲裁机构不是国家的司法部门，而是依据法律成立的民间机构。

四、合同中仲裁条款的主要内容及规定

进出口贸易合同中的仲裁条款一般包括仲裁地点、仲裁机构、仲裁规则和裁决效力等内容。

仲裁地点的选择关系到仲裁发生时资料文字及语言的使用，对合同当事人有重要意义，须慎重考虑。在我国涉外经济合同中，我国的国际经济贸易仲裁委员会应是首选，如果选择第三国的仲裁机构，则需考虑发生纠纷的复杂性及仲裁成本，以免产生不必要的损失。由于仲裁条款通常是合同中的一般交易条件，在合同中的规定大同小异，因此，其规定可参见模块二“签订国际货物买卖合同”项目3中杨洋与Jensen签署的贸易合同中的仲裁条款。

【任务互动】

请在网上查找资料，说说仲裁与诉讼有何不同。

【课后拓展】

一、填空题

1. 不可抗力事故的范围有三种规定办法，分别是__________、__________和__________。

2. 仲裁是指买卖双方达成协议，自愿将有关争议交给双方同意的仲裁机构裁决，裁决结果一旦作出，其效力就是__________的，对双方都有__________。

3. 在国际贸易中，解决争议的四种主要方式为__________、__________、__________和__________。

二、判断题

1. 在国际贸易中若出现违约行为，只要支付了罚金，即可不履行合同。(　　)
2. 我国通关实务的做法是“先报关，后报检”。(　　)
3. 仲裁协议必须在双方争议发生之前签订，否则仲裁机构将不予理会。(　　)

三、简答题

1. 商品检验的时间、地点的规定方法主要有哪几种？使用较多的是哪一种？为什么？
2. 简述构成不可抗力的条件。

四、案例分析题

2008年2月13日，中国某公司A和香港某公司B签订了一份醋酸纤维素板的来料加工和补偿贸易合同。合同的主要内容是中方A利用港方B和另外两家香港的金融机构共同提供的设备为港方B进行来料加工，每生产1吨板材的加工费为1 600美元，港方B负责提供给中方A的来料即醋酸纤维素板的数量为2008年不少于80吨，2009年不少于150吨，2010年不少于200吨，以后每年不少于200吨。中方A以来料加工费偿还设备的货款的本息。但在实际业务中，港方B仅在2008年12月30日提供来料34吨，2009年9月4日来料17吨，2010年2月16日来料1.1吨，合计来料52.1吨。2010年10月，双方签订补充协议，再次规定了港方B提供来料的义务和数量。结果该补充协议未得到履行，致使中方引进的设备无法得到充分利用，只偿还了设备货款本息的一小部分。中方提请仲裁，要求港方B赔偿包括设备货款在内的经济损失。港方B答辩称，B公司未能履行合同的全部义务，是因为国际市场发生重大变化，原料价格上涨，数量短缺，无法买到原料。最后导致生产该原料的工厂停产，B更是无法买到。这是不可抗力事故，港方不应承担责任。

试分析：本案中，港方应不应该承担责任？

情景设计三

通过边学习边实践，杨洋在原有的基础上，对销售合同的相关知识进行了系统且比较全面的补充，对每一个合同条款所包含的内容、使用时应注意的问题、有关国际贸易法律和惯例对各条款的规定、业务中各环节所涉及的单据等都有了较深刻的理解。

随着时间的推移，杨洋与Jensen签订的合同进入了履行阶段。作为职场新人，杨洋深知万事开头难的道理，虽然在实习期间，她已经作为跟单员完成了几份合同的跟单业务，但由自己独立完成整笔交易环节的业务这还是第一单，因此，她对每一个环节的操作都力求做到事前深思熟虑、过程细心谨慎、结果归纳总结。对于合同履行这一实现合同内容的环节，杨洋从货、证、船、单（款）入手，设计了整体的学习目标，希望借此机会全面提升自己的业务水平。

通过一段时间的努力，杨洋克服了困难，把握住机会，比较顺利地完成了整笔交易，她的工作受到了领导及同事们的一致好评。

模块九

履行国际货物买卖合同

■ **学习目标设计**

合同的履行是实现合同内容的过程，它涉及备货、报检、催证、审证、改证、租船订舱、投保、报关、装运以及制单结汇等内容。为全面提升自己的实际操作水平，杨洋设计了以下学习目标：

【知识目标】

1. 掌握出口合同的履行过程
2. 掌握进口合同的履行过程

【技能目标】

1. 会根据出口合同对以下环节的业务进行模拟操作：备货、报检、催证、审证、改证、租船订舱、投保、报关、装运以及制单结汇等
2. 会根据进口合同对以下环节的业务进行模拟操作：开立信用证、租船订舱、接运货物、投保货运保险、审单付款、办理进口报关手续、进口货物的报检与检验、提取与拨交货物和进口索赔等

买卖双方就各项交易条件进行洽商，意见达成一致后，正式签订外销合同。合同签订后，买卖双方都应受其约束，本着“重合同，守信用”的原则，切实履行合同规定的各项义务。根据《联合国国际货物销售合同公约》的规定，卖方的基本义务有：按合同规定交付货物，移交与货物有关的各项单据，并转移货物的所有权；买方的基本义务有：按合同规定支付货款和收取货物。以 CIF 条件、L/C 支付方式签订的合同，买卖双方履行合同的流程如图 9－1 所示。

项目 1　履行出口合同

出口合同的履行指出口商按照合同的规定履行交货义务直至收回货款的整个过程。常见的以海洋运输、信用证支付方式、CIF 术语签订的出口合同，其履行主要包括货（出口备货）、证（催证、审证、改证）、船（租船订舱）、款（制单结汇）四个环节，其中“货”指出口商的备货，“证”指出口商向进口商催开信用证，并审核、修改信用证，“船”指出口商办理租船订舱手续、装船出运，“款”指货款的结算。以 FOB、CFR 术语成交的出口合同，其履行的环节则根据卖方所承担的责任和义务不同相应减少。

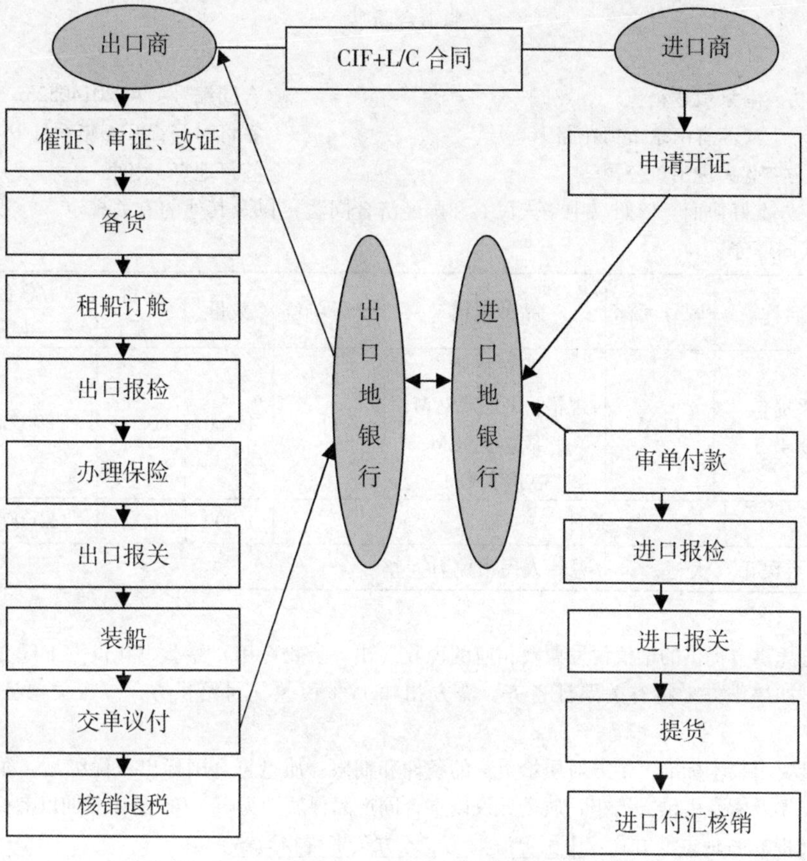

图 9－1 CIF＋L/C 进出口合同履行流程

一、出口备货（货）

备货是指卖方根据出口合同或信用证的规定，按时、按质、按量准备好应交付的货物。生产型外贸企业的备货可以根据外销合同自行安排；流通型外贸公司出口备货工作的主要内容包括落实货源、签订内购合同，核实应交货物的规格、花色、数量，进行必要的加工整理、刷唛、包装以及办理货物的检验，领取出口许可证等。

1. 签订内购合同

杨洋的公司（即蓝天公司）是一个具有报检资格和报关权的流通型外贸公司。2012 年 5 月 13 日与 Jensen 的公司（即 BABYBOSS 公司）签订了合同后，蓝天公司一边落实信用证，一边在国内寻找货源委托生产。以下是杨洋的公司与供货商南京威达箱包厂签订的委托加工合同：

购销合同书

（供）甲方：南京威达箱包厂　　　　　　　　　　　　合同编号：WD20140525
　　　　江苏省南京市梅花路 166 号　　　　　　　　签订时间：2014 年 6 月 16 日
（需）乙方：蓝天进出口公司　　　　　　　　　　　　签订地点：南京

经供需双方友好协商，依照《中华人民共和国经济合同法》以及其他的有关规定，一致同意签订本合同，以兹共同遵守。

产品名称	牌号商标	品种规格	计量单位	数量	单价（元）	总金额（元）
时尚手提包 15004	LGV	帆布材质 规格：长度 25CM，底部宽度 3CM，高度 35CM	件	1 000	80.00	80 000.00
总计				1 000	80.00	80 000.00
合计人民币（大写）	总计人民币捌万元整。					

一、需方凭供方提供的增值税发票及相应的税收（出口货物专用）缴款书在供方工厂交货后七个工作日内付款。如果供方未将有关票证备齐，需方扣除 17% 税款支付给供方，等有关票证齐全后结清余款。

二、质量要求技术标准，供方对质量负责的条件和期限：质量符合国标出口优级品，如因品质问题引起的一切损失及索赔由供方承担，质量异议以本合同产品保质期为限。（产品保质期以商标效期为准）

三、交（提）货地点、方式：中国上海港　　乙方负责货物运输。

四、交货日期：2014 年 7 月 10 日前。

五、运输方式及到达站港和费用负担：集装箱门到门交货，费用由需方承担。

六、包装标准、包装物的供应与回收：纸箱包装符合出口标准，商标由需方无偿提供。

七、验收标准、方法及提出异议期限：需方代表按出口优级品检验内在品质及外包装，同时供方提供商检放行单或商检换证凭单。

八、违约责任：违约方支付合同金额的 15% 作为违约金。

九、解决合同纠纷的方式：依照《中华人民共和国经济合同法》。

供方（盖章）：南京威达箱包厂　　　　　　需方（盖章）：蓝天进出口公司
单位地址：江苏省南京市梅花路 166 号　　单位地址：中国南京中山西路 188 号京华大厦 2501 房

2. 申请出口许可证

出口许可证（Export License）是一国对外出口货物实行管制的一项措施。根据国家规定，凡是国家宣布实行出口许可证管理的商品，出口前均需申领出口许可证。目前，我国执行审批并签发出口许可证的机关为国家外经贸部及其派驻在主要口岸的特派员办事处；各省、自治区、直辖市以及经国务院批准的计划单列市的对外经贸行政管理部门，实行按商品、按地区分级发证的办法。以下是蓝天公司申请的出口许可证：

中华人民共和国出口货物许可证

EXPORT LICENCE THE PEOPLE'S REPUBLIC OF CHINA A 类

申领许可证单位 编码 99650882396 Exporter 蓝天进出口公司	出口许可证编号 License NO. 14 - 38 - B26881
发货单位 Consignee 蓝天进出口公司	许可证有效期 Validity 2014 年 11 月 20 日
贸易方式 Terms of 一般贸易	输往国家（地区） Country of destination 荷兰
合同号 Contract No. BS20140513	收款方式 Terms of payment L/C
出运口岸 Port of shipment 上海吴淞海关	运输方式 Means of transport 海运
唛头——包装件数 Marks & numbers ······ number of packages BTC/BS20140513/ROTTERDAM/C/NO. 1 - 100——100 箱	
商品名称 name of commodity 时尚手提包	商品编码 Commodity No. 4202 220000

商品规格、型号 Specification	单位 Unit	数量 Quantity	单价 Unit price	总值 Amount	总值（美元） Amount in USD
15004	PCS	1 000	USD 15. 00/PC	USD 15 000. 00	USD 15 000. 00
总计 Total	PCS	1 000		USD15 000. 00	USD15 000. 00

备注 Supplementary details	发证机关盖章 Issuing Authority's Stamp 发证日期 Signature Date 2014 年 5 月 20 日

商务部监制　　　　本证不得涂改，不得转让

二、落实信用证（证）

在以信用证作为支付方式的出口合同履行中，落实信用证是确保顺利履行出口合同、及时收回货款的基础，是履行出口合同的重要环节，出口商落实信用证的工作主要包括催证、审证、改证等环节。

（一）催开信用证

催开信用证是指出口商按合同规定通知或催促国外进口商开出信用证。按合同规定及时开证是进口商履约的一项基本义务。在实际业务中，进口商在资金短缺或市场有变等情况下往往会拖延开证时间，因此，出口商必须及时催证，可以通过撰写催证函的方式催证。

1. 杨洋撰写的催证函

根据 GWT20140513 合同，买方应在 2014 年 6 月 15 日前将信用证送达卖方，6 月 8 号，蓝天公司业务员杨洋发函催证，信函内容如下：

BLUE SKY IMP. & EXP. CO.
ROOM 2501, JINGHUA MANSION, 188 ZHONGSHAN WEST ROAD, NANJING, CHINA

DATE: JUN. 8, 2014

BABYBOSS TRADING COMPANY
DEAR SIRS,

WE HAVE RECEIVED YOUR RETURNING SIGNED SALES CONFIRMATION NO. DTC5210. HOWEVER, WE REGRET TO INFORM YOU THAT WE DID NOT RECEIVE YOUR L/C CONCERNING THE ABOVE CONTRACT TILL TODAY. IT IS CLEARLY STIPULATED IN THE SAID CONTRACT THAT THE RELEVANT L/C SHOULD REACH US BEFORE JUN. 15, 2014. PLEASE OPEN THE RELEVANT L/C IMMEDIATELY, SO THAT WE CAN SHIP THE GOODS ON TIME. IN ORDER TO AVOID SUBSEQUENT AMENDMENTS, PLEASE BE ASSURED TO OPEN YOUR L/C STRICTLY IN ACCORDANCE WITH THE TERMS OF THE CONTRACT.

OWING TO THE PUNCTUAL SHIPMENT, THE EARLY ARRIVAL OF YOUR L/C WILL BE HIGHLY APPRECIATED.

YOURS FAITHFULLY,
YANGYANG

2. 国外开立的信用证

ISSUE OF DOCUMENTARY CREDIT
27: SEQUENCE OF TOTAL: 1/1
40A: FORM OF DOC. CREDIT: IRREVOCABLE
20: DOC. CREDIT NUMBER: GKCD862730

31C: DATE OF ISSUE : 140522

40E: APPLICABLE RULES: UCP LATEST VERSION

31D: DATE AND PLACE OF EXPIRY: DATE 140820 PLACE IN NETHERLANDS

51D: ISSUING BANK: ING BANK NETHERLANDS, 45 - 7 MAITRICHITR RD ROTTERDAM, NETHERLANDS

50: APPLICANT: BABYBOSS TRADING COMPANY

206ST, LANGE VOORTHOUT, ROTTERDAM, NETHERLANDS

59: BENEFICIARY: BLUE SKY IMP. & EXP. CO.

ROOM 2501, JINGHUA MANSION, 188 ZHONGSHAN WEST ROAD, NANJING , CHINA

32B: AMOUNT: CURRENCY USD AMOUNT 15 000. 00

41A: AVAILABLE WITH...BY...: ANY BANK IN CHINA BY NEGOTIATION

42C: DRAFTS AT... : SIGHT

42A: DRAWEE : BABYBOSS TRADING COMPANY

43P: PARTIAL SHIPMENTS: ALLOWED

43T: TRANSSHIPMENT: ALLOWED

44E: PORT OF LOADING: SHANG HAI

44F: PORT OF DISCHARGE: ROTTERDAM

44C: LATEST DATE OF SHIPMENT: 140730

45A: DESCRIPTION OF GOODS:

1000 PCS FASHION HANDBAGS 15004, SAILCLOTH, SIZE: 25CM L ×3CM W ×35CM H , AT EUR10. 50/PC CIF ROTTERDAM, PACKING: 10PCS/CTN.

46A: DOCUMENTS REQUIRED:

1. SIGNED COMMERCIAL INVOICE IN 3 COPIES.

2. FULL SET OF CLEAN ON BOARD OCEAN BILLS OF LADING, MADE OUT TO ORDER, BLANK ENDORSED, MARKED FREIGHT COLLECT NOTIFY THE APPLICANT.

3. PACKING LIST IN QUADRUPLICATE.

4. INSURANCE POLICY/CERTIFICATE ISSUED IN DUPLICATE IN NEGOTIABLE FORM, COVERING ALL RISKS, FROM WAREHOUSE TO WAREHOUSE FOR 120 PCT OF INVOICE VALUE.

5. GSP CERTIFICATE OF ORIGIN, FORM A, CERTIFYING GOODS OF ORIGIN IN CHINA, IS ISSUED BY COMPETENT AUTHORITIES.

47A: ADDITIONAL CONDITIONS:

+ ALL DOCUMENTS PRESENTED UNDER THIS L/C MUST BE ISSUED IN ENGLISH.

+ SHIPPING ADVICE TO BE SENT BY FAX TO THE APPLICANT IMMEDIATELY AFTER THE SHIPMENT STATING OUR L/C NO. , SHIPPING MARKS, NAME OF VESSEL, GOODS DESCRIPTION AND AMOUNT AS WELL AS THE BILL OF LADING NO. AND DATE. A COPY OF SUCH ADVICE MUST ACCOMPANY THE ORIGINAL DOCUMENTS PRE-

SENTED FOR NEGOTIATION.

+ BENEFICIARY'S CERTIFICATE CERTIFYING THAT ONE SET OF COPIES OF SHIPPING DOCUMENTS HAS BEEN SENT TO APPLICANT WITHIN 5 DAYS AFTER SHIPMENT.

+1/3 CLEAN ON BOARD B/L SENT TO APPLICANT BY DHL WITHIN 24 HOURS AFTER SHIPMENT.

+ IN CASE THE DOCUMENTS CONTAIN DISCREPANCIES, WE RESERVE THE RIGHT TO CHARGE DISCREPANCY FEES AMOUNTING TO EUR 75 OR EQUIVALENT.

71B：CHARGES：ALL CHARGES ARE TO BE BORN BY BENEFICIARY ACCOUNT.

48：PERIOD FOR PRESENTATION：WITHIN 5 DAYS AFTER THE DATE OF SHIPMENT，BUT WITHIN THE VALIDITY OF THIS CREDIT ACCOUNT.

49：CONFIRMATION INSTRUCTION：WITHOUT.

（二）审核信用证

信用证是依据合同开立的，应与合同内容一致。但在实际业务中，由于工作疏忽、电文传递错误、贸易习惯不同或进口商有意加列对其有利的软条款，可能会出现信用证并非与合同完全相符的情况，因此，出口商要想安全收汇和顺利履行合同，要对国外开来的信用证认真审核。

1. 出口商审证要点

（1）信用证类型是否与合同一致。

（2）信用证的有效期是否与合同一致；信用证的到期地点一般应在受益人地点或国家为好。

（3）信用证金额的币种和金额大小是否与合同一致。

（4）开证申请人、受益人的名称和地址是否与合同一致。

（5）货物描述。

①品名、规格、数量、单价（币种、计量单位、大小、贸易术语）、包装是否与合同一致；

②提到的合同号码或形式发票号码是否与合同一致；

③是否遗漏溢短装条款。

（6）汇票条款。

①汇票的付款期限是否与合同一致；

②汇票的付款人是否正确，付款人应为开证行或开证行指定的银行。

（7）装运条款。

①装运港和目的港是否与合同一致；

②分期装运与转运条款是否与合同一致（特别是分期装运）；

③装运期是否与合同一致。

（8）单据要求。

①提单：提单的运费与合同中的价格术语是否匹配；

②保险单据：根据贸易术语判断是否需要受益人提交保险单据。CIF 需卖方提交单

据，注意审核险别、投保金额是与合同一致，CFR 和 FOB 由买方办理保险，卖方不用提交保险单据，因此，单据要求中不应包含保险单据；

③不应含有由开证申请人或其授权的人出具的单据；

④合同中如有单据要求，则信用证中的单据种类、份数等要与合同一致。

（9）交单期限：交单期限要合理，一般在装运日后 15 天左右，但应在信用证的有效期内。

（10）费用承担：银行费用应是除开证申请人所在国之外的费用由受益人负担。

（11）附加条款：注意审核附加条款提出的有关单据等，比如受益人证明、装船通知等。

（12）软条款：软条款就是信用证中附加生效条件的条款，或者条款规定单据的取得需要进口商的配合，从而使进口商掌握贸易主动权，致使出口商面临交单不符的风险，或者让开证行随时免责，企图正当免除第一性的付款责任。常见的软条款有：

①开证申请人通知船公司、船名、装船日期、目的港、验货人等之后，受益人才能装船。此条款使卖方装船完全由买方控制；

②信用证开出后暂不生效，待进口许可证签发后通知生效，或待货样经申请人确认后生效。此类条款使出口货物能否装运完全取决于进口商，出口商则处于被动地位。出口商见信用证才能投产，生产难安排，装期紧，出运有困难；

③1/3 正本提单径直寄给开证申请人。买方可能持此单先行将货提走；

④信用证到期地点在开证行所在国，使卖方延误寄单，单据寄到开证行时已过议付有效期；

⑤品质检验证书须由开证申请人或其授权者签发，由开证行核实，并与开证行印鉴相符。采用买方国商品检验标准，此条款使得卖方由于采用本国标准，而无法达到买方国标准，使信用证失效。

2. 杨洋的审证结果

表 9-1　信用证审核结果

L/C NO.：GKCD862730		S/C NO.：GWT20140513
错误（项目）	错误	正确
31D：DATE AND PLACE OF EXPIRY	DATE 140820 PLACE IN NETHERLANDS	DATE 140820 PLACE IN CHINA
42A：DRAWEE	BABYBOSS TRADING COMPANY	ING BANK NETHERLANDS
45A：DESCRIPTION OF GOODS	AT EUR10.50/PC CIF ROTTERDAM	AT USD15.00/PC CIF ROTTERDAM
46A：DOCUMENTS REQUIRED（TERMS B/L）	FREIGHT COLLECT	FREIGHT PREPAID
46A：DOCUMENTS REQUIRED（TERMS INSURANCE）	COVERING ALL RISKS，FROM WAREHOUSE TO WAREHOUSE FOR 120 PCT OF INVOICE VALUE	COVERING ALL RISKS AND WAR RISK AS PER CIC OF THE PICC DATED 01/01/1981 FOR 110 PCT OF INVOICE VALUE

（续上表）

L/C NO.：GKCD862730		S/C NO.：GWT20140513
错误（项目）	错误	正确
47A：ADDITIONAL CONDITIONS	1/3 CLEAN ON BOARD B/L SENT TO APPLICANT BY DHL WITHIN 24 HOURS AFTER SHIPMENT	DELETE THIS CLAUSE.
71B：CHARGES	ALL CHARGES ARE TO BE BORN BY BENEFICIARY ACCOUNT	ALL CHARGES OUTSIDE BELGIUM ARE TO BE BORN BY BENEFICIARY AC-COUNT
48：PERIOD FOR PRES-ENTATION	WITHIN 5 DAYS AFTER THE DATE OF SHIPMENT	WITHIN 15 DAYS AFTER THE DATE OF SHIPMENT

（三）修改信用证

受益人在审证时若发现信用证条款与合同不符，或有对受益人不利的软条款，必须及时向开证申请人提出修改要求，并在收到改证通知书、确定无误后才能发货。

1. 修改信用证的程序

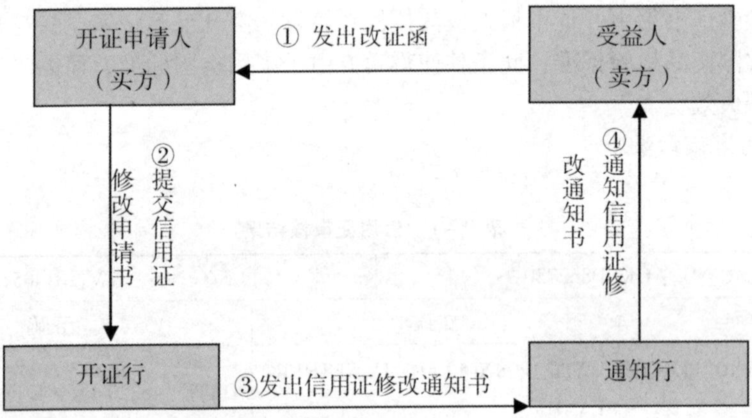

图 9－2　信用证修改程序

2. 修改信用证的注意事项

（1）收到信用证后应及时审核，修改必须及时提出。

（2）需要修改的内容，应做到一次性提出，避免多次修改信用证的情况。

（3）对于不可撤销信用证中任何条款的修改，都必须取得当事人的同意后才能生效。

（4）对于修改内容要么全部接受，要么全部拒绝。部分接受修改中的内容是无效的。

（5）收到信用证修改通知书后，应及时检查修改内容是否符合要求，并分辨情况表示接受或重新提出修改。

（6）有关信用证修改必须通过原信用证通知行传递才有效，通过客人直接寄送的修改申请书或修改通知书复印件不是有效的修改。

3. 改证函的内容

受益人向开证申请人发出改证函，是修改信用证的第一步，改证函一般包括以下三方面内容：首先，感谢对方及时开来信用证；其次，逐项列明不符点并说明如何修改；最后，感谢对方合作，并希望早日收到信用证修改通知书，以便卖方按时发货。

4. 杨洋撰写的改证函

BLUE SKY IMP. & EXP. CO.

ROOM 2501，JINGHUA MANSION，188 ZHONGSHAN WEST ROAD，NANJING，CHINA

DATE：JUN. 8，2014

BABYBOSS TRADING COMPANY

DEAR SIRS，

WE HAVE RECEIVED YOUR L/C NO. GKCD862730 FOR CONTRACT NO. GWT20140513. WHILE WE THANK YOU FOR YOUR L/C，WE REGRET TO SAY THAT WE HAVE FOUND SOME DISCREPANCIES AFTER CHECKING. YOU ARE REQUESTED TO MAKE THE FOLLOWING AMENDMENTS：

1）THE PLACE OF EXPIRY IN NETHERLANDS SHOULD BE IN CHINA.

2）THE DRAWEE SHOULD BE ING BANK NETHERLANDS.

3）DESCRIPTION OF GOODS AT EUR10. 50/PC CIF ROTTERDAM SHOULD BE AT USD15. 00/PC CIF ROTTERDAM.

4）FREIGHT COLLECT SHOULD BE FREIGHT PREPAID.

5）COVERING ALL RISKS，FROM WAREHOUSE TO WAREHOUSE FOR 120 PCT OF INVOICE VALUE SHOULD BE COVERING ALL RISKS AND WAR RISK AS PER CIC OF THE PICC DATED 01/01/1981 FOR 110 PCT OF INVOICE VALUE.

6）DELETE THIS CLAUSE 1/3 CLEAN ON BOARD B/L SENT TO APPLICANT BY DHL WITHIN 24 HOURS AFTER SHIPMENT.

7）ALL CHARGES ARE TO BE BORN BY BENEFICIARY ACCOUNT SHOULD BE ALL CHARGES OUTSIDE BELGIUM ARE TO BE BORN BY BENEFICIARY ACCOUNT.

8）PERIOD FOR PRESENTATION WITHIN 5 DAYS SHOULD BE WITHIN 15 DAYS.

PLEASE MAKE THE ABOVE AMENDMENTS SO THAT WE MAY MAKE ARRANGEMENTS FOR SHIPMENT.

YOURS FAITHFULLY，

YANGYANG

【案例】

信用证修改通知书未被答复，修改内容是否有效案

中国广东某公司与丹麦KKK公司在2014年9月按CIF条件签订了一份出口圣诞灯具的商品合同，支付方式为不可撤销即期信用证。KKK公司于7月通过丹麦日德兰银行开来信用证，经审核与合同相符，其中保险金额为发票金额的110%。就在我方正在备货期间，丹麦商人通过通知行传递给我方一份信用证修改书，内容为将保险金额改为发票金额的120%。我方没有理睬，仍按原证的规定投保、发货，并于货物装运后在信用证交单期和有效期内向议付行议付货款。议付行审单无误，于是放款给受益人，后将全套单据寄丹麦开证行。开证行审单后，以保险单与信用证修改书不符为由拒付。试问：开证行拒付是否有道理？为什么？

分析要点：在本案中，我方公司在收到有关信用证修改的通知后，并未发出接受或拒绝修改的通知，而且在交单时向银行提交了符合原信用证规定的单据，受益人以其行为做出拒绝信用证修改的表示，按照国际惯例，原信用证的条款对受益人仍然有效，信用证的修改因未获得受益人的同意而无效。因此，开证行审单后，以保险单与信用证修改书不符为由拒付是不合理的。

【知识链接】

《UCP600》关于信用证修改的规定

《UCP600》第10条规定，信用证经过修改后，银行即受该修改后的信用证的约束。受益人可自行决定修改内容或拒绝修改，但其应发出是否同意修改的通知。当受益人告知其接受修改之前，原证对开证行继续有效，即原证的条款对受益人仍具有约束力。但如果受益人未发出接受或拒绝的通知，而其提交的单据与原证的条款相符，则视为受益人拒绝其修改；如果受益人提交的单据与经修改后的信用证条款相符，则视为受益人接受了其修改。从这时起，信用证就被视为已经修改。总之，受益人是否同意修改信用证可以用在结汇提交单据时的行为来表示。

三、办理出运（船）

办理货物出运一般包括租船订舱、报检、报关、投保和装船出运等环节。

（一）租船订舱

海洋运输中，大批量货物出口需整船装运，办理租船手续；小批量货物出口，大部分采用班轮订舱方式运输。实际业务中，多数情况采用班轮运输，CIF条件下，出口商备妥货物后，应及时办理订舱手续。

1. 出口商委托货代办理租船订舱的业务流程

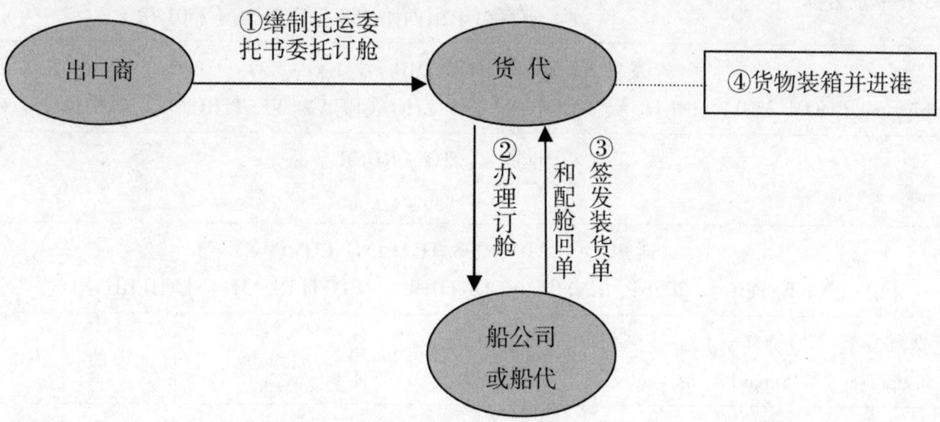

图 9－3 租船订舱流程

①出口商缮制托运委托书（或称托运单）和出口货物明细单，委托货代办理订舱手续。

②货代接受委托后，将托运单随同商业发票、装箱单等向船公司或船代办理订舱。

③船公司或船代接受订舱，并向托运人或货代签发装货单。

2. 杨洋缮制的出口托运委托书（单）

海运委托书

托运单号：BS1418
委托日期 2014 年 7 月 12 日

委托单位名称	蓝天进出口公司 南京市中山西路 188 号京华大厦 2501 房
提单 B/L 项目要求	发货人：BLUE SKY IMP. & EXP. CO. Shipper：ROOM 2501，JINGHUA MANSION，188 ZHONGSHAN WEST ROAD，NANJING ，CHINA
	收货人：TO ORDER Consignee：
	通知人：BABYBOSS TRABING COMPANY Notify Party： 206ST，LANGE VOORTHOUT，ROTTERDAM，NETHERLANDS

海洋运费（√） 预付（√）或 到付 Ocean freight： Prepaid or Collect	提单份数	3	放单方式	电放__ 正本__

起运港	SHANGHAI	目的港	ROTTERDAM	可否转船	允许	可否分批	允许
集装箱预配数	20GP x40’ GPx 40HQx			装运期限	2014. 7. 30	预定船期	2014. 7. 20

标记唛头	件数及包装式样	中英文货号 Description of goods （In Chinese & English）	毛重（公斤）	尺码（立方米）	成交条件（总价）
BTC BS20140513 ROTTERDAM C/NO. 1－100	100 箱	时尚手提包 FASHION HANDBAG 15004 SAILCLOTH SIZE：25CM L ×3CM W ×35CM H	14 000. 00	39. 20	CIF
			特种货物 冷藏品 危险品	重件： 每件重量 大件： （长×宽×高）	

内装箱（CFS）地址		——	是否委托我司报关：是__ 否__√
门对门装箱点	地址	自送	是否委托我司安排拖车：是__ 否__√
	电话	联系人	是否需要转关：是__否__√

随附单证份	出口货物报关单		商业发票		委托方	委托人	杨洋
	出口收汇核销单		装箱清单			电话	86－25－23501213
	进来料加工手册		出口许可证			传真	86－25－23500638
	原产地说明书		出口配额证			地址	南京市中山西路 188 号京华大厦 2501 房
	危险货物说明书		商检证				
	危险货物包装证		动植物检疫证			委托单位盖章	蓝天进出口公司 BLUE SKY IMP. & EXP. CO.
	危险货物装箱申明书						
备注：							

（二）出口报检

出口报检是指对按约定条件和国家规定必须经过法定检验的出口货物的质量、数量和包装等，在备妥货物后进行检验，以确保出口商品能符合合同规定和政府法规规定。目前我国的进出口商品检验机构为出入境检验检疫总局（China Exit & Entry Inspection & Quarantine Bureau，简称 CIQ）。

凡列入《出入境检验检疫机构实施检验检疫的进出境商品目录表》的出口商品和其他法律、法规规定须经检验的出口商品，或合同规定必须经由检验检疫机构检验出证的商品，在完成备货后，应在规定地点和期限内向检验机构申请检验。海关凭出入境检验检疫机构签发的《出境货物通关单》和检验证书验放，经检验不合格者，一般不得出口。出口商品检验包括品质检验、安全卫生检验、数量鉴定、重量鉴定等。

1. 出口报检的业务流程

我国出口商品检验的程序主要包括“报检资格认定（首次报检）、申请报检、检验、签证与放行”等四个环节。具体过程如图 9－4 所示。

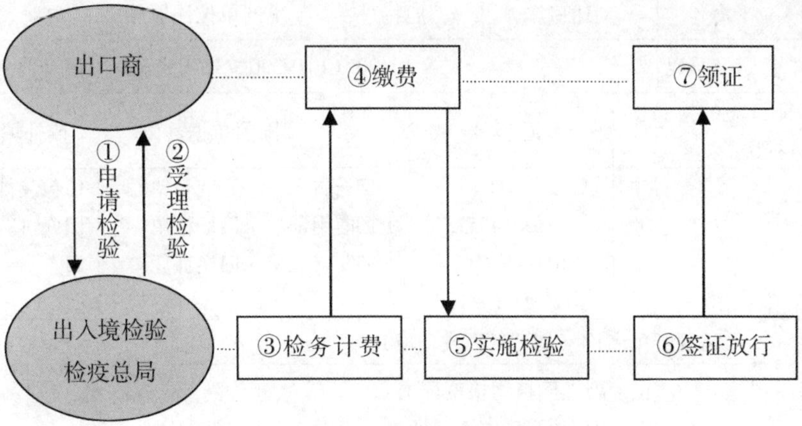

图 9－4　出口报检流程

2. 报检时应提交或出示的单据

①报检单；

②合同与合同附件；

③信用证；

④商业发票；

⑤装箱单；

⑥厂检单、出口商品运输包装性能检验等。

3. 杨洋缮制的出口报检单

中华人民共和国出入境检验检疫

出境货物报检单

报检单位（加盖公章）：蓝天进出口公司　　　　＊编　　号__________

报检单位登记号：445BBB846　联系人：杨洋　电话：025－88886666　报检日期：2014年7月11日

发货人	（中文）蓝天进出口公司	
	（外文）BLUE SKY IMP. & EXP. CO.	
收货人	（中文）	
	（外文）BABYBOSS TRADING COMPANY	

货物名称（中/外文）	H. S. 编码	产地	数/重量	货物总值	包装种类及数量
FASHION HANDBAG	4202 2200 00	南京	1 000PCS	USD15 000. 00	100 CTNS

运输工具名称号码	APL CHINA V. 147E	贸易方式	一般贸易	货物存放地点	外高桥码头
合同号	BS20140513	信用证号	GKCD862730	用途	
发货日期	20140720	输往国家（地区）	荷兰	许可证/审批号	
起运地	上海	到达口岸	鹿特丹	生产单位注册号	
集装箱规格、数量及号码	1×20' CBHU3202732/C56765				

合同、信用证订立的检验检疫条款或特殊要求	标记及号码	随附单据（划"✓"或补填）		
	BTC BS20140513 ROTTERDAM C/NO. 1－100	☑合同 ☑信用证 ☑发票	☑装箱单 ☐厂检单 ☐换证凭单	☐包装性能结果单 ☐许可/审批文件 ☐ ☐

需要证单名称（划"✓"或补填）				＊检验检疫费	
☐品质证书	__正__副	☐植物检疫证书	__正__副	总金额（人民币元）	
☐重量证书	__正__副	☐熏蒸/消毒证书	__正__副		
☐数量证书	__正__副	☐出境货物换证凭单	__正__副		
☐兽医卫生证书	__正__副	☐		计费人	
☐健康证书	__正__副	☐			
☐卫生证书	__正__副	☐		收费人	
☐动物卫生证书	__正__副	☐			

报检人郑重声明：	领取证单	
1. 本人被授权报检。	日期	
2. 上列填写内容正确属实，货物无伪造或冒用他人的厂名、标志、认证标志，并承担货物质量责任。		
签名：杨洋	签名	

注：有"＊"号栏由出入境检验检疫机关填写　　　　◆国家出入境检验检疫局制

[1－2（2000. 1. 1）]

（三）出口报关

出口报关是指出口货物发货人、出境运输工具负责人、出境物品所有人或者他们的代理人向海关办理货物、物品或运输工具出境手续及相关海关事务的过程，包括向海关申报、交验单据证件并接受海关的监管和检查等。我国自2000年1月1日起实施“先报检，后报关”的通关模式，法定检验的进出口商品经检验合格后，商检机构在“出/入境货物通关单”上加盖检验检疫专用章，海关凭此放行。

1. 出口报关的业务流程

出口报关的基本环节包括“申报、查验、征税、放行”。出口报关具体流程如图9－5所示：

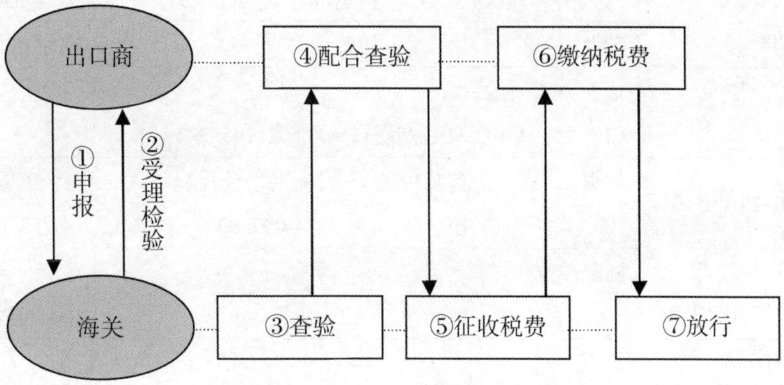

图9－5 出口报关流程

2. 出口报关应提交的单证

①出口货物报关单；

②商业发票；

③装箱单；

④贸易合同；

⑤出境货物通关单；

⑥装货单。

3. 杨洋缮制的出口报关单

中华人民共和国海关出口货物报关单

预录入编号： 海关编号：

出口口岸 吴淞海关 2202	备案号	出口日期 2014.07.20	申报日期 2014.07.15
经营单位 蓝天进出口公司	运输方式 海洋运输	运输工具名称 APL CHINA V.147E	提运单号 SH14－145
发货单位 蓝天进出口公司	贸易方式 一般贸易	征免性质 一般征税	结汇方式 L/C
许可证号 14－38－B26881	运抵国（地区） 荷兰	指运港 纽约	境内货源地 南京
批准文号	成交方式 CIF	运费 502/901.25/3	保费 502/145.2/3	杂费
合同协议号 BS20140513	件数 100	包装种类 箱	毛重（公斤） 14 000.00	净重（公斤） 12 500.00
集装箱号 CBHU3202732/C56765	随附单据	生产厂家 南京威达箱包厂
标记唛码及备注 BTC BS20140513 ROTTERDAM C/NO.1－100			

项号	商品编号	商品名称、规格型号	数量及单位	最终目的国（地区）	单价	总价	币制	征免
0001	4202 2200 00	时尚手提色 15004 帆布 SIZE：25CM L×3CM W×35CM H	1 000PCS	NETHERLANDS	15.00	15 000.00	USD	一般征税

税费征收情况

（续上表）

录入员 杨洋	录入单位 蓝天进出口公司	兹声明以上申报无讹并承担法律责任	海关审单批注及放行日期（签章）	
报关员 杨洋		申报单位（签章） 蓝天进出口公司	审单	审价
单位地址　南京市中山西路188号京华大厦2501房			征税	统计
邮编	电话86－25－23501213	填制日期2014年7月15日	查验	放行

（四）办理保险

办理保险是指投保人与保险人（一般是保险公司）订立保险合同，并按照保险合同支付保险费的过程。

对于按CIF/CIP条件成交的出口合同，卖方在装船前，须及时到保险公司办理投保手续，填制投保单。商品的投保一般都是逐笔办理的。投保人在投保时应将货物名称、保额、运输路线、运输工具、开航日期、投保险别等一一列明。

1. 出口货物运输投保的业务流程

出口商办理保险业务的主要环节是：

①填写投保单。投保人按合同或信用证的规定，填写投保单。

②缴纳保险费。投保人按投保险别及相应保险费率计算并缴纳保险费。

③取得保险单据。支付保险费后，保险公司签发保险单据，投保人取得保险单据。

出口商办理保险业务的具体业务流程如图9－6：

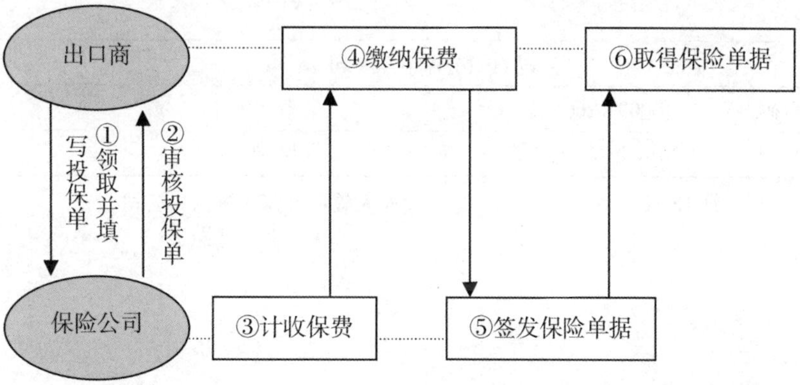

图9－6　出口投保流程

2. 杨洋缮制的出口投保单及保险公司签发的保险单

出口货物运输保险投保单

<table>
<tr><td>发票号码</td><td>BS1418</td><td colspan="2">投保条款和险别</td></tr>
<tr><td rowspan="2">被保险人</td><td>客户抬头
BLUE SKY IMP & EXP. CO.</td><td colspan="2" rowspan="13">(⁄) PICC CLAUSE
( ) ICC CLAUSE
(⁄) ALL RISKS
( ) W. P. A. /W. A.
( ) F. P. A.
(⁄) WAR RISKS
( ) S. R. C. C.
( ) STRIKE
( ) ICC CLAUSE A
( ) ICC CLAUSE B
( ) ICC CLAUSE C
( ) AIR TPT ALL RISKS
( ) AIR TPT RISKS
( ) O/L TPT ALL RISKS
( ) O/L TPT RISKS
( ) TRANSHIPMENT RISKS
( ) W TO W
( ) T. P. N. D.
( ) F. R. E. C.
( ) R. F. W. D.
( ) RISKS OF BREAKAGE
( ) I. O. P.</td></tr>
<tr><td>过户
BABYBOSS TRADING COMPANY</td></tr>
<tr><td rowspan="3">保险金额</td><td>USD (16 500. 00)</td></tr>
<tr><td>HKD ( )</td></tr>
<tr><td>( ) ( )</td></tr>
<tr><td>起运港</td><td>SHANGHAI</td></tr>
<tr><td>目的港</td><td>ROTTERDA M</td></tr>
<tr><td>转内陆</td><td></td></tr>
<tr><td>开航日期</td><td>JUL. 20, 2014</td></tr>
<tr><td>船名航次</td><td>APL CHINA V. 147E</td></tr>
<tr><td>赔款地点</td><td>ROTTERDAM</td></tr>
<tr><td>赔付币别</td><td>USD</td></tr>
<tr><td>正本份数</td><td>1</td></tr>
<tr><td>其他特别条款</td><td colspan="3"></td></tr>
<tr><td colspan="4">以 下 由 保 险 公 司 填 写</td></tr>
<tr><td>保单号码</td><td>DD0091 266</td><td>费 率</td><td></td></tr>
<tr><td>签单日期</td><td>2014 年 7 月 15 日</td><td>保 费</td><td></td></tr>
</table>

投保日期：2014 年 7 月 15 日　　　　投保人签章：蓝天进出口公司

杨洋

海洋货物运输保险单
MARINE CARGO TRANSPORTATION INSURANCE POLICY

被保险人：BLUE SKY IMP. & EXP. CO.

Insured：

中保财产保险有限公司（以下简称本公司）根据被保险人的要求，及其所缴付约定的保险费，按照本保险单承担险别和背面所载条款与下列特别条款承保下列货物运输保险，特签发本保险单。

This Policy of Insurance witnesses that the People's Insurance (Property) Company of China, Ltd. (hereinafter called "the Company"), at the request of the Insured and in consideration of the agreed premium paid by the Insured, undertakes to insure the undermentioned goods in transportation subject to the conditions of this Policy as per the Clauses printed overleaf and other special clauses attached hereon.

保险货物项目 Descriptions of Goods	包装 单位 数量 Packing Unit Quantity	保险金额 Amount Insured
FASHION HANDBAG	100 CTNS 1 000 PCS	USD 16 500. 00

承保险别
Conditions

COVERING ALL RISKS AND WAR RISK, FROM WAREHOUSE TO WAREHOUSE FOR 120 PCT OF INVOICE VALUE

货物标记
Marks of Goods

BTC
BS20140513
ROTTERDAM
C/NO. 1 – 100

总保险金额：
Total Amount Insured：SAY U. S. DOLLARS SIXTEEN THOUSAND FIVE HUNDRED ONLY.

保费 Premium PAID

载运输工具 Per conveyance S. S. APL CHINA V. 147E

开航日期 Slg. on or abt. JUL. 20，2014

起运港 From SHANGHAI

目的港 To ROTTERDAM

所保货物，如发生本保险单项下可能引起索赔的损失或损坏，应立即通知本公司下述代理人查勘。如有索赔，应向本公司提交保险单正本（本保险单共有　　份正本）及有关文件。如一份正本已用于索赔，其余正本则自动失效。

In the event of loss or damage which may result in a claim under this Policy, immediate notice must be given to the Company's Agent as mentioned hereunder. Claims, if any, one of the Original Policy which has been issued in original(s) together with the relevant documents shall be surrendered to the Company. If one of the Original Policy has been accomplished, the others to be void.

中保财产保险有限公司
THE PEOPLE'S INSURANCE (PROPERTY) COMPANY OF CHINA, LTD.

赔款偿付地点
Claim payable at ROTTERDAM IN USD

日期 Date JUL. 15，2014　　在 At NANJING

地址：
Address：176 ZHONGSHAN WEST ROAD，NANJING，CHINA

（五）装船出运

出口货物在办完报关手续后，海关在装货单上加盖放行章，出口商或货代凭盖有海关放行章的单据将出口货物发运至港区内指定的地方等待装船。货物装船完毕后，由船长或大副根据实际装货情况在收货单上签字，即签发大副收据（船公司签发给托运人的表明货物已装妥的临时收据）。外贸公司或货代可凭此单据向船公司或其代理换取海运提单。以下图9-7是出口商组织装船出运的具体过程：

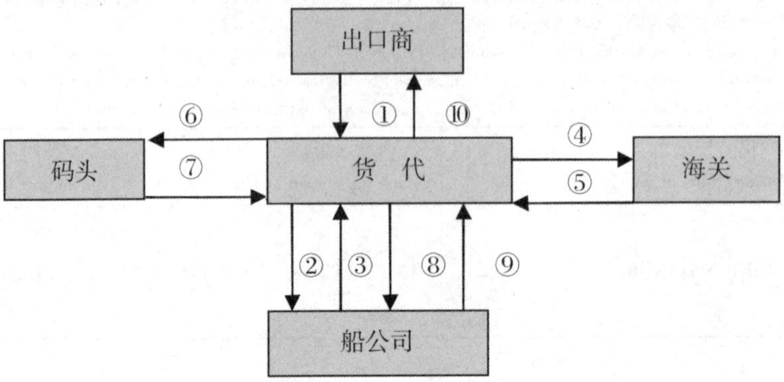

图9-7 出口货物装船出

注：①出口货物订舱委托书、商业发票、装箱单；②托运单（Booking Note, B/N）、商业发票、装箱单；③配舱回单、装货单（Shipping Order, S/O）；④装货单、其他文件；⑤盖放行章的装货单；⑥盖放行章的装货单；⑦大副收据（Mate's Receipt, M/R）；⑧大副收据；⑨正本提单（B/L）；⑩正本提单。

【知识链接】

关单号、提单号与报关单号

装货单（SHIPPING ORDER）俗称关单或下货纸，是船公司接受了托运人提出装运委托申请后，签发给托运人的、用以命令船长将承运的货物装船的单据，也是货主用以向海关办理出口货物申报手续、海关验货放行的证件，所以又叫关单。在国际货物运输中，装货单一经签发，运输合同即告成立。

关单号就是装货单的编号，一般来说就是船公司的提单号，但有些船公司的提单号是全球系统自动生成的，只有录入提单内容才会生成提单号，事先给出的关单号只是一个订舱号（BOOKING NUMBER），操作过程中，该关单号是向海关申报、核对国内舱单的依据，而真正的提单号是出具提单、发送国外舱单的依据，也就是说这种情况下，关单号与真正的提单号是不同的。

报关单号是指在报关单上的"海关编号"，一般是18位数字，在核销及财务录入系统时只填后9位即可。

四、制单结汇（款）

制单结汇是指货物装运后，出口商应按合同或信用证的要求，正确缮制各种单据，在信用证规定的交单有效期内，填写出口结汇申请书（联系单），连同全套正本单据递交银行办理议付结汇手续。

（一）缮制单据

1. 单据制作的基本要求

出口单据不单是收汇的依据，而且还是发生质量纠纷时处理争议的依据，单据制作应做到“正确、完整、及时、简明、整洁”。

（1）正确。正确是单证工作的前提，信用证支付方式下各种单据必须做到“三相符”，即“单证相符、单单相符及单据与有关惯例和法律规定相符”；非信用证支付方式下，还要做到单同相符（单据与贸易合同相符）。

（2）完整。完整主要指成套单据群体完整，即提交的单据种类齐全；每一种单据所填的内容完备齐全；同时，每类单据的份数要齐全。

（3）及时。及时一方面指出单及时，即各种单据的出单日期必须合理可行，不能超过信用证有效期或按商业习惯的合理日期；另一方面指结汇及时，即向银行交单议付不能超过信用证规定的交单期。

（4）简明。简明指单证缮制清晰、简洁明了。

（5）整洁。整洁指单证的表面清洁、美观大方。

小贴士

有关单据的日期关系：

（1）《UCP600》规定保险单的日期不能迟于提单的日期。

（2）各单据出单先后顺序一般依次为：发票日期—检验证书日期或保险单日期—装船日期（提单日期）—信用证最迟装运日期—汇票出票日期—信用证最迟交单日期或信用证有效期。

【案例】

出口单据争议案

我国A公司向印度B公司以CIF条件出口货物一批，国外来证中的单据条款规定：商业发票一式两份；全套清洁已装船提单，注明“运费预付”；保险单一式两份。A公司在信用证规定的装运期限内将货物装上船，并于到期日前向议付行交单议付，议付行随即向开证行寄单索偿。开证行收到单据后来电表示拒绝付款，理由是单证有下列不符：①商业发票没有受益人的签字；②正本提单仅有一份，不符合全套要求；③保险单上的保险金额与发票金额相等，所以投保金额不足；④提单签字没有表明身份。试分析开证行拒付的理由是否成立？

分析要点：①不成立。《UCP600》规定，除非信用证另有规定，商业发票无须签字。因此商业发票上没有受益人的签字，应认为单证相符。②不成立。《UCP600》规定，全套正本提单可以是一份或一份以上的正本提单。因此，本证下全套正本提单是一份组成，属于相符交单。③成立。《UCP600》规定，信用证未规定保险金额，则最低保险金额为CIF或CIP金额加成10%。本案保险金额与发票金额相等，因此，投保金额不足，构成单证不符。④成立。《UCP600》规定，承运人、船长或代理人的任何签字必须标明其承运人、船长或代理人的身份。代理人的任何签字必须标明其是代表承运人还是船长签字。因此，承运人不表明身份，应属单证不符。

【案例】

最迟交单日遇银行非营业日，交单时间如何确定案

我国某公司向国外出口某商品，L/C中规定的装运期为5月份，交单期为6月10日前，L/C的有效期为6月25日。该公司收到L/C后，及时准备货物，但因产品制作时间较长，货物于5月27日才全部赶制出来，装运后取得5月29日签发的提单。我方制作好单据于6月8日交单时，恰逢6月8日和9日是银行非营业日。问：我方最终能否从银行取得货款？为什么？

分析要点：我方可以从银行取得货款。理由：根据《UCP600》规定，如果信用证的有效期或交单期的最后一天恰逢受益人所在国家的法定假日，这一天可以顺延至假日后第一个银行工作日。

【知识链接】

信用证的"三期"

信用证的"三期"是指信用证的有效期、交单期和装运期。《UCP600》规定，信用证必须规定一个到期日和一个交单付款、承兑的地点，规定的付款、承兑或议付的到期日，将被解释为信用证的有效期。信用证还应规定一个运输单据出单日期后必须提交符合信用证条款的单据的特定期限，即"交单期"。如果信用证未规定交单期，银行将拒收迟于运输单据出单日期21天后提交的单据，但单据也不得迟于信用证到期日提交。装运期是指卖方将货物装上运往目的港的运输工具或交付给承运人的日期。信用证可以没有装运期，只有有效期，在实际业务中叫做"双到期"。

2. 常见结汇单据的种类

（1）出口商签发的单证。汇票、商业发票、包装单据（装箱单和重量单等）、受益人证明书、装运通知等。

（2）官方机构签发的单证。原产地证书、检验证书等。

（3）其他机构签发的单据。提单、保险单等。

3. 杨洋缮制的出口结汇单据

（1）汇票。

BILL OF EXCHANGE

凭 Drawn Under	ING BANK NETHERLANDS	开证日期 L/C DATE.	MAY.22,2014	信用证号 L/C No.	GKCD862730
日期 Date	JUL.10,2014			按息 付款 Payable with interest@ %per annum	
号码 No.	BS1218	汇票金额 Exchange for	USD 15 000.00	南京 Nanjing	

见票 日后（本汇票之副本未付）付交

At *** sight of this FIRST of Exchange (Second of Exchange Being unpaid)

Pay to the order of BANK OF CHINA, NANJING BRANCH

金额
the sum of SAY U.S. DOLLARS FIFTEEN THOUSAND ONLY.

此致

To:

ING BANK NETHERLANDS

45-7 MATRICHTR RD ROTTERDAM NETHERLANDS

BLUE SKY IMP. & EXP. CO.

YANGYANG

（2）商业发票。

ISSUER BLUE SKY IMP. & EXP. CO. ROOM2501, JINGHUA MANSION, 188 ZHONGSHAN WEST ROAD, NANJING , CHINA	商业发票 COMMERCIAL INVOICE			
TO BABYBOSS TRABING COMPANY 206ST, LANGE VOORTHOUT, ROTTERDAM, NETHERLANDS	NO. BS1 418		DATE JUL. 10, 2014	
TRANSPORT DETAILS FROM SHANGHAI TO ROTTERDAM BY SEA	S/C NO. BS20140513		L/C NO. GKCD862730	
	TERMS OF PAYMENT L/C			
Marks and Numbers	Number and kind of package Description of goods	Quantity	Unit Price	Amount
BTC BS20140513 ROTTERDAM C/NO. 1 – 100	FASHION HANDBAG 15004 SAILCLOTH SIZE：25CM L ×3CM W ×35CM H	1 000 PCS	CIF ROTTERDAM USD15. 00	USD15 000. 00
	TOTAL：	1 000 PCS		USD15 000. 00
SAY TOTAL：	SAY U. S. DOLLARS FIFTEEN THOUSAND ONLY.			
				BLUE SKY IMP. & EXP. CO. YANGYANG

（3）装箱单。

BLUE SKY IMP. & EXP. CO.

蓝天进出口公司

ROOM2501, JINGHUA MANSION, 188 ZHONGSHAN WEST ROAD, NANJING, CHINA

PACKING LIST

TO: BABYBOSS TRABING COMPANY
206ST, LANGE VOORTHOUT, ROTTERDAM,
NETHERLANDS

Invoice No.: BS1418
Invoice Date: JUL. 10, 2014
S/C No.: BS20140513
S/C Date: MAY. 13, 2014

From: SHANGHAI To: ROTTERDAM

Letter of Credit No.: GKCD862730 Date of Shipment: JUL. 20, 2014

Marks and Numbers	Number and kind of package Description of goods	Quantity	Package	G. W	N. W	Meas.
BTC BS20140513 ROTTERDAM C/NO. 1 – 100	FASHION HANDBAG 15004 SAILCLOTH SIZE: 25CM L ×3CM W ×35CM H	1 000 PCS	100 CTNS	14 000KGS	12 500 KGS	39. 2CBM

TOTAL: 1 000 PCS 100 CTNS 14 000KGS 12 500 KGS 39. 2CBM

SAY TOTAL: SAY ONE HUNDRED CARTONS ONLY.

（4）提单。

Shipper BLUE SKY IMP. & EXP. CO. ROOM2501, JINGHUA MANSION, 188 ZHONGS-HAN WEST ROAD, NANJING, CHINA	B/L NO. SH12－145 SINOTRANS 中国外运上海公司 SINOTRANS SHANGHAI COMPANY OCEAN BILL OF LADING
Consignee or order TO ORDER	
Notify address BABYBOSS TRABING COMPANY 206ST, LANGE VOORTHOUT, ROTTERDAM, NETHERLANDS	SHIPPED on board in apparent good order and condition (unless otherwise indicated) the goods or packages specified herein and to be discharged at the mentioned port of discharge or as near thereto as the vessel may safely get and be always afloat. The weight, measure, marks and numbers, quality, contents and value, being particulars furnished by the Shipper, are not checked by the Carrier on loading. The Shipper, Consignee and the Holder of this Bill of Lading hereby expressly accept and agree to all printed, written or stamped provisions, exceptions and conditions of this Bill of Lading, including those on the back hereof. IN WITNESS whereof the number of original Bills of Lading stated below have been signed, one of which being accomplished the other (s) to be void.

Pre-carriage by	Port of loading
Vessel APL CHINA V. 147E	SHANGHAI Final destination
Port of discharge ROTTERDAM	Final destination

Container. seal No. or marks and Nos.	Number and kind of package	Description of goods	Gross weight (kgs.)	Measurement (m^3)
BTC BS20140513 ROTTERDAM C/NO. 1-100 CN：CBHU3202732/C56765 SN：140720111	100 CTNS TOTAL：SAY ONE HUNDRED CARTONS ONLY. 1×20'FCL	FASHION HANDBAG 15004 SAILCLOTH SIZE：25CM L ×3CM W ×35CM H ON BOARD DATE： JUL. 20, 2014	14 000.00KGS	39.20 CBM

Freight and charges FREIGHT PREPAID	REGARDING TRANSHIPMENT INFORMATION PLEASE CONTACT

Ex. rate	Prepaid at	Freight payable at	Place and date of issue JUL. 20, 2014 SHANGHAI
	Total prepaid	Number of original Bs/L THREE (3)	Signed for or on behalf of the Master SINOTRANS SHANGHAI COMPANY AS CARRIER As Agent

（5）原产地证书。

1. Goods consigned from (Exporter's business name, address, country)
BLUE SKY IMP. & EXP. CO.
ROOM2501, JINGHUA MANSION, 188 ZHONGSHAN WEST ROAD, NANJING, CHINA

2. Goods consigned to (Consignee's name, address, country)
BABYBOSS TRABING COMPANY
206ST, LANGE VOORTHOUT, ROTTERDAM, NETHERLANDS

Reference No. AS140800
GENERALIZED SYSTEM OF PREFERENCES
CERTIFICATE OF ORIGIN
(Combined declaration and certificate)
Issued in THE PEOPLES REPUBLIC OF CHINA
(country)

See Notes overleaf

3. Means of transport and route (as far as known)
ON OR AFTER JUL. 20, 2014 FROM SHANGHAI TO ROTTERDAM BY SEA

4. For official use

5. Item number	6. Marks and numbers of packages	7. Number and kind of packages; description of goods	8. Origin criterion (see Notes overleaf)	9. Gross weight or other quantity	10. Number and date of invoices
1	BTC BS20140513 ROTTERDAM C/NO. 1-100	ONE HUNDREND (100) CARTONS OF FASHION HANDBAG 15004 * * * * * * * * * * * * * * *	p	14 000.00KGS	JUL. 10, 2014 BS1418

11. Certification
It is hereby certified, on the basis of control carried out, that the declaration by the exporter is correct.

JUL. 16, 2014 NANJING

Place and date, signature and stamp of certifying authority

12. Declaration by the exporter
The undersigned hereby declares that the above details and statements are correct, that all the goods were produced in CHINA
(country)
and that they comply with the origin requirements specified for those goods in the Generalized System of Preferences for goods exported to
NETHERLANDS

JUL. 12, 2014 NANJING YANGYANG

Place and date, signature and stamp of authorized signatory

（6）受益人证明。

BLUE SKY IMP. & EXP. CO.

ROOM2501，JINGHUA MANSION，188 ZHONGSHAN WEST ROAD，NANJING ，CHINA

CERTIFICATE

DATE JUL. 22，2014

INVOICE NO：BS1418

TO WHOM IT MAY CONCERN：

WE HEREBY CERTIFY THAT ONE SET OF COPIES OF SHIPPING DOCUMENTS HAS BEEN SENT TO APPLICANT WHTHIN 5 DAYS AFTER SHIPMENT.

BLUE SKY IMP. & EXP. CO.

YANGYANG

Authorized Signature

（7）装运通知。

BLUE SKY IMP. & EXP. CO.

ROOM 2501,JINGHUA MANSION, 188 ZHONGSHAN WEST ROAD, NANJING ,CHINA

SHIPPING ADVICE

FAX	86-25-23500638	**INVOICE NO.**	BS1418
TEL	86-25-23501213	**L/C NO.**	GKCD862730
		S/C NO.	BS20140513

MESSRS:

BABYBOSS TRADING COMPANY

206ST, LANGE VOORTHOUT, ROTTERDAM, NETHERLANDS

DEAR SIRS:

WE HEREBY INFORM YOU THAT THE GOODS UNDER THE ABOVE MENTIONED CREDIT HAVE BEEN SHIPPED. THE DETAILS OF THE SHIPMENT ARE STATED BELOW.

SHIPPING MARKS:	**COMMODITY :**	FASHION HANDBAG 15004
BTC BS20140513 ROTTERDAM C/NO.1-100	**AMOUNT:**	USD15 000.00
	TOTAL G. W.:	14 000KGS
	OCEAN VESSEL:	APL CHINA V.147E
	DATE OF DEPARTURE:	JUL.22,2014
	B/L NO.:	SH14-145
	B/L DATE :	JUL.20,2014
	PORT OF LOADING:	SHANGHAI
	DESTINATION:	ROTTERDAM

BLUE SKY IMP. & EXP. CO.

YANGYANG

【知识链接】

国际贸易中发票的种类

（1）商业发票（Commercial Invoice）。商业发票是由出口商（卖方）签发给进口商（买方）、证明将一定数量的货物销售给进口商的文件，是买卖双方记账的依据，也是进出口报关纳税的总说明。商业发票是一笔业务的全面反映，其内容包括编号、签发日期、买卖双方的名称和地址、商品名称、规格型号、单价、数量、金额、包装等。商业发票在单据制作过程中，是全套出口单据的核心，其余单据均需参照商业发票缮制。

(2) 海关发票 (Customs Invoice)。海关发票是出口商应进口国海关要求填制的一种特定格式的单据，基本内容同普通的商业发票类似，其格式一般由进口国海关统一制定并提供，它的作用是供进口商凭以向海关办理进口报关、纳税等手续。

(3) 领事发票 (Consular Invoice)，又称签证发票，是出口商根据进口国驻在出口地领事所提供的特定格式填制，并经领事签证的发票。这种发票证明出口货物的详细情况，为进口国用于防止外国商品的低价倾销，同时可用作进口税计算的依据，有助于货物顺利通过进口国海关。出具领事发票时，领事馆一般要根据进口货物价值收取一定费用。这种发票主要为拉美国家所采用。

(4) 形式发票 (Proforma Invoice)，也称预开发票或估价发票，是进口商为了向其本国当局申请进口许可证或请求核批外汇，在未成交之前，要求出口商将拟出售成交的商品名称、单价、规格等条件开立的一份参考性、非正式发票。一些发展中国家为管制进口、控制外汇支出及掌握进口来源地，要求进口商凭出口商提供的形式发票申请进口许可证。中国无此规定。

(5) 厂商发票 (Manufacturer's Invoice) 是出口货物的制造厂商所出具的以本国货币计算、用来证明出口国国内市场的出厂价格的发票。要求提供厂商发票的目的是检查出口国出口商品是否有低价倾销行为，供进口国海关估价、核税以及征收反倾销税之用。

(二) 交单结汇

交单是指全部单据准备妥当后，由受益人签署申请书，申请议付、承兑或付款。结汇是指出口商将所得外汇根据外汇管理规定按牌价卖给银行最终取得相应的人民币存进自己的账户。

1. 结汇方式

目前，在中国出口业务中，主要有收妥结汇、出口押汇（买单结汇）、定期结汇三种结汇方式。其中，出口押汇是国际比较通行的做法。

收妥结汇是指议付行收到外贸公司的出口单据后，经审查无误，将单据寄交国外付款行索汇，待收到开证行或付款行已将票款划入议付行账户的通知时，议付行才按当日的外汇牌价将货款折成人民币划入出口商的账户。

定期结汇是指议付行向国外付款行索偿需要时间，预先确定一个固定的结汇期限，到期后主动将货款金额折成人民币交付给出口商。

出口押汇也称买单结汇或议付，是指议付行在审单无误情况下，按信用证条款买入受益人的汇票和单据，从票面金额中扣除从议付日到估计收到票款之日的利息，将余款按议付日外汇牌价折成人民币拨给外贸公司。

2. 出口押汇业务流程

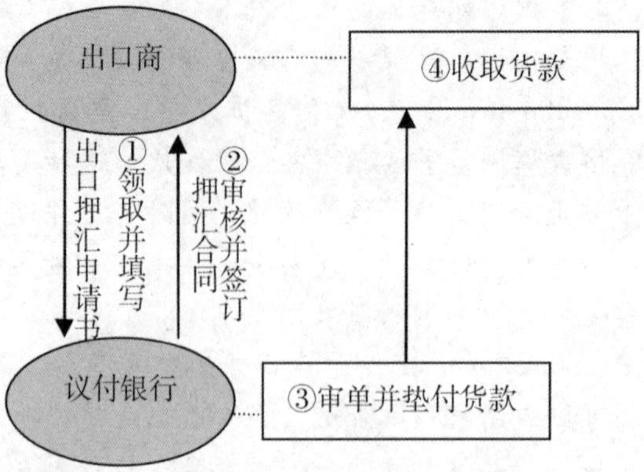

图9－8 出口押汇流程

（1）出口商向议付行提出出口押汇申请。
（2）银行审查并与出口商签订出口押汇合同。
（3）议付行扣除利息、已付费用及其他费用后，将货款支付给出口商。

3. 杨洋缮制的出口押汇申请书

出口押汇申请书

银行业务编号：________________

致：中国银行南京分行

本公司已依法办妥一切必要的出口手续，兹向贵行按如下条件申请叙做出口押汇业务（请在□中划"√"）：

押汇币种及金额：	币种：USD （大写）：SAY U. S. DOLLARS FIFTEEN THOUSAND ONLY. （小写）：USD15 000. 00	
押汇期限：		
押汇利率：		
结息方式		
申请押汇品种	☑ 信用证项下出口押汇	信用证号：GKCD862730
		业务编号：
		发票编号：BS1418
	☑ 跟单托收项下出口押汇	☑ 承兑交单（D/A）☑ 付款交单（D/P）
		业务编号：
		发票编号：

（续上表）

<table><tr><td>
本公司同意按照本申请书背面所列的条款和条件，将本申请书项下所有单据及其所代表的货物质押予贵行，作为贵行向本公司提供本申请书项下融资的担保。
□本项申请是根据本公司与贵行签订的编号为________________的《贸易融资主协议》而提出，本申请书项下的出口押汇业务在各方面均须遵守该主协议的条款和条件以及本申请书背面所列的条款和条件，并且：
□ 占用贵行授予本公司的贸易融资额度________________________________
□ 其他担保：________________________________
☑本项申请为信用证项下正点单据出口押汇，不占用贵行授予本公司的授信额度。
本公司承诺按本申请书背面所列的条款和条件履行有关义务，如押汇期限届满时本申请项下的押汇本息及相关费用未获全额清偿，贵行有权按照在本申请书约定的押汇利率的基础上加收________%确定的逾期利率对逾期款项计收逾期利息和复利。

本公司确认已仔细阅读并完全理解和接受本申请书背面的各条款和条件。本公司申请叙做本申请书项下的出口押汇业务是自愿的，本公司在本申请书项下的全部意思表示真实。
（申请人公章）
有权人（签字或盖章）：杨洋
公司联系人：杨洋　　　联系电话：　　　　　　　　　　2014 年 07 月 26 日
</td></tr></table>

以下由银行签章确认：

我行同意按上述条件为贵司办理该笔押汇业务。　　　　　日期：

注：本申请书一式两联，一联银行留存，一联申请人留存。

文本编码：CMBC－HT083（2）（贸易 2007）

（三）退税

1. 退税制度

出口退税是指对出口货物退还其在国内生产和流通环节实际缴纳的产品税、增值税、营业税和特别消费税。出口退税制度，是一个国家税收制度的重要组成部分。出口退税主要是通过退还出口货物的国内已纳税款来平衡国内产品的税收负担，使本国产品以不含税成本进入国际市场，与国外产品在同等条件下进行竞争，从而增强竞争能力，扩大出口创汇。

为大力推进贸易便利化，进一步改进货物贸易外汇服务和管理，国家外汇管理局、海关总署、国家税务总局决定，自 2012 年 8 月 1 日起我国取消了实行多年的出口收汇核销单制度，企业不再办理出口收汇核销手续。国家外汇管理局分局（以下简称外汇局）对企业的贸易外汇管理方式由现场逐笔核销改变为非现场总量核查。外汇局通过货物贸易外汇监测系统，全面采集企业货物进出口和贸易外汇收支逐笔数据，定期比对、评估企业货物流与资金流的总体匹配情况，便利合规企业贸易外汇收支；对存在异常的企业进行重点监测，必要时进行现场核查。自改革之日起，向海关申报出口无须申领核销单，无须做核销单与口岸关联备案交单工作，申请退税也不用外汇局的核销单，退税条件由原来的“两单一票”（报关单、核销单、发票）改为“一单一票”（报关单、发票），这将缩短退税审核的时间。自改革之日起，报关出口的货物（以海关“出口货物报关单［出口退税专用］”注明的出口日期为准），出口企业申报出口退税时，不再提供核销单；税务局参考外汇局提供的企业出口收汇信息和分类情况，依据相关规定，审核企业出口退税。

2. 出口退税业务流程

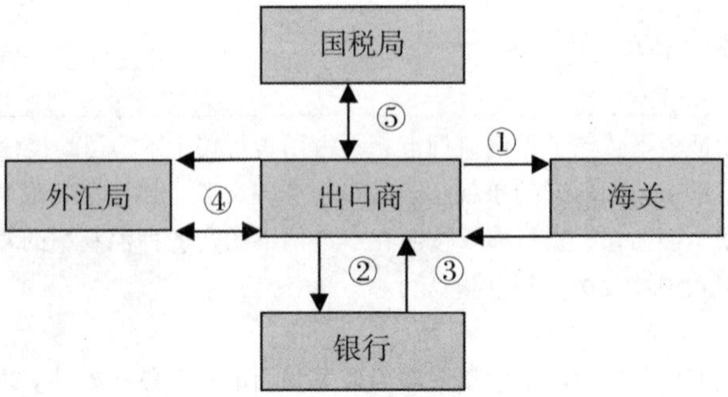

图9－9　出口退税流程

注：①报关出运；②向外汇指定银行交单议付或托收；③银行签发出口收汇结汇水单；④申报收汇信息；⑤出口商提交出口货物报关单（出口退税专用）和商业发票办理退税。

3. 杨洋缮制的出口退税申报表

出口退税汇总申报表

税务登记代码：

企业名称：蓝天进出口公司　　业务性质：

海关企业代码：　　所属期：2014 年 07 月　　申报批次：1　　金额单位：元至角分、美元

<table>
<tr><th>出口企业申报</th><th colspan="2">主管退税的税务机关审核</th></tr>
<tr><td>出口退税出口明细申报表 1 份，记录 条</td><td>审单情况</td><td>机审情况</td></tr>
<tr><td>出口发票 1 张，出口额 15 000.00 美元</td><td rowspan="25">本次申报审核通过 元</td><td rowspan="23">本次审核通过应退税 元
上期结转疑点涉及应退税 元
本期申报应退税 元
结余疑点应退税 元</td></tr>
<tr><td>出口报关单 1 张</td></tr>
<tr><td>代理出口货物证明 张</td></tr>
<tr><td>收汇核销单 张，收汇额 15 000.00 美元</td></tr>
<tr><td>远期收汇证明 张，其他凭证 张</td></tr>
<tr><td>出口退税进货明细申报表 份，记录 条</td></tr>
<tr><td>增值税专用发票 1 张，其中非税控专用发票 张</td></tr>
<tr><td>普通发票 1 张，专用税票 张</td></tr>
<tr><td>其他凭证 张，总进货金额 元</td></tr>
<tr><td>总进货税额 13 600.00 元</td></tr>
<tr><td>其中：增值税 13 600.00 元，消费税 元</td></tr>
<tr><td>本月申报退税额 8 205.13 元</td></tr>
<tr><td>其中：增值税 8 205.13 元，消费税 元</td></tr>
<tr><td>进料应抵扣税额 元</td></tr>
<tr><td>申请开具单证</td></tr>
<tr><td>代理出口货物证明 份，记录 条</td></tr>
<tr><td>代理进口货物证明 份，记录 条</td></tr>
<tr><td>进料加工免税证明 份，记录 条</td></tr>
<tr><td>来料加工免税证明 份，记录 条</td></tr>
<tr><td>出口货物转内销证明 份，记录 条</td></tr>
<tr><td>补办报关单证明 份，记录 条</td></tr>
<tr><td>补办收汇核销单证明 份，记录 条</td></tr>
<tr><td>补办代理出口证明 份，记录 条</td></tr>
<tr><td>上年结转应退 元，实收上年结转 元</td><td rowspan="3">审核人签字：
年 月 日</td></tr>
<tr><td>本年累计应退 元，实收本年应退 元</td></tr>
<tr><td>内销抵扣专用发票 1 张，其他非退税专用发票 张</td></tr>
<tr><td>此《出口货物退（免）税申报表》栏目填报内容是真实、合法的，与实际出口货物情况相符，我公司未从事“四自三不见”等违背正常出口经营秩序的出口业务。否则本公司愿承担由此产生的相关责任。
企业填表人：杨洋
财务负责人：××× 　　蓝天进出口公司（公章）
企业负责人：××× 　　2014 年 7 月 28 日</td><td>审单人：

年 月 日</td><td>签批人：

年 月 日</td></tr>
</table>

小贴士

CIF + L/C 出口商履约流程与相应的单据

履约事项	办理（受理）部门	出口商 提交的单据	受理部门 签发或返还的单据
签订国内买卖合同	国内供货商		
租船订舱	船公司或货代	货物出运委托书、商业发票、装箱单	配舱通知、装货单
报检	出入境检验检疫局	合同、信用证、商业发票、装箱单、出境货物报检单	出境货物通关单、检验证书
申请产地证	出入境检验检疫局（C/O 或 FORM A） 贸促会（C/O）	原产地证书申请书、商业发票、装箱单、合同、信用证	普惠制原产地证书、一般产地证
办理保险	保险公司	货物运输保险投保单、商业发票	保险单
报关	海关	商业发票、装箱单、贸易合同、出境货物通关单、出口货物报关单、装货单	盖有海关验讫章的装货单、报关单
取回提单	船公司或船代	大副收据	提单
发送装船通知	出口商	装船通知	——
制单结汇	议付银行或付款银行	商业发票、装箱单、普惠制产地证明书、货物运输保险单（CIF）、海运提单、汇票、受益人证明、装运通知	结汇水单
出口退税	国税局	商业发票、出口货物报关单	——

【任务互动】

请根据模块二国际货物买卖合同的商订中张晓与金允浩签订的出口合同，模拟出口商在履行该合同过程中的主要工作任务。

项目2 履行进口合同

在我国的进口业务中，以FOB条件，即期信用证支付方式成交的进口合同较为常见，其履行主要包括开立信用证、租船订舱、装运、办理保险、审单付款、接货报关、检验、拨交、索赔等。也可总结为“货、证、船、款”四个环节，其中“货”是指进口商的接货，“证”指进口商向开证行申请开立信用证，“船”指进口商办理租船订舱手续，“款”指进口商付款赎单。以CFR、CIF术语成交的进口合同，其履行的环节则根据买方所承担的责任和义务不同相应减少。履行FOB条件成交的进口合同，具体流程如图9-10：

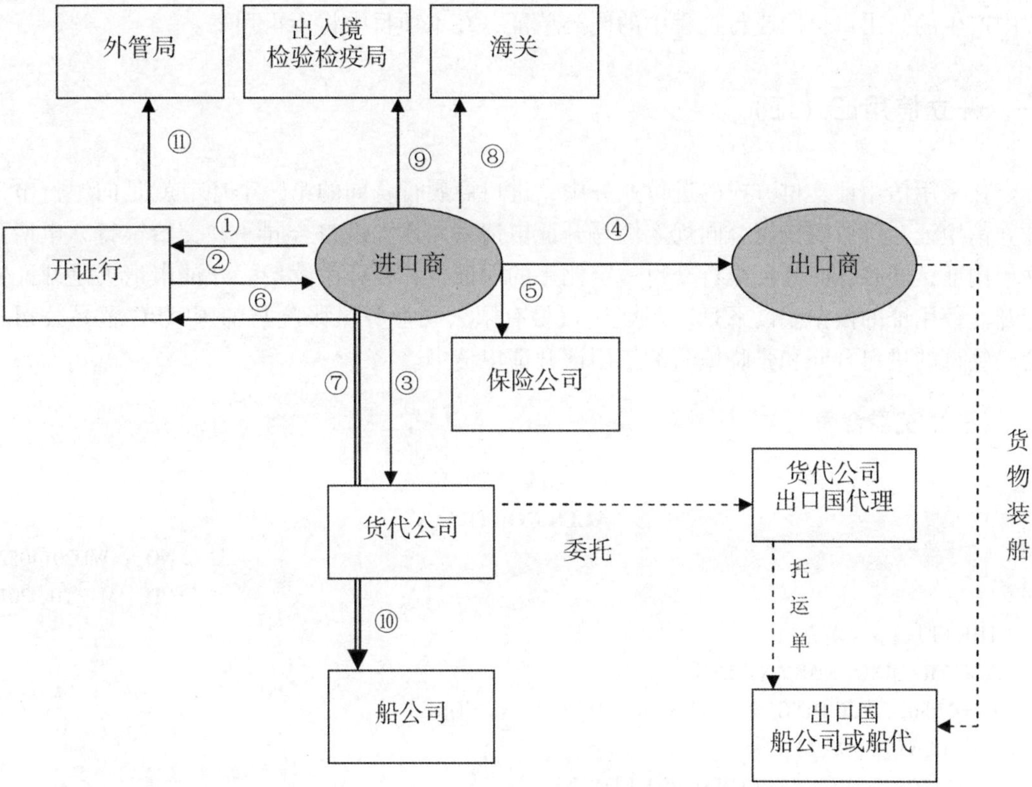

图9-10 FOB进口合同履行流程

注：①申请开立信用证。进口商按照合同规定填写开证申请书，连同进口合同一并交给银行，申请开立信用证。

②开立信用证。开证行审查开证申请书、开证申请人的资信和有关文件，收取保证金和手续费，开立信用证，并将信用证副本交予开证申请人。

③委托订舱。进口商根据合同有关内容填写进口订舱委托书，委托货代公司办理订舱。

④装船指示。货代公司将订舱信息反馈给进口商后，进口商向出口商发出装船通知，告知船名、航次和到达装运港的时间，以便出口商做好装运货物的准备。

⑤办理进口货物运输保险。进口商发出装船通知后，及时向保险公司办理进口货物运输保险。

⑥付款赎单。进口商收到开证行发出的付款或承兑通知书后，根据信用证审核单据，审核无误后根据汇票付款时间进行付款赎单。

⑦向船公司换提货单。进口商持正本提单、进口许可证等向船公司换取提货单。

⑧进口货物报检。进口商根据我国出入境商品检验检疫法律法规等有关规定办理报检手续，填写入境货物报检单，并随附合同、商业发票、提单、装箱单等有关单证。检验结束后，出入境检验检疫局签发“入境货物通关单”。

⑨进口货物报关。进口商填写进口货物报关单，并随附入境货物通关单、提货单、进口许可证、发票等向海关办理进口货物报关手续，海关查验合格并征收进口关税后，予以放行，进口商方可提货。

⑩提货。进口商报关后，持海关盖放行章的提货单向船公司提货。

⑪进口付汇。进口方凭有效合同、进口货物报关单或发票到外汇管理局办理进口付汇手续。

进口合同的履行也可以简单地概括为“证、船、款、货”四个环节。进口合同履行过程中产生的与出口合同履行过程中的同类单证，在本项目中将不再列举。

一、开立信用证（证）

在采用信用证支付方式的进口业务中，进口商履行合同的第一个环节就是向银行申请开立信用证。进口商按照合同规定填写开证申请书，连同进口合同一并交给银行，申请开立信用证，同时，向开证银行交付一定比率的保证金和开证手续费。开证申请书是开证银行开立信用证的依据。以下是广州威达贸易有限公司业务员张晓与韩国 ABC 贸易公司朴俞民签订的进口合同和张晓填写的信用证开证申请书。

（一）贸易合同

销售合同

SALES CONTRACT

S/C NO.: WD20140520

DATE: May 20, 2014

THE SELLER（卖方）:

ABC TRADING COMPANY LTD.

ROOM 502, BUILDING 22, GAUSS ROAD, PUSAN, KOREA

THE BUYER（买方）:

GUANGZHOU WEIDA TRADING CO. LTD.

NO. 165, DONGFENG ROAD, GUANGZHOU, CHINA

买卖双方经协商同意按下列条款成交:

THE UNDERSIGNED SELLER AND BUYER HAVE AGREED TO CLOSE THE FOLLOWING TRANSACTIONS ACCORDING TO THE TERMS AND CONDITIONS STIPULATED BELOW:

(1) 品名与规格 COMMODITY & SPECIFICATIONS	(2) 数 量 QUANTITY	(3) 单 价 UNIT PRICE	(4) 金 额 AMOUNT
DESK LAMP 07001	2 000 PCS	FOB PUSAN USD12. 50	USD25 000. 00
TOTAL	2 000 PCS		USD25 000. 00

(5) 溢短装：数量和总值均有 5% 的增减，凭卖方决定。

MORE OR LESS：WITH 5% MORE OR LESS BOTH IN AMOUNT AND QUANTITY ALLOWED AT THE SELLER'S OPTION.

(6) 包装：1 个/纸盒，20 个/箱，共 100 箱。

PACKING：1PC/BOX，20PCS/CARTON，100 CARTONS TOTAL.

(7) 唛头：

SHIPPING MARKS：

ABC
WD20140520
GUANGZHOU
C/NO. 1 – 100

(8) 装运条件：收到信用证 45 天内装运。装运港：釜山。目的港：广州。允许分批装运和转运。

TERMS OF SHIPMENT：Within 45 days after receipt of L/C. Loading Port：Pusan. Destination Port：Guangzhou. PARTIAL SHIPMENT AND TRANSSHIPMENT ARE ALLOWED.

(9) 保险：由买方自行办理。

INSURANCE：TO BE COVERED BY THE BUYER.

(10) 支付条件：买方须于 2014 年 7 月 10 日前将不可撤销的即期付款信用证开到卖方。该信用证于装运日后 21 天在中国议付有效。买方未在规定的时间内开出信用证，卖方有权发出通知取消本合同，或对因此遭受的损失提出索赔。

TERMS OF PAYMENT：BY IRREVOCABLE SIGHT L/C TO REACH THE SELLER BEFORE JULY 10，2014，AND TO REMAIN VALID FOR NEGOTIATION IN CHINA UNTIL 21 DAYS AFTER THE TIME OF SHIPMENT. THE BUYER SHALL ESTABLISH A LETTER OF CREDIT BEFORE THE ABOVE STIPULATED TIME. FAILING WHICH，THE SELLER SHALL HAVE THE RIGHT TO RESCIND THIS CONTRACT UPON THE ARRIVAL OF THE NOTICE AT THE BUYER，OR TO LODGE A CLAIM FOR THE DIRECT LOSSES SUSTAINED，IF ANY.

卖方 THE SELLER：朴俞民　　ABC TRADING COMPANY LTD.

买方 THE BUYER：张晓　　GUANGZHOU WEIDA TRADING CO. LTD.

（二）张晓填写的信用证开证申请书

IRREVOCABLE DOCUMENTARY CREDIT APPLICATION

<table>
<tr><td colspan="2">TO：BANK OF CHINA，GUANGDONG BRANCH</td><td>Date：May 22，2014</td></tr>
<tr><td colspan="2">☐Issue by airmail ☐With brief advice by teletransmission ☐ Issue by express delivery ☒ Issue by teletransmission（which shall be the operative instrument）</td><td>Credit No.
Date and place of expiry
SEPT. 14，2014 KOREA</td></tr>
<tr><td colspan="2">Applicant
GUANGZHOU WEIDA TRADING CO. LTD.
NO. 165，DONGFENG ROAD，GUANGZHOU，CHINA</td><td>Beneficiary（Full name and address）
ABC TRADING COMPANY. LTD
ROOM 502，BUILDING 22，GAUSS ROAD，PUSAN，KOREA</td></tr>
<tr><td colspan="2">Advising Bank
WOORI BANK</td><td>Amount USD25 000. 00 SAY U. S. DOLLARS TWENTY－FIVE THOUSAND ONLY.</td></tr>
<tr><td>Partial shipments
☒allowed ☐not allowed</td><td>Transhipment
☒allowed ☐not allowed</td><td rowspan="3">Credit available with
ANY BANK
By
☐sight payment ☐acceptance ☐negotiation
☒deferred payment at
against the documents detailed herein
☒and beneficiary's draft（s）for __100__ % of invoice value
at __＊＊＊__ sight
drawn on ISSUING BANK</td></tr>
<tr><td colspan="2">Loading on board/dispatch/taking in charge at/from
PUSAN
not later than AUG. 24，2014
For transportation to：GUANGZHOU</td></tr>
<tr><td colspan="2">☒FOB ☐CFR ☐CIF ☐or other terms</td></tr>
<tr><td colspan="3">Documents required：（marked with ×）
1.（×）Signed commercial invoice in __3__ copies indicating L/C No. and Contract No.
2.（×）Full set of clean on board Bills of Lading made out to order and blank endorsed，marked "freight [×] to collect / [ ] prepaid [ ] showing freight amount" notifying ________ Applicant ____________.
（ ）Airway bills/cargo receipt/copy of railway bills issued by ____________ showing "freight [ ] to collect/[ ] prepaid [ ] indicating freight amount" and consigned to ____________.
3.（ ）Insurance Policy/Certificate in ______ copies for ______ % of the invoice value showing claims payable in ________ in currency of the draft，blank endorsed，covering All Risks，War Risks and ____________.
4.（×）Packing List/Weight Memo in ______copies indicating quantity，gross and weights of each package.
5.（ ）Certificate of Quantity/Weight in ________ copies issued by ____________.
6.（ ）Certificate of Quality in _______ copies issued by [ ] manufacturer/[ ] public recognized surveyor ____________.
7.（×）Certificate of Origin in __2__ copies .
8.（ ）Beneficiary's certified copy of fax / telex dispatched to the applicant within ______ days after shipment advising L/C No.，name of vessel，date of shipment，name，quantity，weight and value of goods.
Other documents，if any
Description of goods：
2 000 PCS OF DESK LAMP 07001，USD12.5.00 FOB Pusan
PACKING：1PC/BOX，20PCS/CARTON，100 CARTONS TOTAL.
Additional instructions：
1.（×）All banking charges outside the opening bank are for beneficiary's account.
2.（×）Documents must be presented within __21__ days after date of issuance of the transport documents but within the validity of this credit.
3.（ ）Third party as shipper is not acceptable，Short Form/Blank back B/L is not acceptable.
4.（ ）Both quantity and credit amount ________% more or less are allowed.
5.（ ）All documents must be sent to issuing bank by courier/speed post in one lot.
6.（ ）Other terms，if any.</td></tr>
</table>

二、办理运输（船）

1. 派船接运货物

履行 FOB 交货条件下的进口合同，买方应及时向运输公司办理租船订舱手续，负责派船到对方口岸接运货物。在办妥租船订舱手续后，应在规定的期限内将船名及船期及时通知卖方，以便对方备货装船。

2. 办理货运保险

FOB 或 CFR 交货条件下的进口合同，保险由买方办理。进口商向保险公司办理进口货物运输保险时，有两种做法：一种是逐笔投保方式，另一种是预约保险方式。

逐笔投保是进口商在接到国外出口商发来的装船通知后，直接向保险公司提出投保申请，填写“起运通知书”，并送交保险公司。保险公司承保后，即在“起运通知书”上签章，进口商缴付保险费后，保险公司出具保险单，保险单随即生效。

预约保险是进口商或收货人同保险公司签订一个总的预约保险合同，按照预约保险合同的规定，所有预约保险合同项下的、按 FOB 或 CFR 条件进口货物的保险，都由该保险公司承保。预约保险合同对各种货物应保险的险别做出具体规定，故投保手续比较简单。每批进口货物，在收到国外装船通知后，即直接将装船通知寄到保险公司或填制国际运输预约保险起运通知书，将船名、提单号、开船日期、商品名称、数量、装运港、目的港等项内容通知保险公司，即作为已办妥保险手续，保险公司则对该批货物负自动承保责任，一旦发生承保范围内的损失，由保险公司负责赔偿。

三、审单付款（款）

开证银行收到国外寄来的汇票及单据后，根据“单证相符、单单相符、单据与有关国际贸易惯例相符”的原则，对照信用证的条款，核对单据的种类、份数和内容，如相符，即由开证银行向国外付款，并通知进口商按当日外汇牌价付款赎单。进口商收到开证银行通知后，在其付汇之前，首先需要审核卖方凭以议付的全套单据（包括发票、提单、装箱单、原产地证书等），然后买汇赎单。

四、报关提货（货）

进口货物申报是指在进口货物入境时，由进口公司（收货人或其代理人）向海关申报、交验规定的单据文件，请求办理进口手续的过程。进口货物到货后，由进口公司或委托货运代理公司或报关行根据进口单据填写“进口货物报关单”并向海关申报，并随附发票、提货单、装箱单、保险单、进口许可证及审批文件、进口合同、产地证和所需的其他证件。如属法定检验的进口商品，还须随附商品检验证书。货、证经海关查验无误后，才能放行。其中提货单（DELIVERY ORDER，英文缩写：D/O）又称小提单，是收货人凭正本提单或副本提单随同有效的担保向承运人或其代理人换取的，可向港口装卸部门提取货物的凭证。

进口货物在办完向海关申报、接受查验、缴纳税款等手续以后，由海关在货运单据（海运方式下为提货单）上签印放行。收货人或其代理人必须凭海关签印放行的货运单据才能提取进口货物。货物的放行是海关对一般进出口货物监管的最后一个环节，放行就是结关，但是对担保放行货物、保税货物、暂时进口货物和海关给予减免税进口的货物来说，放行不等于办结海关手续，还要在办理结案或者补办进出口和纳税手续后，才能结关，收货人才能提货。以下是威达贸易有限公司业务员张晓凭海运提单换取的提货单。

广州中远集装箱船务代理有限公司

COSCO GUANGZHOU CONTAINER SHIPPING AGENCY CO. LTD.

提货单

D E L I V E R Y O R D E R

______地区、场　　SAME AS CONSIGNEE

收货人/通知方：TO ORDER OF GUANGZHOU MATSUDA　______年____月____日

船名 UMEKO	航次 0084 W	起运港　釜山	目的港　广州
提单号 COSU7200700773	交付条款 CFS-CFS	到付海运费	合同号
卸货地点	到达日期 23/08/2014	进库场日期	第一程运输
货名	DESK LAMP	集装箱号/铅封号	
集装箱数	1 × 20'	CBHU00164290	101462
件数	100 CARTONS		
重量	2 200. 00KGS		
体积	11. 25m³		
标志			
ABC WD20140520 GUANGZHOU C/NO. 1-100			
请核对放货 广州中远集装箱船务代理有限公司 凡属法定检验、检疫的进口商品，必须向有关监督机构申报。			
收货人章 1	海关章 2	3	4

【案例】

买方付款赎单后发现受骗索赔案

我国某外贸公司与某外商磋商以 CFR 价格从国外进口一批四色胶印机，经往来电传磋商，就合同的基本条款达成协议。我方按合同规定的时间开立信用证，并在开证行提示单据后付款赎单，但付款后 2 个月仍然未有船到达，经查询发现受骗，我方应向何方追究责任？

分析要点：在原因不明情况下，分别向船公司、卖方和保险公司提出异议和保留索赔权利。如果是卖方根本没有发货，则向卖方提出索赔；如果是卖方和船公司联合诈骗买方，则买方可通过法律途径，要求他们赔偿损失；如果是船舶失踪，遇到海难，并且损失是属于承保责任范围以内的，则可以向保险公司索赔。

【案例】

进口货物不符合合同规定、索赔对象如何确定案

我国华东某公司以 CIF 术语于 2002 年 5 月从澳大利亚进口巧克力食品 2 000 箱，以即期不可撤销信用证为支付方式，目的港为上海。货物从澳大利亚某港口装运后，出口商凭已装船清洁提单和投保一切险及战争险的保险单，向银行议付货款。货到上海港后，经我方公司复验后发现下列情况：

（1）该批货物共有 8 个批号，抽查 16 箱，发现其中 2 个批号涉及 300 箱内含沙门氏细菌超过进口国的标准；

（2）收货人实收 1 992 箱，短少 8 箱。

（3）有 21 箱货物外表情况良好，但箱内货物共短少 85 公斤。

试分析，进口商就以上损失情况应分别向谁索赔？并说明理由。

分析要点：进口商常常因为货物的品质、数量、包装等不符合合同的规定，而需向有关方面提出索赔。根据造成损失原因的不同，进口索赔的对象主要有三个：即向卖方索赔、向轮船公司索赔和向保险公司索赔。进口商索赔时，需要提供充足的证据。如证据不足、责任不明或与合同索赔条款不符，都有可能遭到理赔方的拒绝。

（1）在本案中，如果合同中已明确注明货物必须符合进口国的衡量标准，货物由于不符合规定而导致的损失应由出口方赔偿，反之则应由进口方自行承担。

（2）对于收货时出现的数量短少问题，鉴于该案例中船公司签发的是已装船清洁提单，因此短少的数量应由船公司负责，但如果已经投保了一般附加险，则可以凭“偷窃提货不着险”向保险公司索赔。

（3）箱内货物的短少，由于船公司只负责审查货物外表情况是否良好，货物件数是否符合合同规定，船公司没有义务核实货物实质情况，所以因货物内在瑕疵问题所导致的损失应向出口方索赔。

小贴士

FOB + L/C 进口商履约流程与相应的单据

履约流程	办理（受理）部门	进口商提交的单据	受理部门签发或返还的单据
申请开证	银行	开证申请书、合同、进口付汇核销单、进口许可证	信用证
租船订舱、向出口商发出派船通知	船公司或货代	进口订舱委托书	配舱通知、装货单
办理保险	保险公司	货物运输保险投保单	货物运输保险单
付款赎单	银行	信用证副本	信用证规定的提单、保险单、商业发票、装箱单、产地证书等单据
向船公司换提货单	船公司	提单	提货单
进口报检	出入境检验检疫局	提货单、入境货物报检单、合同、商业发票、装箱单、原产地证书	入境货物通关单
进口报关	海关	合同、商业发票、装箱单、提货单、入境货物通关单、进口货物报关单	海关加盖放行章，返还提货单与进口报关单
缴税	国税局	海关进口关税专用缴款书、海关进口增值税专用缴款书	
提货	船公司	提货单	
进口付汇	外汇局	有效合同、进口货物报关单、商业发票	

【课后拓展】

一、选择题

1. （　　）是出口商开立的发货价目清单，是所装运货物的总说明。

A. 商业发票　　B. 装箱单　　C. 海运提单　　D. 装货单

2. （　　）是指受益人所在地的银行审核由受益人递交的单据，确认“单证一致”后，将单据寄给国外付款行索汇，待付款行将外汇拨给议付行后，即从国外付款行收到该行账户的贷记通知书时，议付行再按当日外汇牌价折算成人民币交付给受益人。

A. 收妥结汇　　B. 议付结汇　　C. 押汇　　D. 定期结汇

3. 所谓“单证相符”的原则，是指受益人必须做到（　　）。

A. 单据与合同相符　　B. 单据和信用证相符

C. 信用证和合同相符　　D. 修改后的信用证与合同相符

4. 国外来证规定：“针织布 1 000 克，每克 2 美元；总金额为 about2 000 美元，禁止分批装运”，则卖方向银行支取金额最多应为（　　）美元。

A. 2 100　　B. 2 200　　C. 2 000　　D. 2 150

5. 托运人是凭（　　）向船公司换取正式提单。

A. 托运单　　B. 装货单　　C. 收货单　　D. 配舱通知

6. 信用证的汇票条款注明“drawn on us”，则汇票的付款人是（　　）。

A. 开证申请人　　B. 开证行　　C. 议付行　　D. 受益人

7. 一份 CIF 合同下，合同及信用证均没有规定投保何种险别，交单时保险单上反映出投保了平安险，该出口商品为易碎品，因此（　　）。

A. 银行将拒收单据　　B. 买方将拒收单据

C. 应投保平安险加破碎险　　D. 银行应接受单据

8. 商业发票的抬头人一般是（　　）。

A. 受益人　　B. 开证申请人　　C. 开证银行　　D. 卖方

9. 出口商委托货代向船运公司办理租船订舱，出口商须填写（　　）。

A. 海运货物运输合同　　B. 海运货物委托书

C. 海运单　　D. 装货单

10. 在以信用证为支付方式的进口贸易中，依据合同规定，进口商的首要义务是(　　)

A. 开立信用证　　B. 申请进口货物许可证

C. 办理租船订舱手续　　D. 办理保险手续

11. 在信用证申请书中汇票的付款人应填为（　　）

A. 开证人　　B. 开证行或指定付款行

C. 通知行　　D. 受益人

12. 进口“短卸报告”的签发者为（　　）

A. 船方　　B. 港务局　　C. 商检局　　D. 海关

13. L/C 修改通知书的内容在两项以上者，受益人（　　）

A. 要么全部接受，要么全部拒绝　　B. 可选择接受

C. 必须全部接受　　D. 只能部分接受

14. 根据海关规定，进口货物的进口日期是指（　　）

A. 载货的运输工具申报的日期　　B. 向海关申报货物进口的日期

C. 申报货物准予提取的日期　　D. 申报货物进入海关监管仓库的日期

15. 对出口商而言，进口商按合同规定开出信用证，（　　）

A. 应被视为已履行了支付货款义务

B. 须开证行付款后才能被认为已履行付款义务

C. 没有履行合同义务

D. 须开证申请人付款后才能被认为已履行付款义务

二、判断题

1. 信用证修改申请只能由受益人本人提出。(　　)

2. 在买方已经支付货款的情况下，即使买方享有复验权，也无权向卖方提出索赔。(　　)

3. 修改信用证时，可不必经开证行而直接由申请人修改后交给受益人。(　　)

4. 信用证修改通知书有多项内容时，只能全部接受或全部拒绝，不能只接受其中的一部分，而拒绝另一部分。(　　)

5. 在买卖合同签订后，凡遇到不可抗力事故，遭受事故的一方即可提出撤销合同。(　　)

6. 从议付行议付完毕，受益人可不受追索地取得货款。(　　)

7. 《UCP600》规定商业发票无须签字。(　　)

8. 凡迟于信用证有效期提交的单据，银行有权拒付。(　　)

9. 海关发票是出口国海关为了统计出口数量和金额要求出口人填写的一种专门格式的发票。(　　)

10. 进口商填写开证申请书的主要依据是商业发票。(　　)

三、案例分析

1. 一份信用证规定5月20日前装运。卖方装船后向银行交单，其中提单的出单日期为5月15日，保险单的出单日期为5月16日。银行拒绝接受单据、拒付货款。问：银行是否有理由这样做？为什么？

2. 我国某进出口公司与日商在2014年3月上旬通过银行开好信用证，经审核与合同相符，其中保险金额为发票金额加一成。我方正在备货期间，日商通过开证行递来一份信用证修改通知书，内容为将保险金额改为发票金额加三成。我方按原证规定投保、发货，并于货物装运后在信用证有效期内，向议付行提交全套单据。议付行议付后将全套单据寄开证行，开证行以保险单与信用证修改书不符为由拒付。问：开证行拒付的理由对否？为什么？

3. 我国A公司向加拿大B公司以CIF术语出口一批货物，合同规定4月份装运，B公司于4月10日开来不可撤销信用证。此证按《UCP600》规定办理。证内规定，装运期不得晚于4月15日。此时我方已来不及办理租船订舱，于是立即要求B公司将装运期延至5月15日。随后B公司来电称，同意展延船期，有效期也顺延一个月。我国A公司于5月10日装船，提单签发日为5月10日，并于5月14日将全套符合信用证规定的单据交银行办理议付。

试问：我国A公司能否顺利结汇？为什么？

参考文献

［1］张玉卿．联合国国际货物销售合同公约释义．北京：中国对外经济贸易出版社，1998.

［2］黎孝先．国际贸易实务（第三版）．北京：对外经济贸易大学出版社，2000.

［3］石玉川．国际贸易术语解释与应用．北京：对外经济贸易大学出版社，2000.

［4］韩经纶．国际贸易基础理论与实务．天津：南开大学出版社，2001.

［5］陈红蕾．国际贸易实务．广州：暨南大学出版社，2001.

［6］周厚才．国际贸易理论与实务．北京：中国财政经济出版社，2001.

［7］杨良宜．提单及其付运单证．北京：中国政法大学出版社，2001.

［8］邵铁民．进出口货物海关通关实务．上海：上海财经大学出版社，2002.

［9］顾民．外贸制单与结汇（第三版）．北京：对外经济贸易大学出版社，2002.

［10］周树玲．外贸单证实务．北京：对外经济贸易大学出版社，2002.

［11］黎孝先．进出口合同条款与案例分析．北京：对外经济贸易大学出版社，2003.

［12］吴百福．国际货运风险与保险．北京：对外经济贸易大学出版社，2003.

［13］赵承璧．国际货物买卖合同．北京：对外经济贸易大学出版社，2003.

［14］赵承璧．进出口合同履行与违约救济．北京：对外经济贸易大学出版社，2003.

［15］陈哲．进出口业务案例解析．北京：对外经济贸易大学出版社，2004.

［16］余世明．国际贸易实务练习题及分析解答．广州：暨南大学出版社，2004.

［17］张丽玉，何康民．国际贸易进出口实务．武汉：武汉大学出版社，2004.

［18］陈岩，于永达．解析贸易术语．北京：清华大学出版社，2005.

［19］陈岩，刘玲．跟单信用证实务．北京：对外经济贸易大学出版社，2005.

［20］李元旭，吴国新．国际贸易单证实务．北京：清华大学出版社，2005.

［21］赖瑾瑜．国际商务理论基础．广州：暨南大学出版社，2006.

［22］吴百福．进出口合同贸易实务教程．上海：上海人民出版社，2007.

［23］王善论．国际贸易实务解惑 500 题．北京：对外经济贸易大学出版社，2007.

［24］阎之大．UCP600 解读与例证．北京：中国商务出版社，2007.

［25］黄进，宋连斌，徐前权．仲裁法学．北京：中国政法大学出版社，2007.

［26］刘源海，吴勇．报关与报检实务．北京：高等教育出版社，2007.

［27］刘立平．国际贸易：理论与政策．合肥：中国科学技术大学出版社，2007.

［28］全国国际商务单证专业培训考试办公室．国际商务单证理论与实务．北京：中国商务出版社，2011.

[29] 陈志红 . 国际贸易业务流程 . 上海：华东师范大学出版社，2011.

[30] 魏翠芬 . 国际贸易实务教程 . 北京：清华大学出版社，北京交通大学出版社，2011.

[31] 李小可 . 国际贸易实务 . 上海：华东师范大学出版社，2012.